고하 송진우
와
민족운동

대한민국역사와미래총서 3
건국의 아버지들

고하 송진우와 민족운동

김형석 지음

東文選

대한민국역사와미래총서 3

고하 송진우와 민족운동

초판 발행 2024년 5월 8일
재판 발행 2024년 6월 5일

지 은 이 김형석

펴 낸 곳 東文選
　　　　　제10-64호, 1978년 12월 16일 등록
　　　　　서울 종로구 인사동길 40
　　　　　전화 02-737-2795
　　　　　팩스 02-733-4901
　　　　　이메일 dmspub@hanmail.net

ISBN 978-89-8038-950-6 03900

[서문]

잃어버린 독립운동가를 찾아서

1

필자가 '역사적 인물' 고하 송진우를 처음 만난 것은 1970년대 초 새내기 대학생 시절이었다. 〈교양 국사〉 강좌를 통해 독립운동사 연구의 선구자인 은사 박영석 교수(전 국사편찬위원장)로부터 국내에서 3·1운동을 처음으로 모의한 곳이 중앙학교이며, 그 주역이 송진우·김성수·현상윤이라는 사실을 배웠다. 그후 역사학도로서의 길을 걸으면서, 그가 동아일보사 사장으로 국내 언론·문화운동을 주도한 독립운동가라는 사실을 보다 자세히 알게 되었다.

그런데 어느 날부터인가 역사책에서 그의 이름을 발견하기가 쉽지 않았다. 3·1운동의 진원지가 중국 상하이의 신한청년당이란 연구 성과가 공론화되자, 이때부터 중앙학교의 송진우 역할론에서 신한청년당의 여운형 역할론으로 바뀌어진 것이다. 아울러 무장투쟁만이 독립운동의 '절대선'으로 인정받는 풍조 속에 교육·언론·문화운동은 부르주아지

민족운동으로 폄훼되고, 실력양성운동으로 구별되어 독립운동의 영역에서 배제되는 경우가 일반적이었다.

보다 심층적으로 분석하면 3·1운동에는 두 가지 성격이 복합되어 있다. 하나는 남녀노소·빈부귀천·종교와 직업을 초월한 민족 대단결의 측면이고, 다른 하나는 농민·노동자 등의 기층 민중이 적극 참여함으로써 시위운동을 확산시켰다는 측면이다. 이 때문에 우파에서는 민족 대단결을 중시하면서, 민족대표 33인의 주도적 역할을 강조하는 경향을 띠었다. 반면에 좌파에서는 3·1운동을 계급투쟁으로 보고 농민·노동자의 역할을 강조하면서 3·1운동은 실패한 독립운동으로, 민족대표 33인은 투항주의자로 비판하였다.

1945년 8월 15일 해방과 함께 여운형 중심으로 결성된 건국준비위원회가 9월 6일 좌파 성향의 인사들이 주도하는 조선인민공화국 수립을 선포했다. 이에 대해 송진우를 비롯한 우파 인사들은 9월 7일 국민대회준비회를 개최하고, 3·1운동으로 구현된 대한민국 임시정부의 정통성을 내세우며 임정봉대론을 주장했다. 이로써 해방 공간에서는 새 국가 수립의 주도권을 두고, 좌·우 세력이 충돌하면서 송진우, 여운형, 장덕수, 김구의 암살로 이어지는 비극이 연이어 발생하였다.

이같은 해방 공간에서의 혼란은 1980년대 들어 《해방 전후사의 인식》이 우리 사회 저변에 광풍을 몰고 오면서 재연되었다. 이들은 해방 직후의 민족 세력에 대해 송진우·김성수의 토착 세력, 여운형을 중심한 사회주의 세력, 박헌영을 중심한 공산주의 세력, 이승만과 안창호 계열의 기독교 세력으로 구분하고, 이 가운데 여운형의 건국준비위원회에 새 국가 건설의 주체로서 정통성을 부여하였다. 이로 인해 송진우가 여운형보다 앞서서 총독부로부터 치안권 이양을 제안받고 거절한 사실은 부정되었고, 이후 송진우가 여운형이 주도한 건국준비위원회에 불참한 이유도 새 정부 수립의 주도권을 빼앗긴 데 대한 열등감과 이기심에서 역사적 대의를 저버린 파렴치범으로 매도하였다. 이와 함께 송진우의 이름 앞에는 '극우주의자'라는 접두어를 붙여 버렸다.

왜, 그랬을까? 1980년대 이후 좌파 세력의 가치관과 역사관에 큰 영향을 끼친 이 책은, 해방 전후사를 '살아 있는 현재'로 읽어내야 한다는 대명제 아래 우리 역사의 지향점을 '분단 극복'에 두었기 때문이다. 이 분단사관에 따라서 미군정과의 협력을 통해 공산주의 세력을 배격하고, 자유민주주의에 바탕을 둔 새 국가 건설을 주장한 송진우는 극우주의자로 내몰리게 되었다. 그런데 송진우의 사상과 행적을 살펴보면 '극우'와는 거리가 먼 인물이다.

그가 1932년에 쓴 논설 〈자유권과 생존권〉에는 정치적 민주주의는 물론 경제적 민주주의를 강조하였고, 기간산업의 국유화, 유상몰수 유상분배의 농지개혁, 사형제 폐지 등 당시로는 매우 선진적인 사고를 가진 인물이었다. 그가 박헌영 중심의 조선인민공화국에 대항하여 결성한 국민대회준비회도 공산주의자를 제외한 모든 정파의 인사에게 문호가 개방되어 있었다. 이처럼 송진우는 극우주의자가 아니라, 극단적인 좌·우 대립의 와중에도 자유민주국가 건설을 위한 균형감을 잃지 않고 국민 대통합을 추구한 합리주의자였다.

또 해방 공간에서 발생한 고하 송진우(1945년 12월 30일), 몽양 여운형(1947년 7월 19일), 설산 장덕수(1947년 12월 2일), 백범 김구(1949년 6월 12일)로 이어지는 비극적 암살사건의 출발점이 되는 송진우의 암살 원인을 두고도, 송진우가 신탁통치를 찬성했기 때문이라는 주장이 마치 정설인 것처럼 인식되었다. 그런데 필자가 검증한 사료에 의하면, 그는 반탁 시위를 벌이는 시위대를 미군 헌병이 강압적으로 해산시키자 미군정장관 아놀드 소장을 찾아가서 "반탁 주장은 우리 국민의 의사이며 국민운동인데, 미군정이 개입하는 것은 안 된다"고 항의하였다. 그뿐 아니라 주한 소련영사관을 찾아가서 폴리얀스키 영사에게 북한 지역 주민에 대한 인권개선을 촉구하고, 소련군의 철수를 주장하였다. 당시 "짚신감발을 하고 죽창 들고 미군정청을 축출해서라도 독립을 쟁취하자"고 주장하던 지도자들 사이에서 송진우야말로 해박한 국제정세를 바탕으로 자주독립국가 건설을 위해 애쓴 진정한 지도자였음을 알 수가 있었다.

한편 1991년 역사문제연구소가 기획한 〈한국 현대사의 라이벌〉 강좌에서 서중석은 '안재홍과 송진우'를 비교하면서, "안재홍과 여운형은 끝까지 일제와 싸운 세력이고, 송진우로 대표되는 세력은 황국신민화운동이나 친일 활동을 한 이력이 있었기 때문에 대지주, 대부르주아 토착 세력으로서 힘은 있었지만 민중들을 설득시키는 데는 한계가 있었다"고 주장했다. 더욱이 2007년 인촌 김성수가 친일반민족행위자로 낙인찍히자, 평생을 동고동락한 송진우도 친일파였을 것이라는 착각 속에 갖가지 오해가 덧붙여졌다.

그러나 송진우는 친일반민족행위자가 아니다. 1941년 12월 8일 일제가 태평양전쟁을 일으키고 황국신민화정책을 강요하자 대다수 지도층 인사가 친일반민족행위자로 전락했지만, 자기 관리가 철저했던 그는 총독부의 강압과 회유에도 불구하고 친일단체 가입은 물론 친일 논설이나 강연·인터뷰조차 알려진 바가 없다. 오히려 송진우는 일제강점기 동안 네 차례나 경찰에 체포되어 조사를 받고, 세 차례 구속되어 모진 고문을 당하였으며, 도합 27개월의 옥고를 치른 독립운동가다. 또 백범 김구의 노모인 곽낙원과 성재 이시영의 자녀를 뒷바라지하고, 백야 김좌진의 독립군부대에 군자금을 지원한 일화도 사실로 검증이 된다.

한마디로 송진우는 독립을 향한 집념을 불태운 민족주의자이자 애국지사다. 문제는 송진우의 행적에 문제가 있었던 것이 아니라, 그의 행적을 제대로 알지 못한 후학들의 불찰이었다. 이로 인해 송진우는 잃어버린 독립운동가가 되었다.

2

이에 필자는 그동안 우리 사회의 현대사 인식에 문제의식을 갖게 되었다. 1946년 7월 미군정청이 시행한 〈미래 한국 통치구조〉에 관한 여론조사에 의하면, 자본주의(14%)·사회주의(70%)·공산주의(7%)·모른다(8%)로 당시의 국민의식이 압도적으로 친사회주의 또는 친공산주의에 경도되어 있었다. 이 때문에 대다수의 정치지도자들도 여론에 동조하는 분위기였으며, 자유민주주의에 대한 확고한 신념을 가지고 일관되게 행동한 지도자는 미국의 이승만과 국내의 송진우뿐이었다.

이미 1925년에 발표한 〈세계 대세와 조선의 장래〉라는 명논설에서 공산주의의 실상을 정확하게 파악하고, 머지않은 시기에 미국과 소련이 대결하게 될 것을 예견하였던 그는 여운형이 조선인민공화국의 수립을 선포하자 곧장 공산주의 국가 건설을 저지하기 위하여 국민대회준비회를 결성하고, 미군정과 협력하면서 이승만과 김구의 국내 안착을 돕는 데 전력을 기울였다. 이같은 시대 상황과 자유민주주의자 송진우의 사상을 제대로 이해하지 못한 가운데, 해방 전후사를 '살아 있는 현재'로 읽어내는 데만 집중하다 보니 역사를 왜곡한 경우가 적잖게 발견된다.

일례로 《해방 전후사의 인식》에는 해방 직전 총독부가 송진우를 찾아와 치안권 이양에 협조해 줄 것을 부탁했다는 증언이 고의로 조작된 것이라고 지적하면서, 증거로 1957년 《국제타임스》에 실린 정무총감 엔도의 회견을 제시한다. 그런데 그 전문을 살펴보면 뉘앙스가 다른 것을 발견할 수 있다.

우리는 무정부 상태를 우려하여 여씨에게 치안대책을 위촉하였을 뿐, 정권 이양 교섭은 하지 않았다. 송씨에게는 전쟁이 끝나기 전 여러 번 협력을 요청하였으나, 거부당하였기 때문에 그와는 다시 교섭하지 않았다. (《국제타임스》, 1957년 8월 13일)

위의 내용은 송진우에게는 8월 15일 이전에 여러 번 협력을 요청하였으나 거부당하였기 때문에 해방이 되던 날 여운형에게 치안대책을 위촉하였다는 말이지, 송진우에게 협조를 요청한 적이 없다는 말은 결코 아니다. 그럼에도 불구하고 문장의 앞부분만 인용하고, 뒷부분은 삭제함으로써 역사적 사실을 왜곡·해석한 결과를 낳고 말았다. 한민당의 행적을 두고도 송진우가 이끌던 때와 그의 사후 시기를 구분하지 못하고, 무조건 송진우와 한민당은 극우 세력이라고 주장한 부분도 여러 곳에서 발견되었다.

이처럼 당시의 시대적 상황을 올바르게 인식하지 못하고, "만약 여운형과 안재홍 등이 결성한 건국준비위원회에 송진우가 협력했더라면 남북 분단도 안 되고, 통일국가를 건설할 수 있었을 것"이라는 가정법으로 주장하는 것은, 역사가가 사실(史實)을 외면하고 이념적으로 해석하는 역사의 정치화이다.

3

이에 학창 시절에 민족주의사학을 배우며 느낀 민족의 역사적 과제인 분단 극복을 실현하기 위해 오랜 시간을 캠퍼스의 연구실을 떠나 인도적 지원을 통한 통일운동에 종사한 탓으로, 학계의 말석에 자리하게 된 필자는 새로운 패러다임으로 역사적 인물 송진우를 추적하기 시작했다. 그에 관한 사료는 국사편찬위원회의 데이터베이스에만 1,427건이 수록되어 있을 정도로 적지않은 분량이다. 그러나 송진우에 관한 논저는 10여 편에 불과하고, 특히 그의 민족운동에 관한 연구서는 전무한 실정이다. 필자가 이 책을 내는 이유이다.

이 책은 3부로 구성되었다.

1부 〈독립에의 집념〉은 간추린 고하 평전이다. 2022년 2월, 고하송진우선생기념사업회는 고하의 전기인 《독립을 향한 집념》을 발간하였다. 이에 필자는 757쪽에 달하는 책의 내용 중에서 역사적으로 중요하다고 판단되는 사실을 간추려서 고증하고, 그 역사적 의의를 평가하였다.

2부 〈한국 민족운동사에서 본 고하 송진우〉는 민족운동가인 송진우의 행적을 역사적인 관점에서 정리하고 평가한 논문이다. 기존의 전기에 없는 각주와 참고문헌을 통해 그의 민족운동을 역사학적 방법론으로 고찰하였다.

내용 가운데 첫번째 주목할 것은, 3·1운동의 주역으로서 송진우의 역할을 재조명한 것이다. 일각에서 제기하는 이승만의 3·1운동 기획설과 송진우와의 관련성의 문제점을 규명하고, '민족대표 48인'으로서 3·1운동의 출발점이자 종착지로서의 그의 역할을 실증적으로 검증하였다.

두번째, 언론경영인으로서 송진우의 역량을 재평가하였다. 특히 1924년 동아일보 임시주총 사태를 언론개혁으로 인식하던 종전의 시각에서 벗어나, 동아일보를 장악하여 공산주의를 전파하는 선전매체로 이용하려고 홍명희를 내세운 공산주의자들과 이에 맞서 3·1운동의 영웅 이승훈을 앞세워 경영권을 지키려던 민족주의자들 간의 대결이라는 새로운 관점에서 송진우의 역할을 조명했다. 앞으로 이 논지에 대한 많은 관심과 토론을 기대한다.

세번째, 그동안 학계에서 주목하지 않았던 이충무공유적보존운동과 단군 선양사업에 대한 고증을 통해 문화운동가로서 송진우의 역할을 조명하였다.

네번째, 베를린올림픽 당시 일장기 말소사건으로 인한 동아일보 사장 퇴진 이후의 행적과 김구·김좌진 등 독립운동가들과의 숨겨진 일화를 검증하여 독립운동가 송진우에 대한 재평가를 시도하였다.

다섯번째, 해방 전후 총독부의 치안권 이양과 관련한 논쟁과 함께 해방 공간에서 송진우가 활동한 127일간의 행적을 자유민주국가를 건설하기 위한 여정이었다는 관점에서 재조명하였다.

" 필자는 이 논문을 통해 민족주의 사학자로 명망 높던 위당 정인보가 이충무공 때는 무능하고 부패했을망정 정부가 있었지만, 정부도 없고 엄혹한 감시와 압박의 일제시대에 오로지 혼자 동아일보를 짊어지고 나라와 민족을 위하여 한 몸 바친 인물은 고하밖에 없다"라고 정의하였던, 독립운동가 송진우의 공적을 바르게 평가하려고 노력하였다. 그러나 시간관계상 송진우가 꿈꾸던 대한민국의 모습은 어떠하였는지? 그가 암살을 당한 이유와 정치적 배경은 무엇인지? 등에 관한 연구는 다음 기회로 미룰 수밖에 없었다.

3부 〈거인의 숨결〉은 2023년 8월 고하송진우선생기념사업회가 송진우의 글과 관련자료를 모아 《거인의 숨결》을 발행했다. 무려 1,128쪽에 달하는 이 방대한 자료집에 누락된 자료를 발굴하여 수록한 것이다.

내용상으로는 송진우의 글 4편과 관련자료 8편 등 12편이다. 송진우가 쓴 글은 이중과세 문제에 대한 논설, 교우록, 단편소설, 인터뷰

기사 등인데, 이 가운데 특별히 주목되는 것은 1935년 《삼천리》에 게재한 〈교우록〉이다. 이 글에는 그의 교우관계와 그 배경을 밝히고 있어서, 앞으로 한국 근·현대사 연구에 좋은 자료가 될 것이다. 그리고 1928년 《별건곤》에 발표한 단편소설 〈괴상한 산가〉는 그의 다양한 재능을 보여주는 것으로 이 책의 성과 중 하나이다.

또 역사학계에서 논쟁의 대상이던 해방 전후 '총독부의 치안 협조 요청' 문제와 관련하여 김준연·강영수 등 동아일보 관계자의 증언과 함께 미국 국립문서보관소 자료인 "FRUS 1945. The British Commonwealth, the Far East"를 수록하였다. 이 자료는 1945년 9월 25일자의 해방 전후 국내 정세와 총독부의 동향을 수록한 기사와 함께 12월 17일자에는 송진우가 주한 러시아영사 폴리얀스키(Polianski)에게 북한 주둔 소련군의 만행을 규탄하고, 북한 인민들의 인권보호를 위하여 소련 군대의 철수를 주장했다는 내용이 눈길을 끈다.

마지막으로 《월간조선》 2023년 12월호에 실린 고하의 장손인 송상현(1941년생) 서울대학교 법대 명예교수와 필자가 대담한 기사를 월간조선의 동의를 받고 전재하였다. 송진우의 인간적인 면모를 이해하는 데 도움이 될 것이다. 그리고 재판에는 초판에 없던 〈연보〉와 〈찾아보기〉를 덧붙이게 되었다.

필자가 속한 '재단법인 대한민국역사와미래'의 역사분과위원회에서는 이 책을 〈건국의 아버지들〉로 출판하기로 결정해 주었다. 필자가 지난 2022년에 펴낸 《끝나야 할 역사전쟁》에서 주장한 '대한민국 건국의 아버지들(Founding Fathers of the Korea)'의 취지에 공감한 결정이었다.

미국의 조지 워싱턴(George Washington, 1732-1799)은 대륙 총사령관으로 영국과의 독립전쟁을 승리로 이끌어 국토를 지키고 민주헌법으로 미합중국을 세웠다. 모든 것이 국부(國父)의 조건에 부합된다. 그러나 미국은 국부라는 말 대신 '미국 건국의 아버지들(Founding Fathers of the United States)'이라 부른다. 특정인을 가리키는 말이 아니라, 미국 독립전쟁에 기여한 사람들로 건국 초기 대통령 5명을 포함하고, 대륙회의연합규약, 독립선언서, 연합규약, 미국 헌법에 참여, 서명한 13개 주의 대표 정치인과 관련된 남성들을 일컫는다. 이 기준에 따르면 대상자는 147명이 넘는다. 이와 같은 역사인식을 공유하면 우리나라도 종래의 이승만과 김구를 둘러싼 국부론(國父論) 논쟁에서 벗어나서 진영 대결을 극복하는 계기가 될 것이다.

앞으로 이승만·김구·김규식·여운형·김성수·조소앙·안재홍·조봉암·이시영·신익희 등 다양한 인물에 대한 연구와 논의가 활발하게 이루어지기를 기대한다.

이 책을 저술하는 동안 많은 도움말을 주신 송상현 교수님과 자료 정리에 도움을 준 이민원 박사, 고하에 관한 대담 기사를 전재할 수 있도록 배려해 준 월간조선, 어려운 출판 환경에서도 기꺼이 이 책의 출판을 감당해 준 도서출판 동문선 신성대 대표에게 감사를 드린다.

2024년 4월 15일

여의도 연구실에서, 김형석

차 례

제2부 민족운동사에서 본 고하 송진우
― '독립'과 '자유민주국가 건설'에 앞장선 민족주의자

제3부 거인의 숨결

제1부

독립에의 집념

1. 독립운동의 꿈을 안고

1) 어린 시절

송진우는 1890년 6월 11일(음력 5월 8일) 전라남도 담양부 고지산면 손곡마을(현, 담양군 금성면 손곡길 12-1 대곡리)에서 신평 송씨 송훈(宋壎)과 제주 양씨 사이의 넷째아들로 출생했다. 태어날 때 모친이 채소밭에서 금빛 가지를 딴 태몽을 꾸고 아들을 얻었다는 뜻에서 태명을 '금가지', 아명을 옥윤(玉潤)이라고 불렀다. 양반 가문 출신으로서 시사에 밝던 부친 송훈은 개화사상을 접하게 되자 사재를 기울여 담양학교를 건립하고, 집에서는 양력설로 과세하는 등 근대 문물을 적극 수용했다.

이런 가정 분위기에도 불구하고 한편으로는 유교적인 가풍도 여전하여 송진우는 4세 때부터 한학을 배웠다. 그가 본격적으로 글을 배운 것은 7세 때로서, 성리학자인 기정진(1798-1879)의 집안사람이던 기삼연(1851-1908)에게서였다. 기삼연은 1895년 을미사변이 일어나자 의병을 일으켜 호남창의맹소(湖南倡義盟所)를 조직하였고, 일본군과의 싸움에서 패배한 후 쫓겨다니다가 송씨 집에 6년 동안을 기식하면서 송진우에게 글을 가르쳤다. 고하(古下)라는 호도 기삼연이 지어 준 것으로 '손

송진우 생가 (전남 문화재 제260호, 국가보훈부 현충 시설)

곡리 고비산(古比山) 밑에서 태어났고, 고비산같이 꿋꿋하게 살라'는 뜻
이다. 그는 또 '대의(大義)에 살고 대의에 죽으라'는 인생관도 심어 주었
다. 이 때문에 송진우는 "기삼연 선생은 나의 가슴에 굵다란 장작을 넣
어 주고 거기다 불을 놓은 셈이라"고 회고하였다. 성리학자로서 의병장
이 된 기삼연은 감수성이 예민한 어린 시절의 송진우에게 민족의식과
구국의식을 불어넣어 주었다.

송진우는 14세가 되던 1904년에 고흥 유씨 유차(柳次)와 결혼하였다.
이어 그는 전남 장성군 북하면 백양사에 들어가서 성리학자 김직부(金
直夫)에게 1년 반 동안 성리학을 수학하였는데,[1] 송진우가 "공상(空想)
과 수도(修道)로 꿈같이 지냈다"고 회고할 만큼 그의 인생에 중요한 시
기다. 그런 그에게 부친은 영어를 배울 것을 권유했다.

나라는 이미 기울어졌다. 우리가 우리 스스로 정치를 잘못한 죄도 있지만 왜인들의 신학문이 크게 우리를 압박한 것이야. 왜인들은 일찍부터 서양 문명을 받아들여 그것으로 모든 무기를 장만하고 제도를 고쳤으므로 놀랄 만한 강국이 된 것이야. 우리는 우물 안 개구리처럼 바깥세상이 발전하고 있다는 것을 통 모르고 있었단 말이야. 그러나 이제라도 늦지는 않아. 우리만 노력한다면, 싸움만 아니하고 일심협력하여 신문명을 받아들인다면, 다른 민족이 1백 년에 할 것을 20년이나 30년 안에 회복할 수 있다. 이제 남은 길은 하루라도 빨리 왜인들이 배운 것 이상으로 신학문을 배워서 학문으로나 무기로나 산업으로나 우리가 앞서서 그들을 이기는 길뿐이다. 배우는 일-이보다 더 큰일은 없어. 무엇보다 영어를 먼저 배워야 된다.

송훈은 규장각제학(奎章閣提學), 요즘의 직책으로는 국립중앙도서관 관장을 지낸 고정주(1863-1933)가 담양의 창평에 영어를 가르치는 서당을 세운다는 소식이 들려 오자, 그를 찾아가서 진우도 배울 수 있게 해 달라고 부탁하였다. 고정주는 1905년 을사늑약이 체결되자, 이를 반대하는 소(疏)를 올린 후 담양으로 낙향하였다. 이때 차남 고광준과 사위 김성수에게 영어를 가르치기 위해 주변 지인들의 자녀를 모아 영학숙

---

1) 송진우가 1935년 《삼천리》 제7권 5호(1935년 6월)에 발표한 〈교우록〉에는 김계중(金繼中)이라는 이름으로 소개된다. 필자의 추측으로는 '직부'는 '심지가 곧은 대장부'라는 뜻의 아호(雅號)이고, '계중'이 본명으로 추정된다. 송진우는 〈교우록〉에서 스승에 관하여 "시세(時世)를 통론하며 필연(筆硯)을 당기어서 불우감개(不遇感慨)의 시문(詩文)을 적는 것으로 소일하던 젊은 강개지사(慷慨之士)"라고 소개한다.

(英學塾)을 설립하고, 서울에서 영어·중국어·일본어에 능통한 조선귀화인 이표(李漂)를 교사로 초빙했다. 이것은 1903년 고광준이 중국으로 유학 갔다가 언어 문제로 적응하지 못하고 중도 귀국해 오자, 외국어의 기초를 닦은 후 다시 유학을 보내야겠다는 판단에서 설립한 일종의 영재 교육기관이었다.

이때 송진우는 두 스승, 기삼연과 김직부의 영향으로 성리학적 대의만이 진리라고 생각하던 시절이라 처음에는 부친의 말을 듣고 무척 당황했지만, 며칠을 고민한 뒤 부친의 권유대로 신학문을 배우기로 결심하였다. 1906년 4월 담양 창평면 월리에 영학숙이 개설되자 이곳에 입학하여 신학문을 배우게 되었는데, 이 시기에 평생의 친구가 되는 김성수(1891-1955)를 만나게 되었다. 호남 최초의 근대 교육기관이었던 영학숙에는 학생이라야 고광준·김성수·송진우·현준호(1889-1950) 등의 극소수에 불과했다. 영학숙은 영어를 주로 가르치는 서당식의 기숙학원이었다.

이들이 영학숙에 다닐 때, 김성수가 초립둥이인 송진우에게 허교를 제의했다.

김성수 "진우, 우리 인제 허교(許交)하고 지내지."

송진우 "허교만 하면 무엇하겠소. 심교(心交)를 터야지. 그러니 심교가 터질 때까지는 굳이 그럴 것 없지 않소?"

송진우의 무뚝뚝한 대답이었다. 다른 사람들은 통성명만 하면 허교하고 자네니 내니 하고 지냈지만, 송진우와의 허교는 상당한 시일이 필요했다. 그로부터 한참 뒤 "이제 우리 허교하지" 하고, 송진우가 김성수에게 허교를 제의했다. 이 무뚝뚝한 송진우의 제의에 김성수는 무척 반가웠다. 사귀고 보니까 고집이 셀 뿐, 인정스러운 인물이었다. 후일 김성수는 그의 첫인상을 두고 이르기를, 쉽게 속마음을 열지는 않았으나 심지가 깊은 청년이라 생각하였다고 회상했다.

고하는 함께 공부를 하면서도 별로 말이 없었고, 속마음을 열어 보이지 않는 것이었다. 내가 친구로 지내자고 했으나 그는 아무하고나 간담을 상조하는 그런 줏대 없는 사내라며 일축하는 것이었다. 일견 거만해 보였지만 심지가 깊은 청년이로구나 하는 생각이 들기도 했다.

이렇게 영학숙에 수학하면서 사귀게 된 둘의 인연은 이후 평생토록 계속되었다. 그런데 영학숙이 6개월여 만에 문을 닫게 되자 모두 귀가했지만, 둘의 우의는 변치 않았다. 1906년 겨울 전북 고창의 집으로 돌아온 김성수는 "담양에서 얻은 것이 무엇이냐?"는 양아버지의 질문에 "송진우라는 친구를 얻었다"고 대답하였다. 1907년 김성수 가족은 민란과 화적떼를 피해 생가와 양가가 모두 고창에서 부안군 줄포면으로 이주하게 되었다. 이때부터 김성수는 변산반도의 내소사(來蘇寺) 청련암(淸蓮庵)에 들어가 독학하였는데, 송진우가 이곳으로 찾아와 백관수(1889-1951)와 셋이서 함께 수학했다. 매일같이 어울려서 시국에 관해 토론하고 나라의 장래를 걱정하던 이들은, 일본 유학을 함께 떠나기로 뜻을 같이하고 부모님의 승낙을 얻기 위해 각자 집으로 돌아갔다.

손곡리 본가로 돌아온 송진우는, 부친에게 일본어를 배우고 싶다는

부안의 내소사 청련암 전경

뜻을 밝힌 후 담양학교의 일어 교사인 위계후(魏啓厚)에게 초급 일본어 공부를 시작했다. 그러던 어느 날 부친이 송진우에게 서울의 한성교원 양성소로 유학할 것을 제안했다. 이에 송진우는 서울로 유학을 떠난다 고 말해 놓고는 집을 나와 곧장 김성수를 찾아갔다.

　한편 김성수는 줄포와 흥덕 사이에 있는 후포에서 대한협회의 강연 회가 열린다는 소식을 듣고 찾아갔다가, 계몽운동가 한승리의 강연에 서 "나라의 주권은 백성에게 있고, 모든 사람은 평등하다"는 자유민주 주의의 기본 가치인 '주권재민, 만민평등' 사상을 처음 듣고 큰 감명을 받았다. 이것이 계기가 되어 한승리가 근무하던 군산 금호학교에 입학 하여 영어를 비롯한 신학문을 배우고 있었는데, 송진우가 이곳으로 찾아온 것이다. 다시 만난 둘은 의기투합하여 군산에서 일본 유학을 준비하고 있었다.

그러던 어느 날 두 사람은 일본 유학생 홍명희(1888~1968)를 만나게 되었다. 도쿄 다이세이중학(大成中學)에 유학중이던 홍명희가 잠시 귀국하여, 금산(錦山) 군수로 부임하는 부친 홍범식(1891~1910)을 따라 임지로 내려가던 길에 김성수가 묵고 있던 객주집에 들렀다. 이렇게 우연히 만나게 된 홍명희로부터 일본 이야기를 듣고서 유학 결심을 굳히게 되었다. 다음날 두 사람은 한승리의 도움으로 '도항 증명서' 발부 절차를 밟는 한편으로 머리를 깎고 준비를 서둘렀다. 흥덕(興德)에 사는 백관수에게도 이 사실을 알렸으나, 부모의 승낙을 받지 못해 동행하지 못하였다.

2) 동경 유학 시절

송진우와 김성수는 1908년 10월 일본 유학길에 올랐다. 두 사람은 시모노세키를 거쳐 도쿄에 도착하자 군산에서 만난 홍명희를 찾아갔다. 다음날 홍명희의 안내로 도쿄 시가지를 구경한 후에 세이소쿠영어학교에 등록하였다. 그는 이곳에서 중학교 입학 준비과정을 마치고, 1909년 홍명희가 안내한 대로 킨죠우중학교(錦城中學校)에 편입학하였다. 이어서 1910년 4월 와세다대학(早稻田大學) 고등예과에 입학하였다. 이렇게 순조로이 유학 생활에 적응하던 그는, 8월 22일 한일합병이 체결되어 국권을 강탈당하자 큰 충격을 받고 어디론가 사라져 버렸다.

송진우가 아무 말도 없이 자취를 감추자 모두가 불안해했다. 누구나 일심동체라고 인정하던 김성수마저 그의 행방을 모르니 "고하가 자결했다"는 소문이 나돌았다. 그런데 아무도 모르게 사라져 버린 송진우가 이틀 뒤 부산에 상륙하였으며, 군산을 거쳐 26일 고향집으로 돌아왔다. 얼마 동안은 몇 차례 자결할 생각도 해보았으나 살아서 안중근 의사처럼 무언가 조국을 위하여 보람 있는 일을 하기로 결심하였다. 그래서 옛 스승 김직부를 찾으려 했지만 행방이 묘연하였다. 한겨울 내내 고향인 손곡리에 묻혀 지내면서 마음을 정리한 후에, 다시금 도쿄로 돌아가서 학업을 계속하기로 결단하였다. 잃어버린 나라를 다시 일으켜 세우는 방법은 학업을 계속하는 길밖에 없다고 생각을 정리한 것이다.

이듬해 이른봄 송진우는 새로운 각오로 다시금 일본으로 건너갔다. 1911년 4월 와세다대학 법학부에 복학했으나 곧 그만두고, 메이지대학(明治大學) 법과에 다시 편입하여 수학하였다. 그는 도쿄로 돌아와 친구들을 다시 만난 자리에서, 그동안 조국에 머무르면서 생각한 구국의 방략을 이렇게 말했다.

이제부터의 구국운동은 과거의 의거 관념에서 벗어나야 한다. 첫째, 한두 사람 또는 한두 단체의 구국운동이 아니라 전 민족적인 집단운동이라야 할 것이고, 둘째, 어떤 한 부분을 통한 구국운동이 아니라 정치·경제·산업·문화 등 각 부분이 병행해야 한다는 점에서 우리는 교육사업을 해야겠고, 산업을 일으켜야 하겠고, 동시에 금융기관과 신문·출판기관을 가져야 한다.

한편 송진우가 일본에서 방황하다가 귀국하는 모습을 곁에서 안타깝게 지켜보던 김성수는 그의 복학에 누구보다도 기뻐하였다. 송진우가 메이지대학으로 편입하여 학교는 달라졌지만, 하루만 보지 못해도 궁금해하고 거의 매일같이 만나다시피 하는 모습은 유학생들 사이에서도 화제였다. 후일 동아일보 편집국장을 지내면서 두 사람을 누구보다 가까이서 겪은 춘원 이광수(1892-1950)는, 두 사람의 교우관계에 대해 이렇게 설명한다.

1925년경 도쿄에서의 송진우(좌)와 김성수(우)

김성수가 우의를 중히 여기어서 한번 (마음을) 허락한 사람에게 대하여는 끝까지 변함이 없는 것은 현대 조선에서 희한한 사례이다. 김성수와 송진우의 관계는 그 중에 대표적이다. 두 사람은 상투를 자르고 일본에 나타날 때부터 지금까지 20여 년에 걸쳐 우의와 신의가 변함이 없다. 김성수도 누구 말을 들을 사람이 아니요. 송진우는 그보다 한층 더 자아가 강한 사람이다. 그러므로 때로 논쟁이 생기고 뇌성벽력이 치는 듯한 대충돌이 생긴다고 한다. 그렇지만 그들의 우정과 신의는 한번도 흔들린 일이 없다. 이 점은 송진우의 장점도 된다. (현대어로 고침; 이광수, 〈김성수론〉, 《동광》 제25호(1931년 9월), 8쪽)

이때 송진우는 유학생 단체에도 적극 참여했는데, 특히 조만식(1883-1950)·장덕수(1894-1947)·조소앙(1887-1958)·안재홍(1891-1965) 등과 친밀한 관계를 형성하였다. 1912년 10월 도쿄에서 조선유학생친목회가 발족되었다. 회원으로 조만식·송진우·김성수·안재홍·장덕수·조소앙·신익희(1894-1965)·김준연(1895-1971)·김병로(1887-1964) 등이 참여하였으며, 이들 가운데 맏형 격이던 조만식이 회장을 맡고, 송진우는 총무를 맡았다.

유학 시절 송진우는 메이지대학 법과에서 함께 공부하던 조만식과 가장 절친하게 지냈다. 두 사람은 일곱 살의 나이 차이에도 스스럼없이 어울렸는데, 송진우가 쓴 〈교우록〉에 조만식과의 관계를 상세히 설명하고 있다.

동경 유학 시대 나는 여기에서 많은 지기를 얻었다. 그 중에도 가장 가깝던 이는 조만식 군, 군은 나와 같이 메이지대학 법과에 적을 두었는데, 담배 한 대 안 피우지, 술 한 잔 안 먹지, 우락부락하지 않고 침착하지, 수재이지, 신의가 두텁지, 이 모든 점이 두 사람의 우의를 아주 가깝게 해주는 인자가 되었다. 둘은 학우회에 무슨 일이 있어도 함께 나갔지, 메이지대학 동창회에도 무슨 일이 있어도 보조를 같이하였지, 그 두터움이란 세상 사람들의 상상 밖이었다. (송진우, 〈교우록〉, 《삼천리》 제7권 제5호(1935년 6월), 51쪽)

이렇게 송진우는 강의실에서 배우는 것에 그치지 않고 독서 활동, 유학생들과의 친교, 일본 지식인들과의 교류 등 왕성한 학내외 활동을 펼쳤다. 당시 일본에서는 민본 대중정치를 포함하여 자유주의와 민주주의를 외치는 지식인들과 정치 세력이 확산되고 있었다. 이에 송진우는 김성수·장덕수·현상윤·백남훈(1885-1967) 등과 어울려서 요시노 사쿠조(吉野作造, 1878-1933)·우찌무라 간조(內村鑑三, 1861-1930)를 비롯한 일본의 저명한 자유주의 지식인들과 자주 접촉하였다. 특히 도쿄제국대학의 정치학 교수이던 요시노는 와세다대학과 메이지대학에 출강하는 한편, 조선YMCA회관에서 수시로 강연하면서 조선 유학생들의 활동을 격려하였다.

그런데 이들 유학생들과 요시노를 비롯한 일본인 지식인들의 만남이 이루어지던 동경한인기독교청년회(YMCA)도 조만식이 회장을 맡고 있었다. 이 때문에 송진우는 조만식을 따라 조선YMCA회관에서의 강연은 물론 동경한인교회 예배에도 참석하여 요시노와 교제할 수 있는 기회를 가졌다. 도쿄 본향교회에 출석하면서 새우나 단조(海老名彈正, 1856 -1937) 목사의 영향을 받은 요시노는 민본주의 사상에 심취하였다. 요시노에 의하면 민본주의는 기독교의 이상을 정치적으로 표현한 것이며, 역사를 통해 나타난 신(神)의 인식과 찬미인데, 그것은 정치적 민본주의와 인격주의 내지 정신적 귀족주의를 한데 묶어 주는 실천적 대안으로서의 대의정치를 의미하였다.

이같은 요시노의 민본주의 사상은 송진우뿐 아니라 대정데모크라시기에 유학한 조선인 청년들에게 실로 지대한 영향을 끼쳤다. 이 때문에 경무국 보안과는 이들의 언동을 기록했는데, 송진우가 1914년에 요시노를 면담한 사실도 등장한다. 이밖에도 경무국 보안과 기록에 송진우의 이름이 여러 차례 나오는데, 1915년 1월에 신익희·이이규 등과 시국에 대해 논의한 것과 4월 9일 기독교청년회관에서 열린 조선인 각 학교 졸업생 웅변대회에서 〈현상의 타파와 청년의 특색〉이라는 제목으로 연설한 사실이 자세히 기록되었다. 이로 미루어 송진우는 일본 유학 시절부터 경무국에서 '요시찰 인물'로 관리되고 있었음을 알 수가 있다. 또 송진우는 호남유학생회와 호남유학생다화회를 조직하여 회장으로 활동하였고, 김병로·최팔용(1891-1922) 등이 발행한 《학지광(學之光)》의 편집인으로서 족적을 남겼다.

3) 그의 사상개혁론

송진우가 메이지대학 법과를 졸업하기 2개월 전인 1915년 5월 출판된 《학지광》(제3권 1호, 총 5호)에는 그의 〈사상개혁론〉이 실려 있다. 이 글은 그가 서구 근대사상을 접한 후에 자유민주주의자로 사상적인 변화를 겪게 되는 면모를 분명하게 보여준다는 점에서 매우 중요한 자료이다.

　송진우는 〈사상개혁론〉의 첫머리에서 우리나라의 전통적 가치관인 유교사상의 타파를 주장한다. 그는 유교사상이 '모고사상(慕古思想)의 원천'으로 인문 진보의 원리에 배치되며, 정치적 인간인 민(民)을 수동적인 대상물로 전락시키는 전제사상(專制思想)의 단서로 자치 권리의 평등정치를 실현하는 현대 조류에 맞지 않는다고 역설하였다. 또 유교는 사상의 자유를 특징으로 하는 현대 문명사상에 반하는 배타사상의 표현이어서 유교사상의 타파가 시대 요구의 급선무라고 강조하였다. 그리고 봉건적인 혈연 질서와 특권의식을 타파하기 위해 그 근간이 되는 봉건제 가족제와 강제 결혼의 타파를 주장하였다. 이러한 주장은 그가 명백히 전통적 유교사상에서 벗어나 있으며, 반봉건·구사상·구관습 타파에 대한 강렬한 의지를 보여준다.

　또한 송진우는 유교사상 대신 국수(國粹) 발휘를 주장한다. 그는 국수의 발휘를 단군 숭배로 연결시키고 있는데, 그가 단군 숭배를 주장한 것은 "오인의 생명을 집합하면 4천 년 전의 혼전한 일체가 될 것이요"라는 언급에서 드러나듯이 단군을 민족적 일체감과 구심점으로 자리매김하기 때문이다. 이같은 송진우의 '국수 발휘, 단군 숭배'는 나철(1863-1916)의 대종교(大倧敎)나 국수주의적인 민족주의자들의 숭배, 1910년대 무장투쟁 세력의 국수사상과는 다르다. 그에게 단군 숭배는 민족의 단합을 이루는 상징물로서, 단일민족 의식을 일깨워 주는 민족구심체의 상징 이상의 의미를 갖는 것은 아니었다. 그는 '국수' 인식을 통해서 민족의식을 고무함으로써 역으로 근대적 자강, 근대적 사상개혁을 강조한 것이다. 따라서 그에게 정치사상의 지향은 전통사상 타파에 기초한 근대 민주주의 사상이며, 부르주아 민주주의적 근대 정치체제의 건설이었다.

그의 〈사상개혁론〉에 나타난 또 하나의 인식은 허영의 타파와 실리 교육·과학 실업 등의 주장에서 드러나듯이, 정치와 경제의 운동을 종합적으로 바라보았다는 점이다. 그는 우리 사회에 만연한 관리만능적인 사고를 비판하면서, 허영적인 사고 타파와 실리적인 생활정치로의 변형을 주장하였다. 이러한 그의 주장은 당시로서는 실천 불가능한 급진적인 공론처럼 들렸다.

그렇지만 더 놀라운 사실은, 송진우의 〈사상개혁론〉은 말로만 그치지 않고 삶에서 실천으로 나타났다는 점이다. 그는 유교적 관습이 지배하던 사회적 분위기에서도 제사 형식의 간소화를 주장하였는데, 여성이 부엌에서 발을 일찍 빼도록 하는 데 목적이 있었다.

고하는 가정에서 위패를 모시는 대신 영정을 모셔서 그분을 생전에 못 본 후손들이 그 모습을 보게 하였고, 축문을 짓지 않으며, 제사 시간을 첫 닭이 우는 새벽이 아니라 저녁 7시에 다 모여서 제사를 지내고 다같이 식사한 뒤에 제사 음식을 골고루 싸가지고 저녁 8시 반경에는 귀가하도록 조치했다. 성묘 시에는 주과포혜를 준비하여 묘전에 술을 올리는 대신에, 각자 흰 국화 꽃송이를 홀수로 묶어 화속(9송이나 11송이)을 바치고 절한 다음에, 모인 사람들이 식사 때가 되면 부근 식당에서 간단한 식사를 하고 헤어지도록 조치했다. (손자인 송상현 교수의 증언, 2024년 2월 13일)

이러한 조치는 당시로는 너무나 파격적이어서 집안 안팎으로부터 엄청난 저항이 있었지만, 그는 평소 주장하는 바를 가정에서부터 몸소 실천하였다.

4) 중앙학교 교원 시절

송진우는 1915년 7월 메이지대학 법학부를 졸업하고, 1916년 초 귀국하였다. 그는 1915년까지의 일본 유학생 졸업자 5백여 명 가운데 대학 본과를 졸업한 단 9명에 해당될 정도로 이미 사회적으로 인정받는 지도자적 위치에 올라 있었다. 송진우가 귀국하자 2년 전에 먼저 일본 유학을 마치고 중앙학교를 경영하고 있던 김성수가 학감으로 초빙하였다. 동경 유학 시절 교육을 통해서 '구국의 인재'를 양성하자고 다짐하였던 두 사람의 꿈이 현장에서 실현되는 순간이었다. 송진우는 국사(國史)를 가르치고, 교장 김성수는 경제학을 가르쳤다. 학생 가운데는 서른 살이 넘은 영남 선비도 있어서, 무엇이 잘못되었다고 꾸짖으면 선비 대접을 잘 못한다고 학생들이 도리어 화를 내는 경우도 있었다.

1918년 4월, 송진우는 김성수에 이어 제10대 중앙학교 교장에 취임했다. 학감은 최규동(1882-1950),[2] 교사는 현상윤(1893-1950)[3] · 최두선(1894-1974)[4] · 이강현(1888-1967)[5] · 고희동(1886-1965)[6] 등 일본 유학생 출신과 국내파로 이중화(1881-1950)[7] · 변영태(1892-1969)[8] 등 당대의 명사들을 규합하였다. 송진우는 스스로 교장 월급을 30원으로 정해놓고, 수학자로 이름이 높던 최규동은 80원을 지급하면서 학감으로 모셔 올 만큼 정예 교사 선발에 정성을 기울였다. 학교 숙직실에 기거하면서 동료 교사들과 수시로 소통하며 학생 지도에 전력을 기울였다.

또 우리나라 역사에 많은 관심을 가졌던 송진우[9]는 학생들에게 역사

---

2) 경북 상주 출신의 수학자이자 교육자로 후일 중동고등학교를 설립하고, 교장을 지냈다. 조선교육회와 진단학회에서 활동했다. 제4대 서울대학교 총장 재직중에 6·25전쟁이 일어나자 피랍되어 병사했다.

3) 평북 정주 출신의 교육자이자 철학자로 3·1운동 당시의 민족대표 48인 가운데 1인이며, 광복 후에 고려대학교 초대 총장을 역임했다. 6·25전쟁중에 납북되어 가다가 폭격을 받고 사망한 것으로 추정된다.

4) 서울 출신의 교육자이자 철학자이다. 3·1운동으로 송진우가 투옥된 후에 교장을 맡았으며, 이후 독일 유학을 마치고 보성전문에서 교수로 활동했다. 광복 후에는 동아일보 사장과 국무총리를 역임했다.

5) 서울 출신으로 동경공업고등학교에 유학하여 방직을 전공하고, 중앙학교에서 물리를 가르쳤다. 이후 김성수가 경성방직을 설립하는 데 결정적인 역할을 감당하였다.

6) 서울 출생으로 1908년 한국 최초의 미술 유학생으로 도쿄미술학교에서 서양화를 공부하였다. 광복 후 대한민국미술협회장과 대한민국예술원장 등을 역임하였다.

7) 서울 출신의 한글학자이다. 1942년 '조선어학회사건'으로 검거되었으며, 광복 이후 국학대학 학장과 한글학회 대표이사를 지내다가 6·25전쟁 때 납북되었다.

8) 경기 부천 출신으로 고려대학교 교수를 지낸 후 외교관으로 투신하여 필리핀 대사와 외무부 장관을 역임했다. 1954년에는 제5대 국무총리가 되어 외무부 장관을 겸했다.

를 가르치는 한편, 조선광문회의 유근(1861~1921)·최남선(1890~1957) 등과 교제하면서 민족정신 함양에 심혈을 기울였다. 그는 학생들에게 혼례는 단군과 세종대왕, 그리고 이순신 장군을 모신 앞에서 거행되어야 한다고 주장했다. 그렇게 함으로써 우리가 단군의 자손임을 깨닫고, 세종대왕의 높으신 업적을 이어받으며, 이순신의 충(忠)과 의로움, 용기와 지혜를 받들자는 취지였다.

따라서 그는 1917년부터 경향 각지에 동지를 모으고, 자금을 조달하여 삼성사(三聖祠)건립기성회를 조직하였다. 남산에 단군·세종대왕·이순신을 모시는 사당인 삼성사를 세우겠다는 야심찬 포부였다. 이에 당황한 총독부는 부랴부랴 일본 천황 이름으로 남산에 신사를 세운다는 사실을 공포하기에 이르렀다. 이것이 소위 조선신궁이었다. 이로 인해 삼성사 건립은 실패하고 말았지만, 그의 의도는 학생은 물론 백성들에게 민족혼을 고취시키기 위한 방편이었다. 그는 학생들에게 "여러분은 4천 년이란 긴 역사를 두고 닦아 온 굳건한 지반 위에 앉아 있는 것이다. 일본은 지금 칼과 총으로 우리의 목을 누르고 있다. 우리 모두가 원치 않는 노예 생활을 누가 감히 강요할 수 있겠는가? 민족은 절대로 멸망하지 않는다"라고 역설했다.

---

9) 송진우는 1936년 발표한 〈독서잡기(讀書雜記)〉에서 "중학 시대부터 나는 특히 역사학에 많은 관심을 갖게 되어 학교에서 배우는 역사 시간도 있지마는 교과서 이외의 역사 서적에 많은 힘을 기울였고, 대학 시절에는 법학을 전공했던 관계로 법률 서적을 주로 보았지마는 사학(史學)에도 늘 관심을 갖고 있었다"고 토로하였다.(송진우, 〈독서잡기〉, 《삼천리》 8권 6호(1936년 6월), 58쪽)

송진우는 강의실에 들어가면 으레 그 독특한 강직한 자세로 학생들에게 민족애와 조국애, 그리고 동지애를 강조했다. 청년교육자 송진우의 강의는 그대로 강연이요, 사자의 울부짖음이었다.

제군은 학문을 닦는 사람이다. 학문은 무엇 때문에 닦는가. 자기를 위해서 닦는다. 그러면 자기는 어디에 속하여 있는가. 제군의 가정에 속해 있다. 제군의 가정은 어디에 속해 있다고 생각하는가. 그렇다. 제군은 개인이되 개인이 아니다. 육체적으로는 독립되어 있지만, 그 어디고 매여 있다. 사람 '人'

중앙고보 제1회 졸업식에서 (1922년 3월 18일, 왼쪽부터 김성수, 최두선, 송진우, 현상윤)

자가 왜 서로 버티는 형상을 하고 있는지 아는가. 서로 버티어야 산다. 개인과 개인이 버티고, 조직된 단체와 단체가 서로 버티고, 2천만이 서로 버티고 버티어야 이 민족이 산다.

이런 일들로 중앙학교 3백여 명의 학생들은 송진우 교장에게서 큰 감화를 받았다. 스승과 제자 사이에 '사제제일주의(師弟第一主義)'로 뭉쳤고, '민족일가주의(民族一家主義)'로 하나가 되었다. 점차로 학교 규칙이 확립되고, 기반이 닦아졌다. 이렇게 학생을 하나로 뭉치게 하고, 단합을 촉구한 것은 내일의 민족독립을 위함이었다.

위당 정인보는 1948년에 간행한 《담원시조집》에 〈숙초 밑에 누운 고우 송고하를 우노라〉를 수록했는데, 그 내용 중에 "한 조각 깊은 마음이 겨레뿐 자나깨나 / 단군 세종대왕 '예'처 내친 이충무공 / 말씀이 구름될시면 하늘 가득했으니"라는 구절이 들어 있다. 절친 고하 송진우의 한결같은 민족정신을 노래한 시조였다.

5) 3·1운동

1918년 11월 11일 제1차 세계대전이 끝나고, 전후의 세계 질서를 논의하는 강화회의가 1919년 1월 18일 파리에서 열린다는 소식이 국내에도 알려졌다. 중앙학교 교장 숙소(숙직실)에 함께 기거하면서 독립운동에 관해 논의하던 송진우와 현상윤은 이 기회를 활용하여 독립운동

3·1운동의 책원지로 불리는 중앙학교 교장 숙소

을 도모할 수 있는 방안을 구상하였다. 이들은 거의 매일 김성수와 상의
하는 한편, 보성학교 졸업생 현상윤을 매개로 하여 보성중학교장 최린
(41세)과도 구체적인 협력 방안을 논의하고 있었다. 현상윤의 회상이다.

나는 천도교에서 경영하는 보성학교를 졸업한 관계로 동 교장 최린 씨를
가깝게 종유하던 터요. 수차 최씨를 찾아 천도교의 의견을 타진한즉 자못 용
력할 만하고, 최씨의 의견도 반대하는 기색은 적음으로 그때부터 송씨와 동
반하여 최씨를 찾기로 하였다. 그리하여 1918년 11월부터 시작하여 이후 수
개월 동안 의견 교환과 모의를 거듭한 결과 거사를 추진키로 하고, 일변 동
지를 구하는 의미로 최남선 씨의 참가를 구하는 동시에, 타 일변으로는 천

도교 중진 오세창·권동진 양씨와 연락하여 손병희 씨의 궐기를 종용하고 있었다. (현상윤,《사상계》11-3호(1963년 3월), 45쪽)

그러던 차에 1919년 1월 초순에 와세다대학에 유학중이던 송계백이 겨울방학을 이용하여 귀국길에 대학 선배 현상윤을 찾아왔다. 실은 도교 유학생들의 독립운동 계획을 설명하고 협력을 요청하려는 목적이었다. 이에 현상윤은 송진우·김성수와 상의하였고, 이들은 다시 최남선에게 이광수가 지은 2·8독립선언서의 초고를 보여주며 구체적인 실천 방안을 모색하였다. 이에 고무된 최남선이 독립선언서를 작성하기로 약속하였다. 현상윤은 〈회상기〉에서 그날의 상황을 이렇게 증언한다.

그리하여 1919년 1월 상순경이라고 기억하는데, 하루는 아침에 일본 유학생 송계백 군이 장차 일본에서 발표하려는 일본 유학생들의 독립요구선언서 초고(이광수 작)를 휴대하고서 비밀리에 입경하여 나에게 그것을 제시했다. 그리하여 송진우 씨와 나는 그날 오전에 마침 중앙학교를 내방했던 최남선 씨에게 그것을 보이고, 금후로 국내의 독립운동에 참가할 것을 권하니 최씨도 이것을 승낙하고 또한 국내의 선언서는 자기가 짓겠다고 쾌락하였다.

현상윤이 최린을 찾아가서 2·8독립선언서의 초고를 제시하자, 최린이 그 초고를 가지고 권동진·오세창을 찾아 보여주었고, 세 사람은 다시 손병희에게 보고하였다. 손병희는 2·8독립선언서를 보고 크게 감격하여 천도교가 궐기할 것을 결정하였다. 이날 저녁 송진우와 현상윤·

최남선은 최린의 집에 모여 축배를 들면서 구체적인 독립 방안을 토의하였다. 이어지는 현상윤의 회상이다.

그때 나는 다시 그 초고를 가지고 최린 씨에게 제시하였다. 그리한즉 최씨는 또 권(동진)·오(세창) 양씨에게 보이고, 또 권·오·최 삼씨는 그것을 가지고 손병희 씨에게 제시했다. 그리한즉 손씨 왈, "어린아(兒)들이 저렇게 운동을 한다 하니 우리로서 어찌 앉아서 보기만 할 수 있느냐" 하여 천도교의 궐기를 결정하였다. 그리하여 그날 저녁에 최린·송진우·최남선과 나는 재동의 최린 씨 집 내실에 비밀히 회합했는데, 이날 저녁에 4인은 기뻐 축배를 들면서 밤 깊도록 독립운동의 실행에 대하여 구체적으로 계획과 방안을 토의하였다.

그로부터 수일이 지난 후 평남 평원의 고향집에 갔던 송계백이 돌아왔다. 그에게 2·8독립선언서 인쇄에 사용할 국한문활자 수천 자를 최남선이 운영하는 신문관에서 구해 주고, 정노식(28세)이 운동비 3천 원을 마련하여 주었다. 한편 이들은 독립운동을 대중화·전국화하기 위해 명망가들을 교섭키로 하고, 천도교의 손병희(58세), 기독교의 이상재(69세)·윤치호(54세), 귀족 대표자로 박영효(58세)를 선정한 후, 최남선과 송진우가 교섭에 나서기로 결정했다. 이에 송진우는 1월 17일 윤치호를 찾아가서 국제정세를 설명한 후, 이번 거사에 민족대표로 참여해 줄 것을 요청했다. 그러나 윤치호는 오히려 파리강화회의를 기대하는 송진우에게 자기 나름의 주장을 펴면서 독립운동 참가를 완곡하게 거절하였다. 당시 윤치호가 주장한 내용이다.

첫째, 거창한 이상이 모두 그렇듯이, 국제연맹이 창설되어 실제 활동에 들어가려면 앞으로 몇 년은 걸릴 것이다. 둘째, 조선 문제는 파리강화회의에서 안건으로 상정되지도 않을 것이다. 셋째, 열강 중 누구도 바보처럼 조선 문제를 거론해서 일본의 비위를 거스르지는 않을 것이다. 넷째, 미국이 단지 조선에 독립을 안겨 줄 요량으로 일본과 전쟁을 불사한다는 것은 상상조차 할 수 없는 일이다.

이같이 손병희를 제외한 세 사람으로부터 모두 참여를 거절당하자, 한규설(71세)과 윤용구(66세)를 후보자로 다시 선정하고 최남선이 교섭하였으나 또다시 거절당하였다. 따라서 송진우·최남선·현상윤·최린 네 사람은 다시 중앙학교 교장 숙사에 모여 의논한 결과 대안으로 종교 세력을 동원하기로 하고, 기독교의 이승훈(55세)과 불교 대표로 한용운(40세)을 선정한 후에, 이승훈은 최남선이, 한용운은 최린이 교섭하기로 하였다. 이에 따라 최남선은 2월 8일 오산학교 졸업생인 김도태(28세)를 정주로 보내 이승훈에게 상경하도록 요청하였다.

한편 이와는 별도로 평안도 지역에서는 독자적인 독립운동이 태동하고 있었다. 3·1운동의 또 다른 주역이었던 이승훈은 〈3·1운동 공판〉에서 이렇게 답변한다.

[문] 피고는 어떠한 동기로써 언제부터 조선독립을 계획하고 있었는가?

[답] 날짜는 잘 기억할 수 없으나 파리강화회의에서 미국 대통령이 민족자결을 허(許)하는 일을 제창한다는 말이 있었고, 또 10여 년 전에 망국한 애란(아일랜드) 민족이 독립하였고, 인도는 영국의 자결을 허락받아 (파리)강화회의에 대표자를 보낸다는 것을 신문 기사에서 보고서 조선의 독립을 계획하려는 생각을 하고 있었다.

[문] 어느 때 그런 것을 신문지에서 보았는가?

[답] 작년 가을인가 겨울인가, 경성에서 발행한 매일신보에서 그것을 보았다.[10]

이미 1910년 105인 사건으로 옥고를 치른 서북 기독교계는, 1918년 가을 윌슨의 민족자결주의 선포 후 자체적으로 독립운동을 계획하고 있었다. 그런데 1919년 1월 하순 상하이 신한청년당에서 선우혁(30세)을 파견하였다. 선우혁은 2월 6일 선천에서 105인 사건 때의 동지이자 서북 기독계의 지도자인 이승훈(55세)과 양전백(50세)을 만나 독립운동의 호기가 다가온 것을 설명하고, 총궐기해 줄 것을 당부했다. 이에 이들은 평양 기독교계의 유력한 독립운동가인 강규찬(45세)·안세환(27세)·이덕환(43세)·김동원(35세) 등과 회동하여 3월 3일 '고종 국장일'을 기해 독립만세운동을 결행키로 하였다.

이런 가운데 이승훈이 2월 8일 서울에서의 연락을 받고 상경한 것이다. 10일 오전 계동 130번지 김성수의 집 별채(김사용의 집)에서 송진우·

---

10) 경성지방법원 豫審判事 永島雄藏, 〈이승훈 선생 취조서〉, 1919년 7월 17일.

송진우가 이승훈을 불러 3·1운동을 모의한 계동 132 인촌의 별채

현상윤·김성수와 만난 이승훈은 기독교의 참가와 천도교와의 합동을 약속하였고, 이 자리에서 김성수는 이승훈에게 1천 원을 활동비로 사용하도록 제공했다. 이 순간부터 3·1운동은 전국화·단일화의 국면으로 접어들었다.

이승훈이 그날 밤차로 선천으로 내려가서, 12일 양전백·이명룡(48세)·김병조(43세)·유여대(42세) 등 4인에게 서울에서의 회동 결과를 설명하자 모두가 민족대표로 참가할 것을 약속했다. 그 다음날 평양으로 내려간 이승훈은 기홀병원에 위장 입원한 후 평양 기독교계의 지도자들을 면담하였다. 이들을 대표하여 길선주(52세)와 신홍식(48세)을 민족대표로 선정하고, 평양의 만세운동도 서울과 동시에 3월 1일 결행키로 약속했다. 이렇게 서북 기독교계를 대표할 6인의 민족대표를 규합한 이승훈은 16일 다시 상경한 후 소격동 김승희 집에 짐을 풀고, 송진우·최남선과 비밀 회동을 갖고 거사 계획을 논의하였다. 그런데 최린과의 연락이 여의치 않자, 세브란스병원으로 함태영(47세)·이갑성(30세)을 찾아가서 YMCA를 중심으로 하는 감리교 인사들과의 접촉을 시도하였다. 천도교와의 합동이 어려울 경우에는 서울과 평양의 기독교계를 망라한 기독교만의 독립운동을 거사하기 위한 의도였다.

그러던 중에 20일 이승훈은 최남선의 중재로 재동에 있는 최린의 집을 방문하게 되었는데, 이 자리에서 기독교와 천도교가 합동하여 거사하기로 뜻을 모으고, 이때 이승훈은 운동자금으로 5천 원이 필요하니 천도교에서 조달해 줄 것을 요청하였다.

21일 오후, 세브란스병원 안에 있는 이갑성 사무실에서 감리교측과 장로교측의 연합회의가 열렸다. 천도교와 합동 추진 문제를 협의하고, 독립운동에 대한 구체적 방략을 결정하기 위한 자리였다. 이승훈·함태영·박희도·현순·안세환·이갑성·오화영·신홍식·오기선·김세환 등 10인이 참석하였는데, 이승훈은 그동안의 경위와 바로 어제 최린과 만나서 나눈 얘기를 자세하게 설명하였다. 밤이 깊도록 여러 가지 의견을 나눈 뒤에, 다음 세 가지의 일이 결정되었다.

(1) 천도교와의 합동 추진 문제는 천도교측의 운동 방법을 정확하게 탐문해 본 후에 결정한다.

(2) 독립청원서에 서명할 대표자를 모집하기 위해 신홍식을 평양, 오화영

을 개성, 이갑성을 경상도, 김세환을 충청남도에 보내고, 구주에 서면을 보내기 위해 현순을 파견한다.

(3) 이승훈·함태영 두 사람으로 기독교측을 대표하게 하여 모든 일을 일임한다.

이렇게 이승훈을 대표로 하는 평안도의 장로교 세력과 YMCA를 중심한 감리교 세력의 연합이 이루어졌다. 현상윤은 〈회상기〉에서 당시 상황을 이렇게 설명한다.

내가 한마디 부기할 것은, 그때 예수교회에서는 경향 각지에서 독립운동의 필요를 느낀 교도들이 각 지방마다 비밀리에 회집하여 인심이 대단히 흥분하고 있었다. 경성에서는 함태영 씨와 이갑성 씨를 중심으로, 박희도·김창준·오화영·정춘수 씨 등이 혹은 청년회관에서, 혹은 세브란스병원 원내에서, 혹은 한강 인도교 교상에서 종종 밀의를 하고 있었으며, 평양의 길선주 목사와 선천의 양전백 목사를 중심으로 평양 혹은 선천에서 종종 모의가 있었다가, 이승훈 씨의 권유를 받자 각기 다 즉석에서 참가를 결의하였던 사실이다.

22일, 이승훈은 함태영과 함께 최린을 찾아가서 전날 논의한 기독교측의 입장을 설명하였다. 이 자리에서 함태영은 독립청원서가 기독교의 입장이라고 설명했으나, 최린은 독립선언서를 주장하였다. 이에 이승훈은 동지들과 상의한 후에 회답하기로 하고, 그날 밤 기독교 대표들이 모여 독립선언서 발표에 동의하기로 결정하였다.

24일, 이승훈과 함태영은 천도교 본부를 방문하여 손병희에게 독립선언서에 대한 승낙과 양교 합동을 정식으로 통고하였다. 이로써 양교의 합동이 최종 타결되었고, 이후의 일은 이승훈·함태영·최린의 3자 합의로 결정하도록 합의하였다. 따라서 이들 세 사람은 다음 9가지의 구체적인 시행 방안을 결정하였다.

　－독립선언서는 3월 1일에 발표할 것.

　－민족대표로 독립선언서에 서명할 인사는 도합 33인으로 천도교 15인, 예수교 16인, 불교에서 2인으로 할 것.

　－독립선언서는 최남선 씨가 작성할 것.

　－일본 정부에 결의문을 발송하되, 결의문 초안은 최남선에게 위임하고, 결의문 송달은 임규·안세환 양씨에게 위임할 것.

　－서명서에 선언한 민족대표는 발표 당일인 3월 1일을 기하여 경성에 회집하여 독립선언식을 거행할 것.

　－선언 당일을 기하여 학생을 중심으로 한 시위운동을 경성에서 행할 것.

　－윤익선·신익희·최창식 제씨를 상해로 파견하여 파리강화회의에 독립선언을 타전케 할 것.

　－천도교에서 예금해 둔 기밀비 2만 원을 은행에서 추심하여 운동비에 사용할 것.

　－송진우·현상윤·최남선·함태영·정광조(36세) 등은 뒤에 남아서 33인이 체포된 후에 운동에 대한 후속 지도와 기타 제반 선후 조치를 감당할 것.

대한문 광장에 모인 시위 군중

　한편 박희도와 이갑성은 독립운동을 추진하던 학생들과 연합하기 위해 28일 연희전문 김원벽(25세), 보성전문 강기덕(33세), 경성의전 한위건(23세) 등 3인을 통해 승동교회에 시내 중등학교와 남녀 전문학교 대표 10여 명을 소집하고 시위운동에 대한 구체적인 지시사항을 전달했다. 이와 별도로 송진우와 현상윤은 보성전문 졸업생 주익(28세)을 통해 전문학교 학생 중에 대표가 될 만한 인물로 장래 시위운동의 중핵체(中核體)를 구성하고 대기 태세를 갖추고 있었다. 이렇게 모든 준비가 완료되자 송진우는 27일 김성수에게 향리인 줄포로 내려갈 것을 강권하였다. 이 또한 3·1운동이 실패할 경우 뒷일을 맡아야 할 역할 때문이었다.

　3·1운동이 일어나자 송진우는 체포되어 총독부 경무총감부가 있던 예장동 근처의 왜성대에서 심문을 받았다. 그가 언제 체포되었는지는 정확하게 알 수 없지만, 3월 3일 서울역 앞 2차 시위에 학생들을 격려하기 위해 나왔다가 세브란스의전 건물로 피신하는 것을 목격했다는 스

코필드(Frank William Schofield, 石虎弼, 1889-1970)의 증언에 비추어 3월 10일경으로 보인다. 그는 혹독한 고문을 당하면서도 3·1운동을 거사하게 된 실상을 밝히지 않았다. 제2, 제3의 독립운동을 계획한 사실을 은폐하기 위해서였다.[11] 당시의 상황에 대해 김도태는 이렇게 회고했다.

방마다 앞에서 창살 모양으로 나무를 세웠는데, 그 안에 사람들이 있어서 내가 들어가는 것을 내다보게 되었다. 처음에 고하 송진우가 "너도 기어이 잡혀 왔구나" 하고 소리를 지른다. 옆방에 있던 월남 이상재(1850-1927) 노인이 "흥, 젊은 사람들은 대개 다 잡혀 오는구먼" 하는 소리가 들린다. 그 옆방에 있던 설산은 모포 한 장을 들어 창살 사이로 휘두르면서 "나 장덕수 여기 왔어" 하는 소리가 들린다. (이경남, 《설산 장덕수》(동아일보, 1981), 105-106쪽)

이렇게 1년이 넘는 가혹한 고문과 검찰 조사가 끝나고 1920년 7월 12일 재판이 시작되었는데, 최종적으로 재판에 넘겨진 사람은 48인이었다. 민족대표 33인 중에서 처음부터 중국으로 망명한 김병조와 심문 도중에 옥사한 양한묵을 제외한 31인과 모의 단계에서 크게 기여한 9인(송진우·현상윤·최남선·함태영·정노식·김도태·박인호·노헌용·김세환), 실행 단계에서 주도적인 역할을 수행했던 8인(안세환·임규·김지환·김홍

11) 송상현, 〈현대사 증언〉, 《월간조선》(2023년 12월), 416쪽; 송진우의 손자인 송상현은 필자와의 대담에서 "집안에서 구전되는 얘기로는 민족대표들이 절대로 배후를 비밀에 부치기로 약속한 것을 최린이 불었다"고 증언했다.

송진우의 수형 사실을 기록한 일경의 감시 대상 인물기록부

규·이경섭·한병익·강기덕·김원벽) 등을 합쳐 '민족대표 48인'이라고 부른다. 《동아일보》는 "작년 3월 1일에 조선독립만세를 부르고 독립을 선언한 후로 열여섯 달과 열이틀 만에 그네들의 운명을 결판하는 제1막이 열린 것이다"고 보도하였다.

이렇게 시작된 재판은 8월 1일 경성지방법원에서 예심이 종결되었으나, 경성지방법원과 고등법원 특별형사부 간에 내란죄와 보안법의 적용 여부를 두고 실랑이를 벌이다가, 10월 30일 경성복심법원에서 종결되었다. 그 결과 독립선언서에 서명하고 독립선언을 선포하는 데 주도적 역할을 감당한 손병희·이승훈(인환)·한용운·최린·권동진·오세창·이종일 등의 6인은 최고형인 3년형을 선고받고, 송진우를 비롯해 현상윤·김도태·정노식 등 배후에서 독립운동을 모의하고 획책한 사람에 대해서는 무죄가 선고되었다.

한편 복심법원의 판결 선고(1920년 9월 30일)에 따르면, 송진우는 "중앙학교 교장으로서 독립운동에 관해서 최남선·최린 등과 협의하였고,

동교 교사 현상윤과도 협의하고 정노식(재일 유학생)과 협의한 후, 김도태(재령의 명신학교 교사)를 선천에 보내어 이인환(이승훈)을 경성으로 오게 하였다." 그리고 경성지방법원 검사국의 취조서(1919년 4월 18일), 경성지방법원 예심부의 예심결정서(1919년 8월 1일), 고등법원 특별형사부 예심결정서(1920년 3월 22일)에서는 송진우에 대하여 기독교 인사들과 연락한 '모의' 단계의 '주모자'라고 적혀 있다.

그렇지만 이들에게 적용된 보안법 및 출판법상으로 모의나 획책에 가담한 자는 처벌하는 조문이 없었다. 따라서 송진우는 1년 8개월간의 미결감 생활을 마치고 1920년 10월 30일 서대문교도소에서 출소했다. 이런 사실에 기초하여 후대인들은 재판부의 선고 형량에 따라 48인의 의미를 차등시키고, 마치 독립선언서에 서명한 33인의 역할이 더 중요한 것처럼 오해한다. 그런데 48인의 역할을 살펴보면, 33인 중 최후의 출옥자인 이승훈을 제외한 어느 누구보다 송진우·현상윤·함태영 등이 중요한 역할을 감당했다. 이때 이승훈이 경영하던 정주의 오산학교는 일본 헌병에 의해 교사가 불탔지만, 중앙학교는 온전하게 보존할 수 있었다.

그리고 독립운동의 인재를 양성해 '제2의 3·1운동'으로 불리는 1926년의 6·10만세운동에도 중앙학교 학생들이 선도 역할을 담당했다. 이때도 송진우는 6·10만세운동을 배후에서 조종한 혐의로 종로경찰서에 불려가서 심문을 받았지만 무혐의로 석방되었다. 그러나 그해 3월 국제농민연맹이 보내온 '3·1운동 7주년 기념사'를 《동아일보》에 게재한 것과 관련하여 징역 6월형을 선고받았던 것이 11월 항소심에서 패소하면서 서대문형무소에 복역하게 되었다. 이듬해 2월에 단행된 히로히토 천황 즉위 기념식에서 특별사면되었지만, 송진우의 3·1운동은 무려 7년을 끌었던 셈이다. 그런 점에서 송진우는 3·1운동의 책원지이자 종착점이었다.

3·1운동으로 옥고를 치른 송진우는 후일 3·1운동에 대한 소감을 이렇게 피력했다.

우리가 지나간 3·1운동의 실제적인 경험을 고찰하여 보아도 명료할 것이다. 선전이 부족한 것도 아니며, 사상이 박약한 것도 아니건마는 최후의 공을 주(奏)치 못한 것은 물론 대세의 관계도 없지 않을 것이나, 이 운동을 통

중앙학교 구내의 3·1운동 책원지 기념비(좌)와 서대문형무소에 수감중인 송진우

일하여 계속할 만한 중심적 단결력이 부족하였던 것이 거짓이 아닌 사실이다. 그러므로 우리는 이렇게 주장하고 싶다. 무엇보다도 모든 주의와 사상의 실현에 근저가 될 만한 힘, 곧 단결력을 준비하지 아니하면 아니될 것이라고 본다. (송진우, 〈최근의 감(感), 무엇보다도 힘〉, 《개벽》 46호(1924년 4월 1일), 92쪽)

'중앙학교의 3·1운동'은 3·1운동이 태동한 8군데 세력 중에서 본류에 해당한다. 서울 중심에 위치한 이곳은 국내외에서 활동하던 독립운동가들이 거쳐 지나가면서 그들의 소식이 모이던 '불령선인들의 요람'이다. 송진우는 3·1운동이 일어나기까지 중앙학교 교장을 역임하면서, 그 중심에서 기획하고 조정하는 역할을 담당하였다. 그의 곁에는 든든한 동지이자 후원자인 인촌 김성수와 독립정신이 투철한 유능한 참모로서 기당 현상윤이 자리하였다. 이와 같은 세 사람의 이상적인 조합이 3·1운동의 단일화를 가능케 하는 원동력이 되었다. 만약에 3·1운동을 대하드라마에 비유하면 민족대표 33인은 배우이며, 송진우와 현상윤은 기획과 연출을 담당하였고, 김성수는 제작자이다. 이들이 상호 협력하면서 각자 역할에 최선을 다함으로써 3·1운동이라는 거대한 민족운동을 성사시킬 수 있었던 것이다.

2. 조선 제일의 언론인으로 우뚝 서다

1) 신문독재자로 악명을 떨치다

《동아일보》는 1920년 4월 1일 김성수 등 78명의 발기인으로 창간되었다. 그러나 송진우는 3·1운동으로 옥고를 치르는 중이었기 때문에 창립 발기인으로 참여할 수 없었다. 송진우는 10월 30일에 출옥한 이후에도 담양에 내려가서 정양하느라 한동안 참여하지 못했다. 그가 《동아일보》와 관계를 맺게 된 것은 1921년 1월 하순 주식회사로 전환을 시도할 때다. 그는 김성수·장덕수와 함께 전국 각지의 유지들을 찾아다니면서 주식회사 설립에 참여해 줄 것을 권유했다.

그 결과 예상 자본금 70만 원 중에서 1회 납입금으로 17만 5천 원이 약정되었으나, 실제 들어온 돈은 15만여 원으로 2만 5천여 원이 부족했다. 이에 송진우가 친구인 신구범(1893-?)에게 출자를 권유하여 1만 5천 원을 마련하고, 기존 주주인 양원모(1893-1986)가 1만 원을 출자하여 주식회사로 전환했다. 주식회사 동아일보사의 초대 취체역으로는 송진우·김성수·장덕수·신구범·이상협과 장두현(1877-1938)·성원경(1894-1975) 등이 피선되고, 간부는 사장 송진우, 부사장 장덕수,

전무 신구범, 상무 이상협 등이 선임되었다.[12]

만국기자대회 파견

동아일보가 주식회사로 새롭게 출범하면서 김성수는 신문사 운영에 관한 전권을 송진우에게 위임했다. 1921년 9월 15일, 동아일보 제3대 사장에 취임한 송진우에게 당면한 과제는 경영 정상화였다. 당시 동아일보는 날마다 빚 독촉에다 사건사고가 그치지 않았다. 재정난으로 운전자금이 6천 원밖에 남지 않았는데, 매월 2천 원씩의 순결손이 발생하여 3개월 후면 신문사가 문을 닫을 위기가 닥쳤다. 그때 송진우는 미국 하와이에서 열리는 제2차 만국기자대회의 대회장 윌리엄스 박사로부터 국내 언론사 가운데 유일하게 동아일보에만 참가 초청장이 도착하자, 남은 운전자금의 절반에 해당하는 3천 원을 들여 미국 유학파인 조사부장 김동성 기자를 파견하였다.

그러나 송진우가 김동성의 하와이 출장을 허가할 때는, 일본이 참가를 방해하면 조선이 참가국으로 인정을 받을 수 있을는지도 모르는 상황이어서 마치 사운을 건 도박처럼 보였다. 이 때문에 다른 간부들의 반대에도 불구하고 그는 이 일을 통해 세계 각국의 언론인에게 조선의 실상을 알리고, 독립된 국가로 인정받을 수 있다는 생각에서 소신을 굽히지 않았다. 이렇게 해서 그가 사장으로 취임한 지 불과 12일 만인 9월

---

12) 〈동아일보사 20년사〉, 《삼천리》, 제12권 8호(1940년 9월호), 22-25쪽.

김동성 기자의 만국기자대회 부회장 당선 소식을 실은 《동아일보》(1921년 10월 23일)

27일 서울을 떠난 김동성은 10월 12일 하와이에 도착하였다.

그런데 김동성이 출발한 지 한 달도 안 돼 만국기자대회 부회장으로 당선됐다는 통지문을 담은 전보가 날아왔다. 정식 회원으로 참석하는 것만으로도 의의가 컸던 만국기자대회에 세계 각국에서 참석한 2백여 명 가운데 부회장이라는 낭보를 접하자, 10월 23일자 3면 머리기사로 〈알아주는 사람 없던 조선 언론계가 세계로 뻗어나간 쾌거〉라는 내용과 함께 경축 사설도 실었다. 이어서 10월 24일, 25일자 이틀간 총 7개 면에 '축. 동아일보사 대표 만국기자대회 부회장 당선'이라는 문패 아래 축하 광고도 실었다.

그러자 전국 각지에서 축하 광고를 통해서 4-5만 원에 달하는 모금이 이뤄져 재정 상태를 일거에 호전시키게 되었다.[13] 이런 상황을 가까이서 지켜본 동아일보 출신의 유광렬(1899-1981) 기자는, 송진우의 신문경영인으로서의 선견지명과 담대한 실행력의 결과로 평가했다. 나중에 알게 된 사실은, 만국기자대회 부회장은 참가국 대표에게 주는 당

---

13) 김병로, 〈언론계의 지보 송진우 씨〉, 《삼천리》, 제7권 3호(1935년 3월호), 33쪽.

만국기자대회 부회장 당선 축하 광고 (1921년 10월 24일자 1면)

연직이었다. 이 때문에 동아일보가 고의로 독자를 속인 것 아니냐고 하는 비판도 뒤따랐다. 그렇지만 김동성의 부회장 자리는 결코 쉽게 얻은 것이 아니었다. "조선은 국가가 아니므로 부회장을 줄 수 없다"는 분위기가 우세했기 때문이다. 이에 "같은 처지인 인도·필리핀·아일랜드 대표에게는 주지 않았느냐"고 반론을 제기한데다, 일본 기자들까지 동조하면서 어렵게 쟁취한 것이었다.

김동성의 만국기자대회 부회장 피선은 근대 신문 창간 이후 최대의 경사였기에 지국들은 이와 관련된 강연회와 음악회·운동회 등을 열어 잔치 분위기를 이어갔다.

한편 만국기자대회의 의결에 따라 1921년 11월 조선의 신문업계 현황을 파악하기 위해 서울에 도착한 조사위원 6명은, 본국으로 귀국하여 제출한 보고서에서 조선의 신문지법과 단속 규칙이 가혹해 신문사 경영이 어렵다고 지적하였다. 송진우가 동아일보 사운을 걸다시피 하면서 만국기자대회에 김동성 기자를 파견한 의도대로 국제사회에 조선의 실상을 알리는 계기가 되었을 뿐 아니라, 동아일보의 경영에도 안정적인 토대를 마련하게 되었다.

워싱턴군축회의

1921년 11월 11일, 화성돈(華盛頓)회의가 개막되었다. 당시 하와이 만국기자대회에 참석하였던 김동성은 10월 29일 만국기자대회가 종료되자 귀국하지 않고, 곧바로 미국 워싱턴으로 향했다. 한국을 출발할 때부터 작정한 대로 '워싱턴군축회의'를 취재할 목적이었다. 제1차 세계대전이 종전된 후 윌슨 미국 대통령의 주도로 파리강화회의가 열리고 14개조의 평화 원칙과 국제연맹 창설이 제기되었지만, 영국과 프랑스 등의 반대로 이렇다 할 성과를 거두지 못하였고, 특히 국제연맹은 의회

11월 28일 동아일보를 방문한 만국기자대회 조사단과 29일 명월관에서 열린 환영회

의 반대로 미국이 가입조차 못하고 말았다.

월슨을 뒤이어 제29대 대통령에 취임한 하딩(Warren.G. Harding, 1865 -1923)은 워싱턴회의에서 군축회의를 열고, 극동과 태평양의 긴장완화를 추진하려고 나섰다. 이때 워싱턴군축회의의 핵심 국가는 일본이었다. 일본은 유럽 국가들이 제1차 세계대전을 치르는 와중에 영일동맹을 내세워 독일에 선전포고를 했다. 산둥반도에서 독일군을 몰아낸 뒤 중국을 보호국으로 만들려는 속셈이었다. 이에 맞서서 미국은 문호 개방과 기회 균등을 주장하며 경제 진출을 노렸다. 이같은 국제정세를 알게 된 대한민국 임시정부도 대표단을 파견하였다.

1921년 9월 29일, 상하이에서 대한민국 임시의정원 제9회 임시의회가 열렸다. 이날 회의에서 11월 11일 개막하는 화성돈회의에 파견할 대한민국 대표단을 임명했다. 대표단에는 단장 이승만, 부단장 서재필, 서기 정한경(1890-1985), 고문 프레드 돌프(1871-1926), 특별고문 찰스 토머스 등 5명으로 구성되었다. 이 5명은 재미 한인과 지한파 미국인을 망라한 '한국 독립외교운동의 드림팀'이었다.

상하이 임시정부 임시대통령이기도 한 이승만은, 미국 동부의 명문대학에서 학사·석사·박사학위를 잇따라 취득한 한국인 최초의 국제정치학자였다. 서재필은 갑신정변 실패 탓에 역적으로 몰려 가족 중에서 혼자 살아남아 미국으로 망명한 뒤, 주경야독 끝에 의사가 된 전설적 인물이었다. 정한경은 1910년 19세 때 미국으로 망명해서 한국인으로 두번째 박사가 되었다. 세 사람 모두 영어라면 미국인 뺨치게 잘하고, 미국 내의 인맥도 상당하다는 평가를 받았다. 고문 돌프는 변호사로

워싱턴군축회의에 참석한 한국 대표단 단장 이승만(좌)과 부단장 서재필

미국 법조계에 영향력 있는 인사였고, 특별고문 토머스는 콜로라도주 상원의원을 지내고 1920년 미 상원에 '한국 독립 승인안'을 제출한 지한파였다.

이에 따라 대한민국 임시정부 임시대통령으로 상하이에 체류하던 이승만은, 1921년 5월 20일 임시정부 요인과 교포들의 환송을 받으며 미국 기선 컬럼비아호를 타고 필리핀의 마닐라를 거쳐 워싱턴으로 향했다. 8월 16일, 경유지인 하와이 호놀룰루를 출발하여 샌프란시스코에 도착한 이승만은 기자들과의 인터뷰를 통해 한국 대표단의 워싱턴군축회의 참가 사실을 알렸다. 이 무렵 상하이 임시정부도 포고문을 발표했다. 워싱턴군축회의에서 한국 문제가 반드시 상정될 테니, 모든 한국인은 있는 힘을 다해서 도와 달라고 호소한 결과 활동자금 7만 5천 달러가 모금되었다. 뉴욕에서도 후원회가 결성되어 대표단의 활동을 뒷바라지하기 시작했다.

이 때문에 워싱턴군축회의는 지구촌 최대의 관심사였다. 하와이 만국기자대회에 참석한 김동성의 눈길도 일찌감치 워싱턴으로 향했다. 그는 서울을 출발할 때부터 역사의 현장인 워싱턴군축회의를 참관하려고 마음먹었다. 그래서 여비도 고향 개성에 얼마 남지 않은 논밭을 팔아 마련했던 터였다. 하와이에서 출발한 배는 캐나다 빅토리아 항에 들른 뒤, 미국 서부의 시애틀 항에 도착했다. 여기서부터 대륙횡단 기차를 타고 워싱턴을 향해 동쪽으로 달려갔다. 하와이에서부터 13일이 걸려 도착한 날이 11월 11일, 회의 개막일이었다. 김동성은 출입증도 받지 못한 비공식 취재기자였다. 그런데 회의장 앞에서 미국 하원 외교위원장 스티븐 포터를 만나 공식 취재기자로 승격되어 본격적으로 취재 경쟁에 뛰어들 수 있었다.

한편 동아일보사는 김동성의 무단 출장 소식을 듣고 다시금 중역회의를 열었다. 이번에도 송진우 사장은 출장을 사후 승인하고, 출장비 2천 원을 추가로 송금했다. 김동성 기자 한 명에게 총 4천 원의 출장비가

지급되었다. 그러나 《동아일보》는 이미 화성돈회의와 관련한 엄청난 양의 사설과 기사로 지면을 채우다시피 하고 있었다. 그해 말까지 관련사설만 23건을 실었고, '화부회의의 연구'라고 이름 붙인 해설기사를 29회나 내보냈다. 화성돈(華盛頓)은 미국 수도 워싱턴의 한자 표기를 한글 발음으로 읽는 이름이었다.

이렇게 처음에는 무모한 도박인 것처럼 인식되었던 송진우 사장의 김동성 기자 하와이 만국기자대회 파견이 워싱턴군축회의까지 이어지면서, 《동아일보》의 기사는 한층 다양해지고 풍요로워졌다. 그리고 《동아일보》가 조선을 대표하는 민족신문으로 자리매김하는 기틀을 마련할 수 있었다.

동아일보의 발전

원로 언론학자인 정진석은 언론경영인으로서 송진우의 유능함을 나타내는 사례로 '1921년 만국기자대회 파견' '전국적인 지국 확장' '재외 동포 위안회 사업'을 들었다. 송진우는 동아일보가 만국기자대회 파견 이후 재정적으로 안정되자 지국망을 '대지국'에서 '소지국' 제도로 변경하고, 1922년 2월 15일부터 이틀 동안 제1차 전국지국장회의를 열고 조직의 결속을 도모했다. 결과 동아일보 지국은 국내는 물론 조선족 교포가 많은 만주까지 뻗어나갔다. 송진우가 사장으로 취임할 당시 26곳이던 지국은 49곳으로 대폭 늘어났고, 지국 산하의 분국 41곳까지 합치면 총 90곳의 전국 조직망이 결성된 것이다. 지역별로는 북으로 동해의 끝자락인 함북 웅기에서 압록강 상류의 혜산진을 거쳐 서해의 끝자락 만주 안동현까지 이르렀고, 남으로는 부산·여수·완도·제주도까지 한반도 전체를 망라한 판매망이 완성되었다. 이것이 경쟁사들과 비교하여 판매망에서 우위를 점하는 결정적 요인이 되었다.

이와 함께 송진우는 '재외 동포 위안회'를 발기하여 국내 동포로 하여금 해외 동포들에 대한 애족심을 높이고, 해외 동포에게는 조국애를 고취시켜 상호 일체감을 가질 수 있도록 국민운동을 일으켰다. 만국기자대회와 워싱턴군축회의를 취재하고 돌아온 김동성이 영사 환등기를 가져오자, 그가 보낸 사진으로 슬라이드를 만들어 보여주면서 최신 세계정세를 설명하는 강연회를 개최하였다. 12월 17일, 종로 YMCA회관에서 열린 강연회에는 무려 1만 명이 몰려와 전차가 다니지 못하는 상황까지 빚어졌다. 내용 중에 하와이에서 태어나 조선이 어디인 줄도 모르는 남녀학생들이 조선 독립을 요구하는 시위 장면에는 환호성과 함께 눈물을 훔치는 이들도 있었다. 3회 상연을 계획하였으나 자리를 떠나지 않는 관객들 때문에 자칫 사고가 날지도 몰라 2회로 중단하고 말았다. 실로 엄청난 호응이었다.

이에 착안한 송진우는 이 환등기를 활용하여 '재외동포위문전조선순회환등영사대강연회'를 개최했다. 환등기로 슬라이드 쇼를 펼쳐 가면서 급변하는 세계정세와 민족의 나아갈 길을 제시하는 동시에 만주와 노령·미주·멕시코 등지로 이주한 후에 고생을 겪으면서도 조국의 독립을 염원하는 수백만 명의 해외 동포들을 위문하고, 그들에게 교육기관을 설립해 줄 기금을 모금하는 사업이었다. 강사는 사장 송진우,

주필 장덕수, 전무 신구범, 조사부장 김동성 등 4인이었다.

1922년 3월 6일부터 12월 3일까지 9개월에 걸쳐 85개 지역을 순회
하며 강연회를 개최하자 참석한 군중이 무려 6만여 명에 이르는 대성
황을 이루었고, 입장료가 3만 7천여 원에 달했다. 이때 얻은 수입과 이
자 수입을 합쳐 북간도·만주·중국·일본·미국 등지의 해외 동포 2세
교육사업에 사용하였던 것도 송진우가 추진한 성공적인 사업이었다. 송
진우의 계획은 이 민족정신을 고취하는 사업을 통해 국내에서 해외 동
포에 대한 이해심을 높이고, 한민족으로서의 민족혼을 강화하는 데 목
적이 있었다.

워싱턴군축회의 환등 강연회 입장권(좌)과
종로 YMCA회관에 운집한 시민들 (1921년 12월 17일)

강연회가 열리고 그의 발자취가 거쳐 가는 곳마다 《동아일보》의 발행부수는 급속히 늘어났고, 국내 여론과 민심도 《동아일보》에 집중되고 있었다.

또 한 가지 주목할 사실이 있다. 동아일보는 1923년 상무취체역 겸 편집국장이던 이상협을 일본에 파견하여 일본 상품 광고를 적극 유치했다. 결과 1923년에는 전체 광고량에 일본 상품 광고가 36%에 달했고, 1924년엔 50%에 육박하다가 1925년에는 60% 안팎을 오르내렸다.

이에 대해 이상협은 자신이 반대하는 주주들을 설득하여 단독으로 오사카 광고시장을 개척했다고 주장하지만, 당시 전권을 가졌던 사장의 결단이 없이는 불가능한 일이라는 점에서 송진우의 능력을 주목할 수밖에 없다.

독재자 송진우의 실체

이렇게 송진우는 언론경영인으로서 탁월한 성과를 거둔 것은 물론이고, 편집에도 간여하여 신문의 논조와 기사 방향 등을 관장하면서 직접 사설도 썼다. 김동환(1901-1958)이 발행하던 《삼천리》에서는 조선의 3대 신문사 사장에 대한 인물평을 게재한 적이 있다.

같은 신문사 사장이라도 제가 직접 붓을 들어 사시를 결정하며 또 지상으로 종횡 비약하는 타입이 있고, 그렇지 않고서 저는 (신문)사의 인격적 대표로서 외면의 사교와 내면의 경영을 통관하는 두 개의 타입이 있다. 《동아》의 송진우 씨는 전자형이며, 《조선》의 신석우 씨와 《중외》의 안희제 씨는 후자형에 속한다. (〈인재 순례-제1편, 신문사측〉, 《삼천리》, 제4호(1930년 1월호), 31쪽)

이처럼 조선의 신문사 사장 가운데 송진우처럼 전권을 휘두르면서 활동한 사람은 없었기 때문에 사장이라는 호칭보다는 '신문독재자'로 불려졌다. 송진우는 이에 개의치 않고, 스스로를 '독재자'라고 부르며 소신하는 바를 향해 돌진했다. 이런 그를 두고 호외에 〈소문의 소문, 송사장과 독재자〉라는 기사가 실릴 정도였다. 내용 중에는 송진우가 오후 늦게까지 편집국에 혼자 앉아 새로 찍혀 나오는 신문을 글자 한 자도 빼놓지 않고 샅샅이 읽는다는 증언도 실려 있다.

당시 총독부는 언론을 통제하기 위해 검열제도를 시행했고, 그들이 정한 기준에 저촉되면 삭제, 배포 금지, 압수, 게재 중지 등의 행정조치를 취했다. 행정처분이 단 1행(行)만 있어도 재인쇄를 하게 되어 자재·인력·시간 등 많은 손실이 발생했다. 《동아일보》는 창간 2주일 만인 1921년 4월 15일자 사회면에서 보도한 〈평양에서 만세 소요〉가 처음 발매 배포 금지를 당한 후, 그해 9월 제1차 정간이 되기까지 6개월 동안 24건에 달하는 행정조치가 잇따랐다. 따라서 경영자의 입장에서는 필화를 예방하는 것이 경영 정상화를 위한 최우선 과제였다. 이런 입장을 이해하지 못하는 사람들이 보기에는 편집권의 침해이고, 신문독재자로 오해할 수밖에 없는 상황이었다.

그런데 일제의 탄압으로 폐간된 잡지 《개벽》의 후신이던 《별건곤》 1933년 4월호에 〈우리가 본 그이들-각계 명사 암찰록(暗察錄)〉이 실렸는데, 그 가운데 〈요릿집 보이가 본 송진우 씨〉라는 글이 있다. 송진우의 인간적 면모를 살펴볼 수 있는 내용이어서 전문을 소개한다.

　동아일보 사장 송진우 선생! 선생은 가끔 우리 요릿집에를 오시는데 어느 때는 큰 모임, 또 어느 때는 개인으로 몇몇 친구와 놀러 오십니다. 대단히 점잖으신 어른이요 사회의 명망가시라 어떠한 모임이고 처음부터 끝까지 별로 이렇다 할 흠절이 없으신 분이나 간혹 약주가 과하시든지 하면 그 크신 목소리로 말씀이 좀 많으신 편입니다. 그러나 술 잡숫고 잔소리하시는 거야 어데 선생 한 분뿐이 아니니까 그것은 문제될 것이 없지만, 어느 때인가 꼭 한번 이러한 일을 뵌 일이 있습니다.

　어느 때 몇몇 분이 놀러 오셨을 때인데 시간도 엔간히 길었고 또 약주도 꽤 많이 들어갔을 때인데 갑자기 송선생 계신 방에서 흑흑 흐느껴 우시는 소리가 들렸습니다. 처음에는 깜짝 놀라서 곧 뛰어 들어가려다 혹시 큰 꾸중이나 듣지 않을까 하여 밖에서 머뭇하며 가만히 엿들으니까, 송선생이 약주가 잔뜩 취하신 모양이신데 어떤 사원 하나를 붙잡고 우시면서, "…엉엉… 내가 길러내듯 한 아무개 놈이 나를 배반하였단 말이야.…흐…흐흐… 그놈이" 하시는 겁니다.

　그때 나는 혹시 다른 방 손님이 이 소리를 듣고 그분이 송선생인 줄 알든지 하면 어쩌나 하고 속으로 어찌나 송구하였는지 모릅니다. 아마 선생은 평소에 가장 신뢰하던 어떤 분이 선생을 배반한 것이 뼈에 사무쳐서 원한이 되었던 모양이지요. 그러기에 약주 잡수신 후 그 울분이 터져 나오셔서 주위와 환경을 모두 잊으시고 서러워하심인 줄 알았습니다.

2) 실력양성운동을 펼치다

민립대학설립운동

1920년 6월, 사회지도자 1백 명이 윤치소(윤보선의 부친)의 집에서 조선교육회설립발기회를 열고, 이상재를 회장으로 선출했다. 이날 참석자들은 우리나라에 대학이 없음을 개탄하고 조속한 시일 내 민립대학을 설립할 것을 결의하였다. 그런데 민립대학설립운동은 역사적으로 국채보상운동과 밀접한 연관이 있었다. 1909년 대구와 동래에서 시작된 국채보상운동이 전국으로 확산되어 6백만 원의 거액이 답지했으나, 1910년 한일합방으로 인해 사용처를 잃어버렸다. 이에 윤치호·박은식(1859-1925)·남궁억(1863-1939)·양기탁(1871-1938)·노백린(1875-1926) 등이 모여 의논한 결과, 기부자에게 돌려주지 않고 민립대학을 설립하는 데 사용하기로 의견을 모았다. 이에 민립대학설립기성회를 조직하고 데라우치(寺內正毅, 1852-1919) 총독 시절 총독부에 설립인가를 요청하였으나, 허가를 받지 못한 채 시간만 흘러갔다.

그러던 차에 3·1운동이 일어난 후 새로 부임한 사이토(齋藤實, 1858-1936) 총독이 문화정치를 표방하고, 1922년 1월 일본 정부가 식민지 조선에서도 대학의 설립이 가능하도록 조선교육령을 개정하자, 이상재·이승훈·윤치호·송진우·김성수 등의 주도하에 조선민립대학기성준비회가 결성되었다. 이어서 1923년 3월 29일 조선중앙기독교청년회관에서 창립총회를 개최했는데, 송진우는 중앙집행위원에 선출되었다. 이날

총회에서는 우리 민족의 운명을 개척하는 데 가장 선결 문제가 교육에 있으며, 문화의 발달과 생활의 향상이 고등교육기관인 대학에 있다는 민립대학발기취지서를 채택하고 대학 설립 계획을 확정하였다.

이렇게 민립대학설립운동이 본격화하자 선도적인 역할을 담당한 것이 《동아일보》와 송진우 사장이다. 《동아일보》는 30일자 3면에 〈개회된 민대총회〉라는 머리기사로 설립자금은 1천만 원이며, 법(法)·경(經)·문(文)·리(理)를 시작으로 의(醫)·농(農)까지 9개 학과를 3기에 걸쳐 설치하기로 한 소식과 함께 발기취지서를 실었다.

우리의 운명을 어떻게 개척할까. 정치냐? 외교냐? 산업이냐? 물론 이들 분야가 모두 다 필요하다. 그러나 그 기초가 되고 요건이 되며, 가장 급한 일이면서 가장 먼저 해결할 필요가 있으며, 가장 힘 있고 가장 필요한 수단은 교육이 아닐 수 없다.

이날 이후 전국 곳곳에 지방부를 설립하고 모금을 진행했다. 조선 본위의 대학이 필요하다는 선전과 강연도 이어졌다. 1923년 말까지 《동아일보》 4면에 지방부 소식이 실리지 않는 날이 없다시피 했다. 민립대학설립운동이 활기를 띠자 총독부는 이를 견제하기 위해 관립대학인 경성제국대학을 세운다는 방침을 발표하고, 1924년 4월 예과 학생을 모집하였다. 그때까지 민립대학은 설립인가가 나오지 않았던데다가, 경성제국대학이 개교하자 민립대학설립운동은 더이상 지속될 수가 없게 되었다.

조선물산장려운동

1920년 평양에서 조만식·김동원(1882-?)·오윤선(1871-?) 등이 민족자본을 육성하고 경제적 자립을 도모한다는 목적으로 시작한 물산장려운동이 전국적으로 큰 호응을 얻자, 1923년 1월 9일 유진태(1872-1942)·이종린(1883-1950)·백관수(1889-1961) 등 20여 단체 대표들이 서울에 모여 준비위원회를 구성한 후, 20일 서울 낙원동 협성학교에서 창립총회를 개최하고 조선물산장려회를 출범했다. 이어 경성에서는 2월 16일 설날에 맞춰 수천 명의 남녀가 무명으로 짠 두루마기와 치마를 입고 '내 살림 내 것으로' '조선 사람 조선 것' 등의 표어가 찍힌 전단을 나눠 주려다가, 2일 전에 종로경찰서의 '금지' 통보를 받고 행진이 무산되고 말았다. 이처럼 물산장려운동은 일제가 강제 중단시킬 만큼 큰 잠재력을 지닌 실력양성운동이었는데, 그 이면에는 송진우와 《동아일보》의 숨겨진 역할이 자리하였다.

일본 유학 시절 조만식과 각별한 교제를 나누던 송진우는 물산장려운동의 추이를 주목하다가, 1923년 들어 1월 5일부터 연속하여 4일간 사설을 싣고 독자들의 관심을 촉구했다. 그 다음날 서울에서 창립준비위원회가 결성되었고, 25일 조선물산장려회 창립총회가 성공리에 개최되었다. 이어서 2월 16일자 지면에는 무산된 정월 초하루 물산장려운동 행사를 상세하게 소개했다. 조선물산장려회 깃발과 휘장도 안내하고, 선전지 문안과 함께 신문관과 한성도서주식회사가 선전지 6만 장을 무료 인쇄해 준 소식도 담았다. 부산·군산·성천 등 지방의 물산장려 움직임도 자세히 보도했다.

이후 경제자립과 소비절약 움직임이 들불처럼 번져 나가면서 물산장려회·자조회·자작회·토산장려회 같은 단체가 생기고, 금주금연 바람도 확산되었다. 유치원생들은 '토산장려' 깃발을 들고 "우리는 우리 것을 먹고 입고 삽시다"라고 외쳤으며, 기생들도 "우리 옷감으로 옷을 해입자"고 결의했다. 이로 인해 물산장려운동은 '경제의 3·1운동'으로 인식되었지만, 식민지 상태에서 자급자족 경제로 살 길을 찾으려는 방식은 이내 한계에 봉착할 수밖에 없었다.

한편 사회주의자들은 물산장려운동이 성공하면 토착자본가들이 지배자가 된다는 논리를 내세워서, "프롤레타리아 무산자들은 물산장려운동에 반대해야 한다"는 공세를 집요하게 펼쳤다. 1923년 3월 조선청년당대회에서 '물산장려운동 타도'를 결의하자, 국내의 대표적인 마르크스주의자로 이름이 높던 이순탁 연희전문 교수는 사회주의 혁명이 가능하려면 경제를 발전시켜 생산력을 높여야 한다고 반박했다. 이 시기 《동아일보》는 물산장려운동을 둘러싼 이론 투쟁에 지면을 아낌없이 할애했다.

이처럼 송진우가 《동아일보》를 통해서 조선물산장려운동을 적극 후원한 것은 민립대학설립운동이 문화적인 면에서의 민족운동이자 항일운동이라면, 물산장려운동은 경제적인 항일운동이었기 때문이다. 《동아일보》는 1922년 11월 1일자 1면에 〈생활적 의식을 철저히 하라, 민족운동의 출발점〉이라는 사설을 싣고, "민족운동은 공막한 규호(叫號)로 가져올 수 있는 것이 아니라, 우리의 생활 문제를 철저히 인식하는 데서 민족운동의 출발점을 찾아야 한다"고 강조하면서 경제적 민족운동을 제창하였다.

이런 의도를 파악한 총독부는 음성적으로 끈질긴 방해공작을 펼쳤다. 무엇보다 국산품을 생산할 수 있는 근대적인 공장이 없던 실정이어서 이 운동을 항구적으로 발전시켜 갈 수는 없었다. 소규모의 토착 방직업체도 일본산 실이 없으면 옷감을 짤 수 없었다. 그러나 민족 전체에 독립운동은 정치운동만이 아니라 국산품 애용, 물산장려운동도 한 가지 길임을 일깨워 준 뜻깊은 사건이었다.

이충무공유적보존운동

동아일보 사장이 된 송진우는 평소 소신대로 신문화운동을 통한 민족정신 창달에 많은 관심을 기울였다. 1917년 중앙학교장 시절 삼성사 건립기성회를 조직하여 단군·세종대왕·이순신의 사당을 남산에 건립하려고 시도하다가 실패를 경험하였던 그는, 동아일보를 통해 단군정신 선양사업과 이충무공유적보존운동을 펼치는 데 앞장섰다. 그는 1925년 최남선을 《동아일보》 객원촉탁으로 영입하고, 단군 선양 논조를 게재했다. 그러던 중 그해 10월 조선신궁이 완성되어 천조대신과 명치천황을 제신으로 제사를 시작하자, 단군 선양은 일제의 종교적·정신적 지배에 대응하는 성격을 갖게 되었다.

최남선은 일제의 식민사관에 대항하여 한국 고대문화의 세계사적 위치를 밝히는 의도에서 〈불함문화론(不咸文化論)〉을 제기하면서 동방문화의 근원지를 단군신화의 무대인 백두산이라고 주장하였다. 이어 1926년 2월 11일자 사설에서 일본이 조선인 민족정신의 출발점이 되는 단군 국조를 의식적으로 말살하려 한다고 비판하고, 3월 3일부터 75회에 걸쳐 〈단군론〉을 발표했다. 이처럼 계명구락부와 《동아일보》의 연계하에 추진된 단군 선양과 고문화 보급은, 일제의 동화주의를 비판하고 '민족성'의 고양을 내세우는 중요한 테마로 기능하였다.

한편 송진우의 신문화운동은 이충무공유적보존운동으로 성과가 극대화되었다. 1930년 9월 20일, 《동아일보》는 충남 아산군 음봉면 삼거리에 있는 이순신 장군 묘소 위토가 경매에 넘어간 사실을 처음 보도한 후, 후속 보도를 계속하던 중에 1931년 5월 15일에는 성금 모금을 제안한 정인보의 기고문을 게재했다. 이날부터 전국에서 성금이 답지하기 시작했다. 이에 《동아일보》는 이와 관련한 내용의 사설 및 기사 등과 성금 현황의 광고성 기사를 실었다. 23일에는 유진태의 주도로 충무공유적보존회가 결성되어 위원장 윤치호, 위원은 송진우를 비롯한 14인이 선임되었다. 동아일보와 충무공유적보존회는 공동 모금을 시행하고, 성금의 관리는 동아일보, 집행은 충무공유적보존회가 담당했다. 송진우는 이 모든 일을 주도하였다.

그는 기사 작성의 가이드라인을 제시하고, 이광수에게 현충사에서 고금도까지의 순례기와 함께 장편소설 〈이순신〉을 연재할 것을 지시했다. 이광수는 장편소설 〈이순신〉을 연재하게 된 경위에 대해 송진우의 권유 때문이라고 밝히고 있다.

내 친구 고하는 과거 조선에서 숭앙할 사람은 단군·세종대왕·이순신 3
인이라고 말합니다. 그리고 고하는 나더러 3부곡으로 〈단군〉〈세종대왕〉
〈이순신〉을 쓰라고 권합니다. … 내가 그리려고 하는 이순신은 이 충의로운
인격입니다. 상상이 아닌 옛 기록에 나타난 그의 인격을 내 능력껏 구체화하
려는 것이 이 소설의 목적입니다. (《동아일보》, 1931년 5월 23일(2))

《동아일보》는 현충사나 위토 문제뿐 아니라 이순신에 대한 다양한

1932년 6월 5일, 국민성금으로 중건된 현충사 낙성식
(앞줄 가운데 송진우, 뒷줄 왼쪽 두번째 정인보, 네번째 김병로)

글을 게재했다. 1931년 6월 1일부터 14회에 걸쳐서 이광수의 〈유적 순례〉가 끝나자, 26일부터는 총 178회에 걸쳐 이광수의 장편소설 〈이순신〉이 연재되었다. 이밖에도 〈이순신 초상화〉(최우석 작), 《이충무공전서》 독후감, 충무공 유물 설명문 등을 게재했다. 모든 것이 송진우의 계획대로 실행되었다. 《동아일보》가 1931년과 1932년에 이렇게 이순신 관련 글을 집중적으로 게재한 것은 성금 모집을 독려하기 위한 것이었다. 1932년 5월 29일까지 해외 동포를 포함한 2만 1천여 명이 낸 성금은 16,021원이었다. 송진우의 언론경영인으로서 기획력과 민족주의자로서의 의지가 어우러진 성과였다.

1932년 6월 5일 아산에서 현충사 낙성식과 영정봉안식을 개최하였는데, 전국에서 약 3만 명이 참석하였다. 이로 인해 이충무공유적보존운동은 원래 목적을 달성하였으며, 《동아일보》는 어린이부터 어른까지 전국적으로 민족신문의 위상을 알릴 수 있었다. 그러나 무엇보다 이 운동을 계기로 잠재된 민족의식을 대중적 차원의 민족운동으로 승화시켰다는 점에서 '민족적(民族的) 지정의 결정'이라고 표현할 정도로 역사적 의미가 크다.

브나로드운동

1931년 5월 이충무공유적보존운동이 힘차게 발족된 후, 7월부터는 브나로드운동이 《동아일보》 주도로 전개되었다. 본래 브나로드는 '민중 속으로'라는 뜻의 러시아말로 러시아 말기에 지식인들이 이상사회를 건설하려면 민중을 깨우쳐야 한다는 취지로 만든 구호이다. 1874년 수많은 러시아 학생들이 이 구호를 앞세우고 농촌으로 가서 계몽운동을 벌였는데, 그뒤부터 이 말이 계몽운동의 별칭으로 사용되었다.

송진우가 《동아일보》를 통해 조선의 2천만 인구 중 1천3백만 명에 달하는 문맹자를 일깨우려는 의도에서 1931년부터 1934년까지 4회에 걸쳐 전국적인 문맹퇴치운동을 전개하였다. 제3회까지 이 운동은 '브나로드(vnarod)'라고 불렀으나, 제4회부터는 계몽운동으로 바뀌었다. 송진우는 이번에도 브나로드운동을 민중이 좀더 스스로를 깨우치고 이해할 수 있도록 이광수에게 운동을 뒷받침하는 연재소설을 《동아일보》에 쓰도록 하였는데, 그것이 바로 《흙》이다. 《흙》의 한 부분을 살펴보자.

농민 속으로 가자. 돈이 없으면 없는 대로 가자. 가서 가난한 농민이 먹는 것을 먹고, 가장 가난한 농민이 입는 것을 입고, 그리고 가장 가난한 농민이 사는 집에서 살면서, 가장 가난한 농민의 심부름을 하여 주자. 편지도 대신 써주고, 주재소·면사무소에도 대신 다녀주고, 그러면서도 글을 가르쳐 주고 소비조합도 만들어 주고 뒷간 부엌 소제도 하여 주고 이렇게 내 일생을 바치자.

이 대목은 《흙》의 주인공 허숭의 입을 통해서 농촌 참여를 적극 부르짖는 장면이다. 그러나 이는 허숭의 부르짖음이나 춘원의 부르짖음뿐만이 아니라, 이 운동을 기획하고 실천에 옮긴 송진우의 부르짖음이 간접적으로 표현된 것이다. 이와 같이 "흙으로 돌아가자! 농민 속으로 파고들자"고 학생과 지식인, 민족의 일꾼들에게 호소한 것이다.

그런데 애당초 이 운동은 1928년 4월 송진우가 《동아일보》 창간 8주년 기념행사의 하나로 문맹퇴치운동을 펼치기로 사전에 예고 선전하였다가, 총독부 경무국의 금지명령에 따라 중지된 바 있었다. 그 이듬해 《조선일보》에서 "아는 것이 힘, 배워야 산다"는 슬로건을 내걸고 하기 방학을 이용하여 학생들에게 문맹타파운동을 펴게 되었다. 이로 인해 《조선일보》에 기선을 빼앗기게 되었지만, 이에 자극을 받고 주위의 정세가 완화되자 브나로드운동은 《조선일보》 문맹타파운동을 상대적으로 활용하여 더욱 그 효과를 거두는 데 성공하였다.

1931년 7월 16일, 〈봉공적 정신을 함양하라, 하휴와 학생 브나로드운동에 부쳐〉라는 1면 사설로써 브나로드운동의 시작을 알린 《동아일보》는 7월 25일 제1회 조선어강습회를 주최하였다. 조선어학회의 후원으로 신명균·권덕규·이상춘·이윤재·김윤경·이병기·최현배·이극로·김선기 등을 강사로 위촉하고, 전주·군산·여수·목포·해주·통영·흥원·마산·청진·부산·회령·밀양·용정·안성·선천·개성·평양·수원·정주·인천·함흥·신천·김천·대구·원산·대전·진남포 등 전국 주요 도시에서 열렸다.

송진우는 "열성과 겸손으로 조선에 광명을 주라"는 격려사를 통해서 이 운동이 농촌계몽운동의 전주곡임을 강조하고, 지면이 허용하는 대로 브나로드운동의 계획·진행·경과를 대서특필함으로써 일제 당국을 불필요하게 자극하지 않으면서도 문맹 퇴치와 위생 확보 및 생활 여건 개량에 온 힘을 기울였다. 이리하여 브나로드운동의 전후 4년간 총 연일

《동아일보》의 브나로드운동(좌)과 《조선일보》의 문맹타파운동(우)

수 20,736일간에 연인원 10만 명에 가까운 문맹을 어둠에서 광명으로 이끌어 주는 큰 성과를 거두었다.

《동아일보》 사회부 기자로 1936년 8월 25일 발생한 일장기 말소사건 때 신문 제작에 참여한 혐의로 옥고를 치른 임병철(1906-1947)은, 이 충무공유적보존운동을 비롯하여 조선민립대학설립운동·브나로드운동 등의 《동아일보》가 시행한 문화운동들이 모두 '열(熱)의 신문인'으로 불리던 송진우 사장이 민족주의의 본색을 발휘한 행동의 결과라고 증언하였다.

3) 1924년 동아일보 개혁운동 전말

공산주의 계열의 불매운동

3·1운동 이후 일본 유학생들을 통해 사회주의 사상이 유입되는 가운데, 1922년 1월 코민테른의 극동인민대표대회 개최를 계기로 서울청년회·북풍회·신사상연구회 등 사회주의 단체가 우후죽순처럼 생겨났다. 이로 인해 사회주의 운동이 전체 대중운동을 장악하였으며, 청년들 사이에는 사회주의를 말하지 않으면 시대에 뒤처진 청년으로 생각할 정도였다. 이에 대응하여 민족주의 진영에서는 조선의 민족운동이 나아가야 할 방향으로 실력양성론과 신문화운동을 주창했는데, 그 중심에 《동아일보》가 자리했다.

1922년 1월 21일, '조선 유림의 영수'라는 평을 듣던 김윤식(1835-1922)이 88세를 일기로 사망하자, 《동아일보》는 일련의 사설을 통해서 그의 죽음에 '애도의 염'을 표하자고 주장하면서 사회장을 제안했다. 이때 김윤식사회장을 추진하던 동아일보 중심의 민족 진영에 맞서서 김윤식사회장반대회를 주도한 것은 사회혁명당(서울파)·조선공산당·이르쿠츠크파 서울뷰로와 '재일본 공산주의 그룹' 등이었다. 이 과정에 동아일보비매동맹회가 결성되어 불매운동이 전개될 조짐을 보이는 등의 사회적인 물의가 빚어지자 유족의 요청으로 김윤식사회장은 중지되었고, 2월 4일 가족장으로 치러졌다. 그러나 2월 10일 새벽 경성 곳곳에는 '악덕 신문을 매장하라'는 삐라가 살포되었다. 이것이 첫번째 동아일보불매운동의 진상이다.

1924년의 시작과 동시에 1월 2일자부터 6일자까지 5회에 걸쳐 이광수의 〈민족적 경륜〉이라는 사설이 연재되자, 일부 사회주의 계열에서는 민족해방운동의 노선을 둘러싸고 《동아일보》와 투쟁을 벌이기 시작했다. 1월 10일 경남노농운동자간친회에서 《동아일보》를 민족운동에 방해가 되는 '유산계급의 기관지'라고 규정하면서 박멸을 주장한 데 이어, 3월 4일에는 전라노농연맹회에서 동아일보불매운동을 결의하였다. 뒤이어 4월 18일 조선노동연맹회와 조선노농대회준비회가 연대한 전조선노농총동맹 결성식에서도 '동아일보불매운동'을 선포했다.

1924년 4월 20일 조선노농총동맹회의에서 김종범은 "송진우가 1923년 12월 24일 연정회 조직을 계획하고, 총독부 경무국장 마루야마(丸山鶴吉, 1883-1956)의 양해하에 이광수의 〈민족적 경륜〉을 게재했다고 강조하면서 '동아일보비매동맹'을 결성할 것"을 주장했다. 이것이 두번째 동아일보불매운동의 진상이다. 그런데 김종범의 주장은 사실이 아니었다. 1920년대 전반 동아일보 계열의 문화주의에 내포된 사회사상도 송진우와 장덕수를 중심으로 하는 입장과 이광수의 〈민족개조론〉 사이에는 분명한 입장 차이가 있었다.

한편 4월 2일에는 정치깡패로 유명한 친일파 박춘금이 동아일보 사주 김성수와 사장 송진우를 식도원이라는 요정으로 꾀어내서 협박하고 폭행한 사건이 발생했다. 《동아일보》가 박춘금을 비롯한 친일 각파 유지연맹과 폭력 조직 등을 비난하는 기사를 보도한 데 대한 보복이었다. 그런데 '박춘금 사건'의 파장이 예상 밖으로 커지자, 소장파 기자들은 이에 소극적으로 대응하는 경영진의 입장을 비판하면서 간부들의 퇴진을 주장했다. 이들은 편집국장 이상협을 앞세워 진상 규명을 요구하며 사장과 간부 5명, 논설반 기자 1명에 대한 불신임을 결의했다.

공산주의자들과의 대결

사태가 이렇게까지 발전하자 회사 안팎의 공격에 불안을 느낀 주주들은 4월 25일 재경 주주총회를 열고 사장 송진우, 전무 신구범, 상무 겸 편집국장 이상협, 취체역 김성수·장두현의 사표를 제출받아 일괄 수리했다. 이어 5월 14일 경영진 선출을 위한 임시주총 때까지 감사역 허헌이 사내 직무를 대행하기로 의결했다. 이렇게 해서 선거가 시작되자 동아일보를 장악하여 사회주의를 전파하는 도구로 삼으려는 공산주의자들과 경영권을 사수하려는 사주측의 치열한 대결이 벌어졌다. 송진우가 사장에서 퇴진하자 사주 김성수는 미국에 유학중인 장덕수에게 귀국을 권유했지만, 그의 고사로 뜻을 이루지 못했다. 이에 보성전문 교장으로 감사역을 겸직하던 허헌(1885-1951)을 염두에 두고 임시주총 때까지 사장 직무대행을 맡겼다.

허헌은 함북 명천 출신으로 보성전문학교를 졸업하고 일본에 유학하여 메이지대학 법과를 마친 후, 고등문관시험 사법과에 합격하여 변호사가 되었다. 3·1운동의 공판에 민족대표 48인의 변론을 맡았으며, 노동자와 빈민을 돕는 사회운동가로 널리 알려졌다.

허헌과 함께 윤홍렬(1893-1947)이 사장 경선에 나섰다. 대구 출신으로 그도 일본에 유학하여 메이지대학 법과를 졸업하고, 1920년 도쿄에서 조선민우사를 발기하여 언론 활동을 시작했다. 1921년에 귀국한 후에는 대구청년회에서 주로 활동하였는데, 1923년 7월 동아일보 대구지국장이던 서상일(1886-1962)로부터 '재경 특파원'으로 발령을 받고 서울에서 근무하던 기자였다.

당시 〈정관〉에 따른 사장 선출 방식은 1차로 주주총회에서 취체역을 선출한 후, 다시 취체역 회의에서 사장을 선임하는 간선제 방식이었다. 이 때문에 사주 입장은 1차 주총에서 허헌과 윤홍렬을 취체역으로 선출한 후, 2차 취체역 회의에서 허헌을 사장으로 선출하는 구도를 염두에 두고 임시주총에 대비했다. 이때 전혀 예상치 않았던 홍명희(1888-1968)가 나타났다.

충북 괴산 출신으로 일본 유학 당시 육당 최남선, 춘원 이광수와 더불어 조선의 '3대 문호'로 불리던 벽초 홍명희다. 그는 유학 생활중에 사상적인 번민에 빠져 학업을 중단하고 1910년 봄 중도 귀국하였다가, 다시 중국과 싱가포르 등지에서 방랑 생활을 이어갔다. 1918년 귀국한 후에는 괴산에 은둔하고 있던 중에 3·1운동이 일어나자, 3월 19일 괴산 만세시위를 주도하여 징역 18개월형을 선고받고 옥고를 치렀다. 1920년 4월 출옥하자 상경하여 휘문고보 등에서 교사로 학생들을 가르치다가, 1923년부터 조선도서주식회사 전무로 일하던 중 동아일보 사장 경선에 출마하였다.

매우 가난했던 홍명희가 100주 이상을 가진 대주주에게만 자격이 주어지는 사장 선거에 출마할 수 있었던 것은, 신사상연구회에서 함께 활동하던 홍증식(1895-?)이 배후에 자리하고 있었기 때문이다. 홍명희가 출마하자 사장 경선 판도는 급변했다. 주주들로서는 이광수의 필화사건과 박춘금 협박사건으로 인해 민족언론으로서의 이미지가 실추된 상황에서, 독립운동 경력이 전혀 없는 일본 유학생 출신 허헌이나 윤홍렬보다는 3·1운동으로 옥고를 치른데다 경향 각지에서 문장으로 명망이 높았던 홍명희를 당연히 주목했을 것이기 때문이다.

홍명희가 사장 경선에 출마하면서 허헌·윤홍렬을 압도하자 김성수와 송진우는 대응책을 놓고 고심을 거듭했다. 그때 송진우의 뇌리에 떠오른 사람이 이승훈이다. 이승훈은 3·1운동 때 송진우와 손잡고 전국적인 독립만세운동을 성사시킨 동지였다. 송진우의 부탁을 받은 이승훈은 20일도 채 남지 않은 시점에서 평양을 중심으로 한 기독교 세력을 규합하고, 천도교·불교측과 접촉하여 3대 종교를 단일화시키면서 독립만세시위를 전국으로 확산하는 데 크게 기여했다.

이로 인해 이승훈은 민족대표 33인 가운데 최고형인 3년형을 선고받고 복역하던 중 1922년 7월 22일 '최후의 1인'으로 가출옥한 3·1운동의 영웅이자 민족지도자로 추앙받던 인물이다. 당시 《동아일보》는 이승훈이 출옥하는 장면을 자세히 소개하고, 다음날부터 곧바로 감옥 생활에 대한 소회를 담은 기사를 5회에 걸쳐 보도하였다. 출옥 후에는 평북 정주의 오산학교 경영에 전념하면서 민립대학설립운동과 연정회 등의 민족주의 운동에도 간여하고 있었다. 이로써 코민테른 극동총국 민족부 산하의 꼬르뷰로(高麗局) 국내부 소속이었던 공산주의자 홍증식이 내세운 홍명희와 사주를 대리한 송진우가 앞세운 이승훈 간의 대결이 펼쳐진 것이다.

이승훈과 홍명희의 역할 분담

이승훈은 주총을 불과 며칠 앞두고 뒤늦게 출마를 선언했지만 사회적인 명성이나 경력에서 다른 후보들을 압도했다. 주총에서 투표 결과가 나오자 취체역 회의에서 상위 득표자 2인을 놓고 선임에 나섰다. 두 사람의 경력은 대조적이었다. 홍명희는 경제 활동이라곤 해본 적이 없는 30대 문필가로서, 신문사 경영을 맡기에는 부적합한 인물이다. 이에 비해 어려서부터 보부상으로 자수성가하여 전국적인 거상(巨商)으로 활약한 이승훈은 유능한 기업인이다. 따라서 이승훈은 사장·전무·상무를 겸하여 경영권 일체를 맡고, 홍명희는 편집국장 겸 주필로서 편집권을 갖도록 조정되었다. 두 사람이 대등한 득표를 한데다, 지명도나 경력 면에서도 다르기 때문에 중역회의 결정에 누구도 이의를 제기할 수가 없었다.

이로써 동아일보는 3·1운동의 민족지도자로 추앙받던 이승훈을 사장으로, 청년과 지식인 사회에 신망이 컸던 홍명희를 주필 겸 편집국장으로 진용을 꾸리게 되었다. 따라서 이들의 명망으로 여론을 선도하며 《동아일보》의 이미지를 개선하는 성과를 거둘 수 있게 된 것이다. 그런데 편집국장 겸 주필이 된 홍명희는 신사상연구회의 구연흠·조동호·박헌영·임원근·허정숙 등을 입사시키고, 이봉수·조동호를 논설반에 배치했다. 이들은 대부분이 외부에서 영입된 공산주의자들이었다.

한편 소장기자들의 사내 개혁 주장에 동조하며 송진우의 퇴진을 강력히 요구하던 이상협은, 신석우(1894-1953)와 제휴하여 동아일보 발행권을 인수하려다가 실패했다. 이에 신석우가 입장을 변경하여 조선일보 판권을 매수하자 개혁파 기자들도 대거 조선일보로 이동했는데, 거의가 공산주의자들이었다. 송진우가 이 기회를 이용하여 홍명희를 고립시키자, 홍명희는 1925년 4월 시대일보 사장으로 자리를 옮겼다.

송진우가 후임으로 복귀하였고, 김성수 일가는 계속 주식을 매집하여 1927년에는 3형제의 지분이 30.9%로 증가하였다. 임정엽 등의 우호지분까지 합하면서 경영권을 확실히 확보하게 된 것이다. 다시 사장에 복귀하게 된 송진우는 1936년 11월 일장기 말소사건으로 퇴진하기까

해방 후 월북하여 부수상을 지낸 홍명희가 김일성과 뱃놀이하고 있다. (1958년 5월 1일)

지 10년 동안 동아일보를 이끌면서 중흥기를 맞이하였다.

4) 세계 속에 민족의 장래를 논하다

제1차 범태평양회의

송진우가 동아일보 발전을 위하여 전력을 기울이던 1925년 봄, 미국 하와이에서 열리는 제1회 범태평양회의의 초청장이 왔다. 이 회의는 태평양 연안에 산재한 각 민족대표가 모여 현안을 토의하는 국제회의로 한민족 대표단은 신흥우(1883-1959)·유억겸(1896-1947)·김양수(1896-1971)와 미국에 체류하던 서재필(1864-1951)·김활란(1899-1970) 등이었다. 이때 동아일보 주필이던 송진우는 특파원 자격으로 참가하게 되었다. 그러나 송진우의 취재 목적을 의심한 총독부의 시비로 인해 6월 15일에야 출국 허가서를 받고 출국했다. 일본 요코하마 항에서 미국 여객선 프레지던트 윌슨 호를 타고 태평양을 항해하는 도중 그는 한시를 한 수 지었다.

남북동서불견주(南北東西不見洲) 연천수색한행주(連天水色閑行舟)
안장안하태평양(安將眼下太平洋) 척진인간만고수(滌盡人間萬古愁)
사방을 바라보아도 뭍은 안 보이는데, 하늘과 맞닿은 물빛 속에 뱃길만 한가롭구나.

언제이려나 눈 아래 태평양 물로, 만고에 쌓이고 쌓인 인간의 수심을 깨끗이 씻어 볼까.

서울을 출발한 지 9일 만인 6월 24일 하와이에 도착하여 이승만이 동포단체들과 함께 베푸는 환영 만찬에 참석했다. 이어 오하우대학 기숙사에 여장을 풀고 〈11일간의 양상 생활(洋上生活)〉이라는 제목의 현지 보도를 매일 송고했다. 그뿐 아니라 각국의 명사 대표들을 회견하고 기사로 작성하여 보냈다. 미국 존스홉킨스대학교 윌로비 교수의 〈내

1929년 도쿄에서 열린 제3회 범태평양회의 한민족 대표단
(좌로부터 백관수, 송진우, 윤치호, 유억겸, 김활란)

부적 단결을 하라〉,《프레스노 리퍼블리칸(지)》노웰 사장의 〈3·1운동의 대중의 유혈은 위대한 흔적이다〉, 호주 멜버른대학교 로버츠 교수의 〈문제의 해결은 민족 자체에 있다〉 등 다양한 기사가 《동아일보》에 보도되었다.

그러나 무엇보다 의미 있었던 일은 조국 근대화의 선각자들인 서재필·이승만과 깊은 교제를 나누게 된 것이다. 이승만의 자가용 자동차에 서재필과 셋이서 타고 해안의 조용한 빌리지에 가서 함께 지내면서 시사에 관한 이야기를 나누었다. 이때 서재필에게서 갑신정변의 자세한 유래를 듣고, 이승만과 국제정세에 대하여 폭넓게 대화를 나눌 수 있었다. 이승만은 송진우의 능력을 높게 평가하고 하와이에서 함께 일하자고 망명할 것을 제의했지만, 오히려 이승만에게 "국외 문제는 박사님께서 맡으셔서 잘해 주시고, 국내 문제는 저희들이 담당하겠습니다"라고 거절하였다.

〈세계 대세와 조선의 장래〉

송진우는 범태평양회의가 종료되고 8월 하순에 귀국하자, 곧장 〈세계 대세와 조선의 장래〉라는 제목의 논설을 15회에 걸쳐 《동아일보》에 발표했다. 평소 강조하던 신념과 역사관, 하와이 범태평양회의에의 연설 자료, 이승만·서재필과의 대화에서 느낀 생각 등을 집대성하여 쓴 선각자적 예언을 담은 논설이었다.

송진우는 논설을 시작하면서 먼저 우리나라 4천년의 역사를 어떻게 볼 것인지를 다음과 같이 힘주어 역설하였다.

4,000년을 통하여 역사적 변천과 정치적 흥체가 반복무상하였다. 그러나 언제든지 조선인이 조선이라는 관념은 없어져 본 일이 없었으며, 또한 실체적으로 상상할 수도 없었던 것은 엄숙한 사실이다. 환언하면 삼국의 분열은 그 당시 정치 당로자(當路者)의 분열이며 신라·고려·조선의 멸망도 또한 그 당시의 왕위 교대의 흥망변천에 불과하였던 것은 분명한 사실(史實)이 아닌가. 어째 그러냐 하면, 역대 왕조의 변천 흥체에 따라서 만일 조선이 멸망하였다 하면, 어찌하여 4,000년 이래로 조선민족의 문화가 의연히 보전될 수 있었으며, 또한 조선민족의 혈통이 엄연히 존재할 수가 있는가. (중략) 이러한 의미에서 역대 왕조 자체의 정치적 흥망에 불과한 것이고 결코 조선민족 자체의 전체적 멸망, 근본적 멸망을 의미하는 것이 아닌 것을 이에서 굳게 단언하는 바이다. (중략) 특히 우리들이 주의를 기울여 보아야 할 것은 과거 무상한 정치적 변혁에 언제든지 이민족의 세력으로 오랫동안 간섭 혹은 통치하는 것은 절대적으로 거절하여 온 사실이다. 이것은 원래부터 조선민족의 혈통이 극히 순수하고, 또한 언어와 예속이 이민족의 그것에 비하여 항상 탁월 우수하였던 관계인가 한다.

이 글에서 송진우는 우리 역사에서 왕조 흥망과 관계없이 면면히 이어진 '조선민족사'를 발견하고 정치적인 흥망은 있을 수 있지만, 이것이 "조선민족 자체의 전체적·근본적 멸망을 의미하지는 않는다"고 단언하였다. 이에 덧붙여 이민족의 간섭과 통치를 '절대적으로 거절하여 온 사실'을 강조하였다. 이는 일본의 침략과 통치는 우리 역사의 왕조 흥망처럼 일시적인 것이며, 우리의 민족사는 전체적으로 근본적으로 멸망하지 않는다는 사실을 강력하게 선언한 것이다. 따라서 그의 역사 인식에서 장래 일본의 패망과 조선의 독립은 필연적이었다. 그의 강인한 항일 독립 의지가 이같은 역사 인식에서 비롯되었음은 두말할 나위 없다.

또한 그는 1884년에 일어난 갑신정변을 4,000년 이래 신기축(新機軸)을 전개하여 일대 변혁을 시도하려고 하였던 매우 중대한 사건으로 평가하였다. 그는 조선 혁신운동의 기원을 갑신정변에서 찾았다. 그 이유는 갑신정변의 사상적 근저가 재래의 정권여탈과 존주양이적(尊周攘夷的) 사상과는 범주를 달리하여 현대문명을 긍정하여 민족적 복리를 기도하는 점에서 기인한 까닭이라고 보았다. 다만 그 운동의 토대가 광범위한 민중의 지지를 얻지 못한 상태에서 '극소수 계급의 각성에서 출발하여' 너무 급하고 무리하게 추진되어 성공하지 못하였지만, 그 개국존민(開國尊民)의 큰 이상(理想)은 이후 일파만파로 퍼져 독립협회와 자강회 등으로 이어졌으며, 학교와 학회가 되어 조선민족의 각성에 큰 영향을 끼쳤다고 높이 평가하였다.

갑신정변이 한국 전통시대를 지속적으로 지배해 온 중국과의 사대관계를 단절하고 양반 신분제도와 문벌을 폐지하여 평등한 근대 민족국가의 실현이라는 이상을 품고 있었다는 점을 긍정적으로 주목한 것이다. 이것은 결국 우리의 자주적인 근대 민족국가 건설이 일본의 침략으로 좌절된 것을 강조한 것이다. 이런 주장은 송진우가 범태평양회의에서 서재필로부터 갑신정변에 대한 이야기를 직접 들은 영향이었다.

그로부터 10년이 지난 1935년 1월 1일부터 서재필은 송진우의 요청으로 《동아일보》에 〈갑신정변 회고기〉를 게재하였다. 갑신정변에 대한 송진우의 뿌리 깊은 관심과 역사 인식을 느끼게 된다.

이어서 송진우는 '조선의 장래', 즉 미래에 실현될 조선의 독립을 세계 대세의 변화에서 읽고 있다. 그는 세계적으로 민족운동과 노동운동이 맹렬하게 확산되는 점을 중시한다. 발칸반도의 국가들과 폴란드·핀란드·이집트가 독립하고, 아일랜드는 자유국가의 길로 들어섰으며, 소련의 성립에서 보듯이 각국에서 노동운동의 비중 역시 커졌다. 이 때문에 그는 레닌의 사회주의 혁명을 통한 소련의 등장을 중요한 세계 대세 변화의 한 축으로 이해하고 있다. 다만 소련이 '적나라하게 세계적으로 난봉 행세'를 하고 있고, 일본도 사회주의 수용에 따른 정치적 혼란이 예상된다는 주장에서 사회주의에 대한 경계심을 분명하게 나타낸다. 또 그는 1925년에 태평양시대의 도래를 예견하고, 미국과 소련의 충돌 도정(途程)에서 일본과 미국의 충돌이 일어날 것을 상상하였다. 특

《동아일보》에 실린 송진우의 〈세계 대세와 조선의 장래(1)〉 (1925년 8월 28일)

히 일본과 미국의 충돌이 발생하면 '거대한 자본'의 미국 세력하에서 조선이 해방될 것이라는 희망을 기대하고 있다.

이처럼 송진우는 우리와 주변 세계의 역사적 전개 과정을 예의주시하면서 조선의 미래를 정확하게 꿰뚫고 있었다. 그의 항일과 자유민주주의에 기초한 민족운동은 민족사와 세계사에 대한 확고한 역사 인식과 냉철한 현실 인식에 기초하고 있었다. 이런 점에서 위당 정인보(1893–1950)는 "고하의 통찰은 세계의 전도를 논한 것이 20년을 지나서도 맞지 않은 것이 없을 정도로 적확합니다"라고 촌평하였다.

1926년 3월 1일 소련의 국제농민회 본부에서 동아일보 앞으로 3·1운동 7주년을 맞이하여 축전을 보내왔다. 그 내용을 보면 〈이 위대한 날의 기념을 영원히 조선의 농민에게〉라는 제목에 이어 "그들의 역사적인 국민적 의무를 일깨울 것을 믿으며 자유를 위하여 죽은 이에게 영원한 영광이 있을지어다"라고 적혀 있었다. 전반적인 내용은 조선 농민을 격려하며 위로하는 연대 의지를 담은 짧은 글이었다. 그러나 편집국에서는 이 축전을 옮겨싣기를 꺼려 했다. 전해에 부임한 총독부 경무국장 미쓰야 미야마쓰(三矢宮松, 1880–1959)의 언론정책이 강경했기 때문이다.

그때 주필 송진우가 결단을 내렸다. "우리가 신문을 발행하게 된 것은 영리를 꾀하자는 것이 아니라 독립운동의 한 수단이기 때문이 아니었소. 그렇다면 해답은 자명하오." 평소 그의 지론은 총독부 지시를 고분고분 따르면 신문은 존재 이유를 잃는다는 것이었다. 그래서 3월 5일자 2면에 〈국제 농민본부로부터 조선 농민에게 본사를 통하여 전하는 글월〉이라는 제목으로 사진과 함께 보도했다. 비록 2단짜리 짧은 기사였지만, 주제가 3·1운동이기 때문에 총독부는 아주 예민하게 대응하였다. 3월 5일자 신문을 발매 금지하였고, 그 다음날에는 무기한 발행 정지까지 추가했다. 고등계 형사들을 보내 편집국을 뒤져 축전 원문을 압수하고, 주필 송진우와 발행인 겸 편집인 김철중, 기자 고영한 등을 수차례 소환 조사했다.

이후 송진우는 보안법 위반으로, 김철중은 신문지법 위반으로 재판에 넘겨졌다. 검사는 "해외에 조선 독립을 원조하는 유력한 단체가 있음을 알려서 (독립) 사상을 선동하려 함이 분명하니 사회를 문란하게 하는 것"이라면서 꾸짖었다. 이에 맞선 송진우는 법정에서 "전보가 3월 4일 오전 10시경에 나의 손으로 들어왔기에 나는 아무에게도 협의하지 않고 즉시 번역을 시켜서 신문에 게재하게 지시하였다"라며 모든 책임을 혼자 떠안았다. 그리하여 심문 과정에서 체형(體刑)까지 당한 송진우는 1심에서 징역 8개월, 김철중은 징역 4개월을 선고받고, 이에 불복하여 항소하였다. 그러나 항소심에서 패소하면서 송진우는 징역형 6개월이 확

송진우
동아일보 주필

1심 징역형 8개월
2심 징역형 6개월
3심 상고 기각

김철중
동아일보 발행인 겸 편집인

1심 금고형 4개월
2심 금고형 4개월
3심 상고 기각

미쓰야 미야마쓰
조선총독부 경무국장
출처 위키피디아

1924년 9월 13일~
1926년 9월 27일
재임

本報押收
東亞日報社

1926년 3월 6일자
1면에 실린 알림

전날인 3월 5일자가 발행 금지 처분을 받아 '문제 기사'를 삭제한 뒤 호외로 재차 배포했고 알렸다.

정되어 서대문형무소에 복역하게 되었고, 김철중은 금고형 4개월이 확정되었다.

만보산사건과 송진우

국내에서 동아일보가 이충무공유적보존운동과 브나로드운동을 추진할 무렵 만주사변의 전주곡이 된 만보산사건(萬寶山事件)이 일어났다. 이 사건의 배경은 일제의 토지조사사업으로 많은 농민이 토지를 잃고 만주로 이주했는데, 이들을 다시 대륙 침략에 이용하기 위해 구실을 만들었다. 일제는 길림성 창춘시에 장농도전공사(長農稻田公司)를 설립하고, 중국인 하오융더(郝永德)를 총경리로 임용하였다. 1931년 4월 16일 하오융더는 만보산 일대에 있는 샤오한린(蕭翰林) 등 11인이 소유한 토지 중에 미개간지 약 200ha를 해당 지주와 10년 기한으로 조차계약을 맺었다. 이 계약에는 현정부의 승인이 없으면 무효라는 규정이 있었다.

그런데 하오융더는 이 토지를 현정부의 승인도 받지 않고, 조선인 농민 이승훈(李昇薰) 등 8인에게 다시 10년간 조차계약을 체결하였다. 이승훈은 이 계약에 따라 조선 농민 180여 명을 이주시키고 개간에 착수하여 이통강(伊通河)에 연결한 관개수로공사(길이가 약 2천여 리, 폭이 약 3장)를 시작하였다. 그런데 이 수로 개간과 제방 축조가 타인 소유의 부근 농지에 미치는 피해가 많아지자, 토착 중국 농민이 현 당국에 탄원하고 공사를 중지시켰다. 그후 6월에 일본 영사관 소속의 경찰이 공사를 재개시키려고 일본 경찰 60여 명을 동원하여 중국인 농민들의 반대를 강제로 억압하고 수로공사를 강행하였다.

이 과정에서 현장에 있던 한국인 농민, 일본 영사관 경찰과 중국인 지주, 주민들 사이에 충돌이 일어나자 중·일 양국은 경찰을 서로 증원하여 분쟁이 격화되었다. 다행스럽게 피해자가 발생하지 않은 채 중국인 지주와 주민들이 철수하면서 일단 진정되었다. 그런데 관동군은 장춘 일본 영사관측을 이용하여 조선일보 장춘지국장 김이삼(金利三)을 유인한 후 만보산사건에 대한 과장된 허위 정보를 제공하여 본사에 송고하게 하였다. 이에 《조선일보》는 1931년 7월 2일자 석간과 3일자 조간으로 두 차례 호외를 발행하고, 〈중국 관민 800여 명과 200 동포 충돌 부상, 주재 경관대 급보로 장춘 주둔군 출동 준비, 삼성보에 풍운 점급〉이란 표제로 게재했다.

이렇게 《조선일보》를 필두로 국내 언론이 과장된 허위 보도를 쏟아내자 중국인 배척사건이 곳곳에서 일어나 흥분한 시민들이 화교를 공격하고 살해하는 사건이 발생했다. 인천·서울·평양·신의주 등지에서 중국인을 배척하는 폭동을 촉발하여, 평양에서는 대낮에 중국인 상점과 가옥을 파괴하고 구타 학살하는 사건이 며칠간 계속되는 등 잔인한 폭동으로 확산되었다. 7일자 《동아일보》에는 "평양 부내에 사는 중국인 4백76호는 거의 전부 습격을 당했다"고 보도하였다. 결과 중국인 142명이 사망하고, 546명이 부상, 91명이 행방불명됐다.

《동아일보》도 처음에는 다른 언론과 같은 논조를 취하였으나, 사태의 본질을 간파한 후에는 7월 5일자에 〈냉정한 태도를 취하라, 만보산사건에 대하여〉라는 기사를 게재하였고, 7일자에는 〈이천만 동포에게 고

합니다. 민족적 이해를 타산하여 허무한 선전에 속지 말라〉는 사설을 실고 흥분한 국민을 진정시키는 데 주력했다. 그 사설 내용을 일부 소개하면 다음과 같다.

만보산 2백 명 동포는 안전하고 평안합니다. 지금 만주와 그밖의 중국 땅에 있는 우리 동포들은 무사하고 편안합니다. 중국 백성들은 우리 동포들에게 손을 댄 일이 없습니다. 그리고 만주 기타 중국에 있는 우리 동포들의 가장 간절한 소원은 "국내에 있는 동포들이 중국 사람들에게 폭행을 말아 달라" 하는 것입니다. 동포여, 우리가 조선에 와 있는 중국 사람 8만 명에게 하는 일은, 곧 중국에 있는 100만 명 우리 동포에게 돌아옴을 명심하십시오. 그리고 즉시 중국 사람을 미워하고 그들에게 폭행을 가하는 일을 단연히 중

만보산사건 당시 평양 시민들에 의해 초토화된 평양의 중국인 거리(《동아일보》, 1931.7.7)

지하십시오. (하략)

이 사건의 본질은 만주에 세력을 형성한 중국 민족운동 세력과 조선인 민족운동 세력의 반일 공동전선투쟁에 대해 이를 분열시키려는 일제의 치밀한 음모로서, 이 사태를 만주 침략과 대륙 침탈의 발판으로 삼고 국제적으로 일본 입장을 유리하게 이끌려는 술책이었다. 송진우는 그런 일제의 계략을 처음부터 꿰뚫어보고 차분한 대응을 주문함으로써 불의의 사태를 조기에 수습할 수 있게 된 것이다. 당시 경성방직 회사에 재직하면서 서울상공협회 상무이사를 겸하던 이태로는 그가 송진우의 지시를 받고 사태 수습에 나섰던 실상을 월간 《신천지》에 자세하게 증언하였다.

지금까지 누구에게도 말을 아니하던 숨은 사실을 말하려 한다. 1931년 만보산사건 때 필자가 경성방직 회사에 재직하고, 서울상공협회 상무이사 중 한 사람이었다. 전국 각지에서 중국인을 학살하고 상점을 습격하는 폭동이 벌떼같이 일어나는 중 평양·인천은 더욱 심하였다. 서울 시내 화교들은 남녀노소가 전부 중국 총영사관으로 집합하여 벌벌 떨고 있었고, 화상(華商)들은 전부 폐쇄하였는데 오늘 밤쯤에는 중국 상점을 습격 약탈하려는 정보를 듣고 필자인 나도 매우 우려하였다.

이것은 중국 각지에 산재한 백수십만 명의 우리 동포의 처지를 곤란케 하려는 왜제(倭帝)의 음흉한 정치적 모략임을 직각하고 선생을 동아일보 사장실로 찾아갔더니, 선생이 나를 보고 "마침 잘 왔소. 그러지 않아도 군을 만나려고 하였소. 만보산사건으로 서울 폭동은 절대 방지하오. 이군이 책임지시오"라고 한다.(이상우(태로), 〈古下 宋鎭禹 선생: 잊혀지지 않는 사람들〉,《신천지》제9권 9호(1954년 9월), 147-151쪽에 수록)

뒤늦게 상황을 파악한 서울황성기독교청년회관에서 7월 8일 각계연합회협의회를 구성하여 중국 국민과 남경 국민당 중앙통신사 앞으로 유감의 뜻을 전하며, 이것이 한민족 전체의 뜻이 아니라는 입장을 천명하였다. 한편 송진우는《동아일보》지면을 통해 화교들에게 유감의 뜻을 표하고 화교구제회(華僑救濟會)를 결성하였다. 전국 각지에서 서울의 중국 영사관으로 밀려오는 화교들을 위문하고 구제하는 데 힘썼다.

만보산사건은 결국 1931년 9월 18일 류타오후폭파사건(柳條溝事件)

조선인들의 폭동을 피해 인천의 중국 상공회의소로 피난한 화교들

을 야기하였고, 이것을 시발점으로 일본 관동군은 만주사변을 일으켰다. 관동군의 침략으로 중국의 동북군이 패퇴하자 재만 조선인들은 거처를 잃어버리고 피난길에 올랐다. 송진우는 이 충격적인 사태의 취재를 위해 특파원으로 설의식과 서범석을 파견하였다. 이때 송진우는 설의식을 통해 만보산사건의 진상에 관한 비밀 서신을 만주에 출장중인 주일 중국대사 왕롱바오(汪榮寶)에게 전하였다.

그후 1932년 4월 리튼을 단장으로 국제연맹조사단(Lytton Commission)이 만주에 파견되었을 때도, 송진우는 서범석 특파원을 중국 대표 구웨이준(顧維均)에게 보내 만보산사건이 조·중 민족 간의 갈등이 아니라 일본의 간계임을 전하도록 하였다. 후일 이 소식을 구웨이준에게서 듣게 된 장제스(蔣介石)는 '친인선린(親仁善隣)'을 새긴 은패(銀牌)와 '동아지광(東亞之光)'을 쓴 족자를 선물로 보내 조·중 친선의 뜻을 전해왔다. 따라서 혹자는 《조선일보》의 만보산사건 보도를 '한국 언론사의 가장 대표적 오보(誤報)'로 꼽는 반면, 송진우가 주도한 《동아일보》의 만보산사건 대응은 같은 시기인 4월 29일 윤봉길이 상하이 홍커우공원(紅口公園)에서 열린 상하이 점령 전승 기념행사에 폭탄을 던져 상하이 파견군 총사령관 시라카와 대장을 폭사시킨 사건과 더불어 조·중 간의 우의를 돈독하게 한 대표적인 사건으로 평가된다.

5) 고난의 길을 가다

일장기 말소사건

1936년 8월 9일 베를린 마라톤에서 한국인 손기정이 아르헨티나의 후안 사발라 선수를 따돌리고 우승하였다. 그런데 8월 13일자 《동아일보》 지방판 조간 2면과 8월 25일자 2면에 1936년 베를린하계올림픽 남자 마라톤에서 손기정이 우승한 사실을 보도하면서 사진 속의 일장기를 삭제한 사건이 발생했다. 이 사건으로 송진우 사장, 김준연 주필, 설의식 편집국장 등이 사임하였고, 사회부의 현진건 부장과 이길용·장용서, 조사부의 이상범 화백, 사진부의 신낙균·백운선·서영호, 그리고 자매지인 《신동아》에 전재한 책임으로 최승만 잡지부장 등 8명의 사원이 구속되었다.

일장기를 지운 《동아일보》 사진(우),
일장기가 선명한 일본 신문 사진(좌)과 뚜렷하게 비교된다.

이 사건으로 말미암아 송진우는 1936년 11월 11일 사장직에서 물러나고, 1945년 해방이 된 후에야 속간된 동아일보의 사장으로 복귀한다. 그런 점에서 송진우는 이 사건에서 최대의 피해자 중의 한 사람이다. 그럼에도 불구하고 당시 사진기자이던 이길용의 미담을 영웅담으로 각색하는 과정에서 사장 송진우는 독립정신이 투철한 젊은 기자를 탄압하는 독재자 사장처럼 그려지고 있다. 그런데 이길용 기자가 남긴 《신문기자 수첩》이라는 회고록에는 당시 상황을 이렇게 설명한다.

세상이 알기는 백림(伯林, 베를린)올림픽 마라톤의 일장기 말살사건이 이길용의 짓으로 꾸며진 것만 알고 있다. 그러나 사내의 사시(社是)라고 할까. 전통이라고 할까. 방침이 일장기를 되도록은 아니 실었다. 우리는 도무지 실지 않을 속셈이었던 것이다. 이것은 (총독부에서 일본 본토를 가리킬 때 쓰도록 강요한) 내지(內地)라는 글을 쓰지 않는 것과 마찬가지였다.

이 말을 살펴보면 이길용의 의거가 경영진의 지시에 의한 것은 아니었을지라도, 최소한 동아일보의 관행이었다는 사실은 분명하게 밝히고 있다. 이 사건이 개인의 영웅담이 아니라 동아일보의 전통이라는 이길용의 증언은 이보다 4년 전인 1932년 8월 9일자 1면에 실린 〈로스앤젤레스 하계올림픽 마라톤에서 6위로 입상한 김은배 선수〉라는 기사의 사진에도 일장기가 지워져 있다는 사실에서 설득력을 얻고 있다.

이와 함께 조선중앙일보에서 먼저 일장기 말소를 행한 것이었음에도 불구하고, 마치 조선중앙일보가 동아일보의 지면을 모방하여 일장

김은배 선수의 가슴에 일장기 대신
양정고보의 Y를 넣은 《동아일보》 (1932년 8월 9일)

기를 말소한 것처럼 역사적 사실을 왜곡하고 있다는 주장도 범람한다.
물론 이것은 송진우를 염두에 두고 한 말은 아니지만, 이 주장 역시 사
실이 아니다. 언론학자 채백의 《사라진 일장기의 진실》(커뮤니케이션북
스, 2008)에는 "8월 13일자 동아일보 조간(지방판)에 조선중앙일보(서
울판)가 게재한 사진과 동일한 사진을 실었는데, 서울판이 당일 새벽에
인쇄하던 반면에 지방판 조간은 그 전날 인쇄하던 관행에 비춰 손기
정의 우승 사진은 동아일보가 먼저였다고 결론지을 수 있다"고 밝히고
있다.

동아일보 폐간

한편 이때 송진우는 장덕수와 함께 조선총독부 경무국을 찾아가 동아일보의 폐간 조치를 철회해 줄 것을 호소하였다. 1937년 6월 9일, 동아일보 고문에 취임했다. 이후 이승만이 영향을 발휘하던 독립운동단체 흥업구락부에서도 가입하여 활동하였다. 1938년 5월 18일자 서대문 경찰서장의 보고에 의하면, 송진우는 흥업구락부의 동지회원으로 보고되었다. 그는 흥업구락부와 관련되어 조사를 받거나 처벌을 받지는 않았지만, 총독부 경무국의 요시찰 인물로 분류되어 지속적으로 사찰을 당하였다.

1939년 9월 제2차 세계대전이 일어나자 일제는 본격적으로 조선인 황민화(皇民化) 정책에 착수했다. 11월에는 조선민족 고유의 성명제(姓名制)를 폐지하고, 일본식의 씨명제(氏名制)를 강압적으로 시행하는 '창씨개명'을 실시했다. 이어 하순부터는 동아일보의 자진 폐간을 종용했다. 1940년 6월에는 신문지 파지(破紙)를 식당에서 구입했다며 트집을 잡아 '(전시)배급물자 불법처분'을 구실로 경리장부를 압수하고 김동섭 경리부장을 구속했다.

폐간 구실을 찾던 일제는 동아일보가 송진우 고문 명의로 수만 원을 은행에 저금하고, 보성전문에 유휴자금 2만 원을 빌려 주고 있는 점을 들어 당시 임정엽 상무와 국태일 영업국장을 구속했다. 예금은 사옥 신축기금이었고, 대여금은 이자를 받고 있었기 때문에 문제가 될 사안은 아니었지만, 일제는 대여금을 문제삼아 김성수 보성전문 교장을 배임 횡령으로 몰아 그해 7월 중순부터 경찰에서 연일 심문했다. 이때 송진우는 일본 도쿄로 건너가 일본 정객들에게 동아일보 강제 폐간의 부당성을 주장하고 서울로 돌아오던 중에 부산에서 피검당하였다.

그리고 송진우 명의로 된 동아일보 예금은 독립운동자금이란 혐의를 씌워 백관수 사장 이하 간부를 구속했다. 종로경찰서 사찰과장실에 수감해 놓고 폐간계 제출을 강요했는데 백관수 사장이 이를 거부하자, 발행인 겸 편집인을 중병을 앓던 임정엽 상무로 변경시킨 후에 임정엽 발행인의 명의로 폐간계를 제출하도록 강제하였다. 이로써《동아일보》는 창간 20년 만인 1940년 8월 10일에 지령 6819호를 끝으로 강제 폐간되었다.《동아일보》는 1940년 8월 11일자에 실은 폐간사에서 "한번 뿌려진 씨앗인지라 오늘 이후에도 싹 밑엔 또 새싹이 트고 꽃 위엔 또 새 꽃이 필 것을 의심치 않는 바이다"라며, 굽히지 않는 언론의 정도를 이어갈 의지를 밝혔다.

동아일보는 청산위원회를 열고, 송진우를 주식회사 동아일보사 대표 청산위원에 선임했다. 이에 송진우는 주주들을 찾아다니며 설득하여 주식을 회수하는 작업을 진행했다. 채무 정리와 채권 회수에 착수하여 여러 시비와 말썽 끝에 청산 사무를 종결하자 다시 주주들과 오래 근속한 사원·지국장 등에게 성의를 표하였다. 청산 배당을 생각하지 않던 직원과 주주들은 청산 사례금에 감격하였다.

1943년 1월 주식회사 동아일보사 청산위원회가 해체되고, 동아일보사의 재산을 관리하는 주식회사 동본사(東本社)가 설립되자 송진우는 동본사 사장에 취임하였다.

이처럼 동아일보를 사수하는 일에는 망설임이 없었던 송진우이지만, 사적인 일에는 한치의 흐트러짐도 없이 자기 관리에 철저하였다. 1940

년 조선총독부가 창씨개명을 강요하자 그는 이를 한사코 거절했다. 그해 10월 일제가 국민총력연맹을 발족시킨 뒤에는 병으로 인해 전신을 움직일 수 없다는 핑계로 협력을 회피하였다. 1941년 12월 8일 태평양전쟁이 일어나서 총독부로부터 학도병 권유 유세 등을 강요받았을 때도 병을 핑계로 불응하였다.

이렇게 송진우는 《동아일보》가 폐간된 후부터 해방될 때까지 사실상의 모든 정치·사회 활동을 중단했다. 1941년 12월 8일 일제가 태평양전쟁을 일으킨 후 황국신민화 정책을 강요하자 대다수의 지도층 인사들이 친일반민족행위자로 전락했지만, 누구보다 자기 관리가 철저한 송진우는 총독부의 온갖 강압과 회유에도 불구하고 친일단체 가입은 물론 다수의 명사가 참여한 친일 논설이나 강연·인터뷰조차 지금까지 알려진 바가 없다.

숨겨진 독립운동에의 선행

일제강점기 독립운동가 송진우의 행적은 네 차례에 걸쳐 경찰에 체포되어 조사를 받고 세 차례 구속되어 모진 고문을 당했으며, 도합 27개월의 옥고를 치른 것으로 능히 짐작할 수 있다. 일제강점기 36년 동안에 국내에서 활동하던 민족지도자로서 그만큼 법적 제재를 자주 받은 경우도 찾기가 어렵다.

일반적으로 송진우는 국내에서 언론·교육·문화운동으로 실력양성운동을 펼친 독립운동가로 인식되고 있다. 그러나 사실은 중국과 미국

백범 김구 가족의 사연을 소개한《동아일보》(1925년 11월 6일)

등의 국외에서 활동하던 독립운동가와 긴밀히 연결하면서, 그들의 독립운동을 후원한 사실이 밝혀지고 있다.

1925년 11월 6일자《동아일보》는〈죽어도 고국강산〉이라는 제목으로 상해 객창의 김구 씨 모친에 관한 기사와 함께 손자 신과 찍은 사진을 보도했다. 이어 이듬해 김구의 모친 곽낙원이 아들의 활동에 짐이 될것과 손자 건강을 우려해 귀국했다. 상하이에서 인천까지의 뱃삯은 마련했으나, 의지할 데가 없던 곽낙원은 국내에서 차비를 마련하기가 어려웠다. 곽낙원은 고심하다가 동아일보 인천지국을 찾아가서 서울까지의 차표와 차비를 구하였다. 서울에 도착 후 다시 동아일보사를 찾아가자 송진우는 곽낙원에게 사리원까지의 차비를 마련해 주었고, 이 소식을 들은 김성수도 그녀에게 생활비로 쓰라고 봉투를 건네 주었다.

그뿐 아니라 독립군을 비밀리에 지원한 정황도 나타난다. 김좌진 장군 휘하에서 독립군 자금 모집을 담당하고, 광복 이후 독립운동사 편찬 사업을 주도했던 이강훈(1903-2003) 전 광복회장은 생전에 송진우가 보내준 거액의 독립자금을 네 차례나 받은 사실을 증언한 적이 있다.[14] 1926년 5월 모란역에서 6천 원, 1928년 9월 돈화현 얼토량쯔에서 상당 액수, 1929년 2월 만주의 산시에서 소만(蘇滿) 국경으로 본부를 이동하려 할 때 1만 원, 1930년 1월 27일 김좌진이 돌아가자 만장과 함께 일화(日貨) 10원짜리로 1만 원 등으로 확실하게 기억하는 것만도 네 차례였다고 밝혔다. 이처럼 송진우는 자기 주관과 소신이 확고한 태도를 보여주었기 때문에 해방이 되자 민족지도자로 부상할 수 있었다.

6) 새 나라 건설을 위해 몸바치다

장물아비가 될 수 없다

1945년 8월 15일 일왕이 항복을 선언하기 며칠 전의 일이다. 8월 6

---

14) 《동아일보》, 1990년 4월 1일: "광복회 회장 이강훈 옹 동아 인연 70년, 송진우 사장이 거액의 군자금을 김좌진 장군에게 주었다." 이강훈, 《이강훈 역사증언록》(인물연구소, 1994), 262쪽.

일 히로시마에 원자탄이 투하되고, 9일에는 소련이 참전해서 만주로 진격해 들어오자 정작 일본이 무조건 항복을 수락 선언했을 때의 사태를 두려워한 총독부 당국에서 송진우에게 면담을 요청하였다. 그 자리에서 일본이 항복할 것이라는 말은 하지 않고, 사태가 급박하니까 행정위원회 같은 것을 만들어서 시국을 담당하라고 송진우에게 권했다. 독립을 준비해도 좋다는 말이었다. 송진우는 일부러 술에 취한 척 횡설수설하면서 자리를 피해 버렸다. 다음날 아침부터 총독부 보안과와 경기도 보안과장이 찾아와서 시국을 담당할 것을 권했다. 다시 경기도 지사 이쿠다(生田)가 경찰부장 오카(岡)와 함께 찾아와 끈덕지게 권유했다. 신문·라디오·교통기관·헌병·경찰·검찰 등을 모두 맡길 터이니, 일본인의 거류를 인정하고 사유재산을 보호해 달라는 것이었다. 그러나 송진우는 일관해서 수락을 거부했다.[15]

　송진우는 민주주의의 투철한 신봉자였다. 이미 오래전부터 국제정세를 예견하고 카이로선언이나 포츠담선언에서 한국의 자주독립이 확고하게 공약이 된 만큼 다만 시간 문제지 연합국에 의해 한국인에 주어질 것인데, 구태여 서둘러서 침략자로부터 구차스럽게 부분적인 환원을 받아들일 필요가 없다고 판단한 것이다. 그러자 11일 총독부 정무총감 엔

---

15) 해방 전후사를 연구하는 학자들간에는 이 사실을 두고 논쟁이 일었다. 그런데 최근 고하의 손자인 송상현(1941년생)은 필자와의 대담에서 당시 집으로 찾아온 이쿠다 경기 지사를 수행했던 전봉덕으로부터 자신이 폭행당한 사실을 증언하면서, 총독부의 행정권 이양설이 사실임을 주장하였다. 이같은 사실은 주한 정치고문 베닝호프가 본국 외무성에 보낸 FRUS 자료에 의해서도 확인된다.

도 류사쿠(遠藤柳作, 1886-1963)가 서울 필동에서 여운형을 만난 자리에서 치안권과 행정권을 이양하는 조건으로, 한반도에서 철수하는 일본인들의 안전을 보장해 줄 것을 합의했다. 이에 여운형은 이미 자신이 1년 전에 결성했던 건국동맹을 모체로 하여 건국준비위원회(이하 건준)를 발족하였다. 건준은 여운형이 위원장, 안재홍이 부위원장을 맡았다.

건준은 해방 후 뒤숭숭한 분위기 속에 혼란스러웠던 치안 상태와 행정·실무 등을 해결하고자 주력했고, 전국적으로 지부를 조직하여 8월 말까지 140여 개의 지부가 설립되었다. 건준의 조직 사업은 조만식을 중심으로 북한 지역에서도 진행되었다. 평양 출신의 조만식은 일제강점기에도 '비폭력적이면서 비타협적인 노선을 견지한' 민족주의운동의 대표적인 지도자였다. 이렇게 한반도의 이남과 이북의 서로 다른 조건에서 여운형과 조만식이 동시에 건국사업에 착수하다 보니, 공산주의자나 민족주의자 가운데 어느쪽이 주도하는가에 따라 많은 차이가 나타났다.

여운형은 소련군이 서울에 진주할 것으로 판단하고, 사회주의 계열 인사들을 더 적극적으로 참여시켰는데 특히 박헌영을 건준에 영입하기 위해 노력했다. 결과 9월 4일 건준 전체 회의에서 박헌영의 공산당 계열이 주도권을 잡게 됨에 따라 건준은 좌파가 우세하게 되었다. 이들은 9월 6일 밤에 경기여고 강당에서 약 1천여 명이 참석한 가운데 '조선인민공화국 임시조직법'을 통과시킨 다음 조선인민공화국(인공) 수립을 선포했다. 이에 따라 7일 건준은 '발전적 해소'라는 미명 아래 인민위원회의 각 지역 지부로 개편되었고, 이후 '인공'은 박헌영을 주축으로 장악하게 되었다.

자유민주국가 건설을 위하여

　한편 해방 직후부터 국내외 정세를 신중하게 관망하던 송진우는 연합군의 상륙 소식이 알려진 8월 말에야 비로소 활동을 개시하였다. 그가 이런 태도를 취한 것은 상황이 불투명하고 연합군의 한반도 처리 지침과 독립국가 건설에의 전망을 알 수 없었기 때문이다. 따라서 9월 4일 '임시정부 및 연합군 환영 준비회'가 열릴 때만 해도 정치 전면에 나서지 않던 그는 6일 밤에 조선인민공화국이 결성되자, 정부를 참칭한 반역집단으로 지적하고 이를 주도한 박헌영과 여운형을 강력하게 비난했다. 이어 7일 결성된 국민대회준비회(국준) 위원장을 맡게 된 그는 중경 임시정부 절대지지, 민족 역량 총집결을 위한 국민대회 개최를 주장하면서 우파 통합에 나섰다.

　이때부터 '국준'은 '인공'과 정국 주도권을 놓고 예리하게 대립했다. 송진우는 서울에 진주하여 일본군의 항복을 접수한 하지(John R. Hodge, 1893-1963) 사령관과 만나서 자신의 의견을 제시하고 '인공'에 대한 견제에 나섰다. 그렇지만 '국준'은 정당이 아니었기에 새롭게 창당하는 한국민주당(한민당)에 합류했다. 당의 영수로는 이승만·김구·이시영·문창범·서재필·권동진·오세창 7인을 추대하고, 당무를 맡아 볼 총무로 송진우(전남)·백관수(전북)·허정(경남)·서상일(경북)·조병옥(충청)·김도연(경기)·김동원(평안도)·원세훈(함경도)·백남훈(황해도) 9인을 선출하고, 그 중 송진우가 수석총무를 맡아 사실상 한민당을 이끌었다. 사실상 '한민당' 대표가 된 송진우는 '국준'을 그대로 존속시켰다. 국준과 한민당에 민족적 세력을 결집해서 여운형의 건준과 인공에 대항할 수 있는 체제를 갖추려는 것인데, 그뒤 국민당과 여자국민당이 결성되어 엄호 세력이 강화되어졌다.

그러나 송진우는 자신이 당수가 되기보다는 이승만과 김구 등을 추대하고, 이들의 안정적인 국내 정착을 돕고자 하였다. 이승만이 귀국하자 그에게 돈암장을 숙소로 마련해 주고 매달 15만 원의 생활비를 지원해 주는 한편 한민당의 총재로 취임해 줄 것을 요청했다. 또 한민당은 창당할 때 '임대봉대론'을 당론으로 정하고 환국지사후원회를 조직하여 1차로 9백만 원을 만들어 정치자금으로 전달하는 등 김구와 임시정부 요인들에 대해서도 후원을 아끼지 않았다. 이것은 '건준'이 전국 조직화되고, '인공'이 수립되어 새 국가 건설이 사회주의 세력에 의해 좌우되는 것을 막아내기 위한 노력의 일환이었다.

한민당의 정치노선은 공산주의를 배격하고, 민주주의적인 독립 한국을 건설하고, 중경 임시정부를 법통상 근본으로 하는 정식 정부를 수립하고, 민주정치의 건전한 운영을 위한 정당을 조직하고, 모든 계층을 망라한 국민 정당을 추구한다는 것이다. 미군정의 정책에 협력하여 미국의 대한정책은 물론 대외정책에도 적극 호응했다. 이로 인해 10월 초 선정된 미군정 고문 9명 중 7명(송진우·전용순·김동원·김성수·김용무·강병순·이용설)이 한민당원이었다. 이런 점에서 송진우가 취한 정치노선은 현실주의였으며, 한민당은 미군정에서 사실상의 여당이었다.

1945년 12월 들어 신탁통치 문제가 대두되면서 전국적으로 반탁운동이 일어나자, 그 방법론을 놓고 견해차를 보였다. 임정요인들은 신탁통치를 식민통치와 유사한 것으로 이해하고 즉각적이고 강력한 반대를 주장한 데 비해, 송진우는 정치 경험과 경륜이 부족한 상황에서 선진 정치기법을 배우는 정치훈련으로 인식하면서 신중한 대응을 주장했다. 무엇보다 그가 훈정설을 주장한 것은 미군정과의 충돌을 피해야 한다는 현실론에 기인한 것이었지만, 한편으로 이것은 반대파에게 그를 배척할 수 있는 명분이 되었다.

동아일보의 복간

한민당은 출범과 함께 동아일보사의 광화문 사옥을 당사로 제공받아 사용했다. 수석총무에 취임한 송진우는 당의 운영자금을 조달하기 위해 당원으로부터 당비를 징수할 계획을 세웠으나, 제대로 정착되지 못해 당 운영비는 물론 지방당 조직에 지출되는 자금까지도 김성수에게 의존하였다. 이에 송진우는 11월 중순 하지에게 《동아일보》의 복간을 허가해 줄 것을 요청했다. 그러자 급팽창한 좌익 언론에 대항할 수 있는 우익 언론의 필요성을 느끼던 미군정에서는 《동아일보》의 복간을 허가하고, 경성일보의 인쇄시설을 이용하도록 협조해 주었다. 이에 따라 1945년 12월 1일 《동아일보》가 복간되고, 송진우가 사장에 취임했다. 송진우가 미군정에 협력을 선언한 데 대한 정치적 대가였다. 동시에 '종이에 먹칠하는 것이 그의 일생에 사업'이던 그로서는 한민당의 수석총무를 맡으면서도 동아일보 사장을 겸직하게 된 것이다.

송진우가 사장으로 있는 동아일보와 그가 수석총무로 있는 한민당

사이에는 견해 차이가 있어서 종종 충돌이 일어났다. 한민당은 동아일보를 당 기관지로 생각한 데 비해, 동아일보는 언론으로서의 고유한 사명이 있었기 때문이다. 그러나 동아일보의 기사는 전반적으로 한민당 정책에 호의적인 논조를 실어 한민당에 유리한 방향으로 여론을 조성하는 데 기여하는 것으로 인해 다른 정치인들과 갈등을 빚었다. 이같은 현상은 송진우가 복간된 동아일보 사장으로 취임한 지 한 달 만에 피살당하고, 이후 동아일보 사주인 김성수가 한민당을 이끌게 되면서 더욱 심화될 수밖에 없었다.

공산주의자들과의 대결

송진우가 동아일보 사장으로 활동하던 시절, 그에게는 일제의 언론 탄압과 공산주의자들의 퇴진 공격이 항상 극복해야 할 대상이었다. 따라서 항일 독립과 반공은 송진우의 민족운동을 이해하는 두 개의 키워드다. 1921년 9월 15일 제3대 동아일보 사장에 취임할 때부터 악연으로 다가온 송진우와 공산주의자들의 뿌리 깊은 갈등과 불신은 해방 정국에서도 새 국가 건설의 강력한 경쟁관계로 나타났다. 1945년 9월 송진우가 정치 일선에 본격적으로 뛰어들게 된 시기도 좌파와의 대립이 본격화되던 때다. 따라서 그는 '국준'을 좌파의 '인공' 선포에 대응하여 우파 역량을 최대한 결집시키는 조직으로 상정하고, 한민당은 '국준'의 노선과 행동 통일을 담보하는 정치적 중심 세력으로 자리매김하였다.

반공주의자 송진우의 정치적 노선은 9월 8일 남한에 진주한 미군정이 자신만이 유일한 합법정부임을 선포한 것을 계기로 미군정의 주요 파트너가 되었다. 그러나 송진우가 미군정의 정책을 그대로 대변하는 종속적 존재가 된 것은 아니고, 자기 입장에서 미군정을 바라보고 자신의 판단 위에서 주동적으로 협력했다. 송진우의 정치 여정에서 마지막 사건이 된 신탁통치 문제도 마찬가지였다. 미군정과 긴밀한 관계를 가졌던 송진우는 모스크바 3상회의에서 신탁통치를 결정한 국무부 입장과는 달리 맥아더사령부와 남한의 미군정은 신탁통치에 반대한다는 사실을 알고 있었다. 그러나 당시 다른 정치 세력은 이런 사정을 알지 못했기 때문에 우파 세력은 3상회의 결정에 즉각 반대하고 나섰고, 특히 임정측은 극단적으로 반발했다. 이에 그는 신탁통치를 반대하는 미군정과 맥아더사령부를 적으로 돌리기보다 이들과 연합하여 국제적 여론을 환기시킴으로써 미국의 외교정책을 바꾸어야 한다고 생각했다. 이런 점에서 송진우의 입장은 반탁이지만, 미군정과 극렬한 대립을 초래하는 반탁운동은 명백히 반대하고, 더욱이 미군정을 부정한 임정의 행동에 대해서는 대단히 무모한 짓이라고 생각했다. 반탁운동을 둘러싼 송진우와 임정측의 마찰은 반탁과 찬탁의 문제가 아니라, 어떻게 반탁운동을 전개할 것인가 하는 것이었다.

1945년 12월 25일 모스크바 3상회의에서 한반도에 대한 5개년 탁치안(託治案)이 결정된 것으로 알려졌다. 이에 26일 이승만이 '탁치 반대'를 표명하였고, 28일에는 민족 진영의 지도자들이 경교장에 회집하여 '탁치 반대'를 결의했다. 후일 좌익은 입장을 번복하고 찬탁하였지만, 이 무렵에는 좌익도 '탁치 반대'를 들고 나왔다. 국론이 완전히 '반탁 일변도'로 나아가고 있었다. 반탁 일색의 도가니 속에 29일 국민총동원위원회가 조직되고, 전국 일제히 반탁국민운동을 전개하기로 결정되었다.

송진우는 이 회합에 참석하고 돌아가서 그 다음날 새벽 원서동 74번지 자택에서 흉탄에 쓰러지고 말았다. 송진우는 위대한 민족주의자이며 민주주의의 신봉자였다. 그러면서도 현실적이었고 한번 다르다고 판정한 일은 누가 무어라고 하더라도 결코 바꿀 줄 모르는 강인함이 있었다. 그러나 배타적은 아니었다. 이런 송진우의 사상이 이승만과 함께 김구·김규식을 떠받들고, 또 미군정에도 접근하려고 하다가 불의한 흉탄에 쓰러지는 비극적인 결말을 가져오고야 말았다.

1945년 8월 15일 해방된 후 그해 12월 30일 세상을 떠나기까지 127일간의 행적을 두고 '역사적 인물' 송진우에 대한 다양한 평가가 존재한다. 그 가운데 원로 정치학자 심지연의 평가는 주목할 만하다.

해방 후 한민당을 이끌던 송진우는 4개월의 짧은 기간밖에 활동하지 못하고 피살당하고 말았지만, 그가 다진 터전 위에서 한민당이 성장했고, 일제강점기 폐간되었던 《동아일보》가 속간되고, 대한민국 정부가 수립되는 그야말로 대한민국 역사에 중대한 사건이 일어났다. 이는 송진우 개인 노력만으로 된 것은 아니지만, 그의 리더십에 기인한 바 컸던 것은 분명한 사실이다.
(심지연, 《해방정국의 정치이념과 노선》(백산서당, 2013), 12-13쪽)

제2부

민족운동사에서 본 고하 송진우

'독립'과 '자유민주국가 건설'에 앞장선
민족주의자

서 론

고하 송진우는 구한말인 1890년 5월 8일 전라남도 담양에서 태어나 일제의 식민지 통치를 온몸으로 항거하면서 독립에의 집념을 불태우던 독립운동가다. 그리고 해방된 조국에서 자유민주주의에 기초한 국가 건설을 위해서 투쟁하다가 1945년 12월 30일 서울시 종로구 원서동의 자택에서 향년 55세의 나이에 피살되었다. 이런 그의 일생을 두고서 독립운동가, 교육자, 언론인, 정치가, 자유민주주의 수호자, 민족지도자 등의 다양한 호칭이 따른다.

그럼에도 불구하고 현재까지 송진우 개인에 관한 연구는 거의 없는 실정이다.[1] 그 이유는 그동안 학계의 연구 동향이 송진우 개인의 행적

---

[1] 현재까지 고하 송진우를 주제로 학계에 발표된 연구 성과는 아래 4편의 논문에 불과하다.

심재욱, 〈1920-30년대 초 고하 송진우의 사상과 활동〉, 《한국민족운동사연구》 제22집(한국민족운동연구회, 1999년 9월).

정진석, 〈언론경영인으로서의 고하 송진우〉, 《동서언로》 제9호(한국외국어대학교 언론정보연구소, 1997년 12월).

김기주, 〈고하 송진우의 민족교육사상과 교육 활동〉, 《전남사학》 제11집(전남사학회, 1997년 12월).

윤덕영, 〈고하 송진우의 생애와 활동〉, 한국정신문화연구원편, 《한국현대사인물연구》 2(백산서당, 1999년).

에 주목하기보다는 동아일보 계열로 집단화했기 때문이다.[2] 여기서 동아일보 계열이란 동아일보·보성전문·경성방직 등으로 모인 세력과 이들과 긴밀히 결합된 호남 출신의 정치 세력을 지칭한다.[3]

이런 이유로 그동안 송진우의 민족운동을 인촌 김성수(1891-1955)의 아류(亞流)로 폄훼하는 경향이 존재했다. 이에 대해 심재욱은 "동아일보 계열의 민족운동에 대한 연구가 《동아일보》의 '창설자' 김성수, '공로자' 송진우라고 정의하고 있는 동아일보사가 발간한 전기들에 기초

2) 일제강점기 동아일보 계열의 민족운동에 관한 대표적인 연구 성과로는 아래의 논문이 있다.

김경택, 〈1910·20년대 동아일보 주도층의 정치경제사상 연구〉(연세대학교 박사학위 논문, 1999년 2월).

김명구, 〈1920년대 국내 부르주아 민족운동 우파 계열의 민족운동론-동아일보 주도층을 중심으로〉, 《한국근현대사연구》 제20집(도서출판 한울, 2002년 봄), 163-196쪽.

윤덕영, 〈일제하·해방 직후 동아일보 계열의 민족운동과 국가건설노선〉(연세대 박사 논문, 2010a).

──, 〈1920년대 전반 민족주의 세력의 민족운동 방향 모색과 그 성격: 동아일보 주도 세력을 중심으로〉, 《사학연구》 98호(국사편찬위원회, 2010b), 343-390쪽.

──, 〈1920년대 중반 민족주의 세력의 정세 인식과 합법적 정치운동의 전망: 동아일보 주도 세력을 중심으로〉, 《한국근현대사연구》 제53집(한국근현대사학회, 2010c), 73-107쪽.

──, 〈1920년대 전반 동아일보 계열의 정치운동 구상과 '민족적 중심 세력'론〉, 《역사문제연구》 24(역사문제연구소, 2010d), 9-49쪽.

──, 〈1930년대 동아일보 계열의 정세 인식 변화와 배경-체제 비판에서 체제 굴종으로〉, 《사학연구》 108호(국사편찬위원회, 2012년 2월), 197-261쪽.

──, 《세계와 식민지 조선의 민족운동-한국자유주의의 형성, 송진우와 동아일보》(혜안, 2023년).

3) 윤덕영, 앞의 논문(2010a), 19-20쪽.

한 자료상의 한계로 인해 나타난 결과라고 지적했다.[4] 이같은 주장은 2010년 윤덕영에 의하여 다시 거론되었다. 윤덕영은 "김성수를 중심에 놓고, 송진우를 '김성수의 자장(磁場)하에 있는 인물'로 이해하는 경향이 일반적인데, 이것은 앞뒤가 서로 바뀐 인식이다"[5]고 강조하였다. 동아일보 계열이 정치적으로 형성된 1920년대 초반 이래 1945년 말까지 이들 세력의 지도자는 송진우고, 김성수는 일제강점기는 물론 해방 후에도 정치 활동을 자제하다가, 1945년 12월 송진우가 암살당한 후에야 어쩔 수 없이 정치 활동의 전면에 나서게 되었기 때문이다.[6]

한편 두 사람과 생전에 돈독한 우의를 가졌던 동시대인들도 송진우가 앞에서 일을 실행하면 김성수가 배후에서 지원하는 형태였다고 증언한다. 두 사람의 우정을 주로 부부관계에 비유하였는데, 전통적인 가정으로 보면 고하가 아버지 역할이고, 인촌은 어머니 역할이었다.[7] 그 중에서도 보성전문학교 교수를 지내며 두 사람을 가까이서 교제하다가 후일 고려대학교 총장을 역임한 유진오(1907-1987)는 이렇게 회고하였다.

4) 심재욱, 앞의 논문, 190쪽.
5) 윤덕영, 앞의 논문(2012), 197쪽.
6) 이승렬, 《근대 시민의 형성과 대한민국》(그물, 2022), 589쪽; 이에 이승렬은 "한민당에서 송진우가 드러난 중심이었다면, 김성수는 그 그늘에 가려진 또 다른 중심이었다"고 정의한다.
7) 이광수, 〈김성수론〉, 《동광》 제25호(1931년 9월), 8쪽; 유광열, 〈신문독재자 송진우론〉, 《삼천리》 제4권 9호(1932년 9월), 16쪽; 한편 채만식은 두 사람의 성품을 "김씨는 군자적으로 얌전하면서 살림꾼인 데 반해, 송씨는 외교적이요 수호지(水滸志)식이다"라고 비교했다. —백릉, 〈동아일보 사장 송진우 씨 면영〉, 《혜성》, 1권 1호(1931년 3월), 112쪽.

인촌은 고하에게 신문사의 일을 일임한 것이나 다름없었다. …세상이 다 알 듯이 인촌과 고하 두 분은 친한 친구 사이였을 뿐만 아니라, 둘도 없는 동지로서 일심동체가 되다시피 하여 일생을 보낸 분들인데, 매사에 있어 인촌은 안에서 계획을 세우고 자금을 대고 하는 참모의 일을 맡았다면, 고하는 밖에서 장병을 지휘하면서 전투에 종사하는 사령관의 일을 보신 셈이다.[8]

당시 언론에서는 동아일보를 기반으로 종횡무진 활약하는 송진우를 두고 '조선을 대표하는 정객(政客)'이라고 불렀다.[9] 동아일보 계열의 민족운동이 송진우를 중심으로 추진되었음을 나타내는 상징적인 표현이었다.

송진우의 민족운동이 제대로 평가를 받지 못한 또 다른 이유는, 그간의 연구 성과가 전기류의 수준을 벗어나지 못한 채[10] 역사적 사실에 대한 고증이 제대로 이루어지지 못한 탓이다. 최초의 송진우 전기는 1965년 동아일보사에서 간행된 《고하 송진우 선생전》이다.[11] 이 책은 동시대에 발간된 전기가 대체로 그러하듯이 구전을 토대로 서술된 부분이 적지않다. 송진우의 경우 1990년 동아일보사에서 간행한 김학준의 《고하 송진우 평전》[12]과 2022년에 고하송진우선생기념사업회에서 펴낸

---

8) 유진오, 〈仁과 知의 指導者 仁村 先生 七週忌를 맞이하여〉, 《동아일보》 1962년 2월 18일(2).

9) 황석우, 〈나의 팔인관(八人觀)〉, 《삼천리》 제4권 4호(1932년 4월), 29쪽.

10) 심지연, 〈고하 송진우〉, 한국사학회편, 《한국현대인물론》(을유문화사, 1987), 91쪽.

11) 고하송진우선생전기편찬위원회편, 《고하 송진우 선생전》(동아일보사, 1965).

12) 김학준, 《고하 송진우 평전: 민족민주주의 언론인·정치가의 생애》(동아일보사, 1990).

《독립을 향한 집념》[13]을 거치면서 처음의 오류가 상당 부분 수정, 보완 되었다.

그럼에도 불구하고 위인에 대한 선양을 목적으로 개인의 행적에 치중해서 서술하는 '전기' 특성상, 보편적인 역사적 상황과 다르게 설명하는 경우도 나타난다. 대표적인 사례가 송진우가 중심이 된 중앙학교의 3·1운동으로 그 실체가 명확함에도 불구하고 학계로부터 외면을 받게 되었다.[14] 필자가 오늘의 발표 주제를 〈한국민족운동사에서 본 고하 송진우〉라고 한 이유도 기존의 '고하 전기'에 기초한 연역적인 방법으로는 역사적 실체를 규명하는 데 한계에 부딪힐 수밖에 없기 때문이다.

---

13) 고하송진우선생기념사업회, 《독립을 향한 집념》(Safety Play Book, 2022).
14) 신용하는 3·1운동이 태동하고 단일화하는 과정을 일곱 군데의 흐름으로 설명하면서 아예 중앙학교의 역할을 제외하였다: 신용하, 《3·1운동과 독립운동의 사회사》(서울대 출판부, 2001), 171-180쪽.

1. 송진우와 중앙학교의 3·1운동

1) 3·1운동의 발발

지금까지의 연구 성과에 의하면, 3·1운동은 제1차 세계대전이 끝나고 윌슨의 민족자결주의가 알려진 1918년 하반기부터 국내외 8군데에서 거의 동시에 준비되었다는 것이 학계의 정설이다. 국외에서는 중국 상하이의 신한청년당, 간도와 연해주 일대의 항일 무장 세력, 일본의 도쿄 유학생, 미주 한인 사회, 국내에서는 서울의 중앙학교측과 천도교, YMCA를 중심한 청년·학생층, 평안도 지역의 기독교 세력이다. 이들은 윌슨(1856-1924, Woodrow Wilson)의 민족자결주의가 발표되자, 이 기회를 주체적이고 능동적으로 이용하여 독립을 쟁취하려 한 것이다.

이 가운데 3·1운동이 발발하는 데 진원지가 된 곳은 신한청년당이었다. 이들은 파리강화회의에 김규식(1881-1950)을 대표로 파견함으로써, 국내외 한국인들이 파리강화회의와 전후 체제에 대한 희망과 염원을 가질 수 있게 했다. 또 국내·일본·만주·연해주 등지에 당원들을 파견해서 파리강화회의에 파견하는 대표를 후원하기 위한 선전·모금 활동을 벌임으로써 국내외에서 3·1운동이 촉발될 수 있도록 했다.[15]

3·1운동이 태동하는 단계에서 진원지가 상하이의 신한청년당이라면, 그것을 하나로 연결하여 국내 7대 도시에서 동시에 발발하도록 한 단일화 단계에서 중심적인 역할을 담당한 것이 중앙학교 세력이다. 그러나 지금까지 중앙학교의 3·1운동에 관한 연구는 전무하다시피 한 실정이다.[16] 그 이유는 학계에서 이미 이설로 판정이 된 '이승만의 3·1운동 기획설'이 중앙학교와 연결되면서, "3·1운동은 사실상 중앙학교에서 주동한 동시에 중앙학교는 바로 3·1운동의 책원지였다"[17]는 주장이 신뢰를 잃은 까닭이다.

이승만의 3·1운동 기획설

이 때문에 중앙학교의 3·1운동을 규명하기 위해서는 '이승만의 3·1운동 기획설'에 대한 검증이 필요하다. 왜냐하면 그동안 소수의 이승만 연구자와 언론인을 중심으로 제기된 주장의 출발점이 '고하 전기'이기 때문이다. 그 내용을 살펴보자.

고하의 일상 생활에 감돌던 망국의 우울은 1918년 10월에 접어들며 점

---

15) 정병준, 〈중국 관내 신한청년당과 3·1운동〉, 《한국독립운동사연구》 제65집(2019년 1월), 6쪽.
16) 최형련, 〈3·1운동과 중앙학교〉, 《3·1운동50주년기념논집》(동아일보사, 1969), 313쪽; 중앙학교의 3·1운동과 관련하여 학계에 소개된 것은 현재까지 이 글이 유일하다.
17) 위의 글, 313쪽.

점 걷히기 시작했다. 그것은 민족 독립의 서광이 보이기 시작했기 때문이다. …㉠설산 장덕수가 중국 상해에서 밀명을 띠고 들어온 것이다. 중국에 망명중인 망명객들은 파리에서 열릴 강화회의에 한민족 대표로 김규식을 파견하기로 결정했으니, 국내에서도 이 구국운동에 호응하여 정신적으로나 물질적으로나 협조해 달라는 것이었다. 이리하여 고하와 인촌은 설산과 함께 필요한 자금과 절차를 꾸미고 있는데, ㉡12월에 우남 이승만이 보낸 밀사 모가 밀서를 전해 왔다.

이와 전후하여 고하를 중심한 국내 세력은 고하가 묵고 있는 중앙학교 숙직실을 총본부로 삼고 활동을 개시했다. 고하는 설산에게 국내의 일은 전부 자기네에게 맡겨 주길 간청했다. 그 길로 설산은 동경으로 건너갔다. 동경 유학생들과 연락하기 위해서였다. 우남의 밀사도 미국으로 떠나보내면서 "국내 일은 우리가 맡아 할 테니, 다시 정세가 달라지는 대로 연락해 주기를 바란다" 하고 답장을 했다.[18]

위의 내용은 정리하면, ㉠1918년 10월 장덕수(1894-1947)가 상해에서 밀명을 띠고 입국하여 송진우·김성수와 거사를 논의중이었는데, ㉡12월이 되자 미국에서 이승만(1875-1965)이 밀사를 보냈다. 이를 계기로 장덕수는 국내의 일을 송진우에게 맡기고 동경으로 건너가서 2·8독립선언 거사에 가담했다는 것이다. 그런데 이 주장은 사건의 전후 관계가 전혀 맞지 않는다는 문제점이 나타난다. 당시 상해에 머

---

18) 앞의 《고하 송진우 선생전》, 70-71쪽.

무르던 장덕수는 1919년 1월 27일 상해를 출발하여 며칠 뒤 동경에 잠입했다가 2·8독립선언을 목격한 후에 2월 17일 동경을 출발하여 20일에야 서울에 도착하게 된다.[19] 바로 이 점에서 장덕수가 1918년 10월에 밀명을 띠고 서울을 방문해서 체류했다는 것이나, 그 이후의 행적은 모두가 오류인 것이다.

이승만과의 관련성도 정확하지 않다. 시기도 부정확하거니와 이승만이 보낸 밀사의 이름도 모(某)라고 표기했을 따름이다. 따라서 중앙학교의 3·1운동은 신뢰를 얻기가 어려웠다. 내용 중에 자료 출처를 언급하지 않은 것을 보면, 미확인된 누군가로부터 들은 구전을 인용한 것으로 보인다. 그런데 〈고하 전기〉를 펴낸 동아일보는 20년이 지난 후 〈인촌 전기〉를 발간할 때는 그 내용을 이렇게 수록하였다.

1918년 12월 어느 날, 미국 워싱턴에서 재미 동포들과 구국운동을 하는 이승만이 밀사를 보내왔다. 밀사는 이런 내용의 밀서를 휴대하고 있었다. "윌슨 대통령의 민족자결론 원칙이 정식으로 제출되는 이번 파리강화회의를 이용하여 한민족의 노예 생활을 호소하고 자주권을 회복해야 한다. 미국의 동지들도 구국운동을 추진하고 있으니 국내에서도 이에 호응해 주기 바란다." 12월이면 1차 대전이 막 끝난 시기, 다급해진 이승만의 재촉이었다.[20]

---

19) 이경남, 《설산 장덕수》(동아일보사, 1981), 102-105쪽.
20) 권오기 편, 《인촌 김성수의 사상과 일화》(동아일보사, 1985), 121쪽.

이처럼 동아일보가 간행한 고하와 인촌의 두 전기에는 이승만의 3·1운동 기획설만 소개되었지, 정작 이승만의 밀사가 누구인지에 대해서는 언급이 없다.

여운홍의 이승만 밀사설

1995년 6월 《중앙일보》가 '이화장 자료'를 정리하면서 〈이승만과 대한민국 탄생〉이란 기획기사로 보도하였다. 이때 3·1운동을 기획한 이승만의 밀사가 누군지가 밝혀졌다.

1918년 말 제1차 세계대전이 끝날 무렵 이승만은 호놀룰루의 한인기독학원 일에 주력하고 있었다. 그는 세계대전을 마감하는 강화회의에서 약소국의 독립 문제가 거론될 것으로 예상했다. 특히 그는 승전국 미국 대통령이며 민족자결주의를 제창한 은사 윌슨이 강화회의에서 주도적 역할을 담당하리라 판단하고 이 국제회의에 몸소 참석, 윌슨을 설득해서 한국 독립 문제를 해결해 보려고 마음먹었다.

그는 자기 계획을 1918년 10월 하와이를 방문한 여운홍과 미국 선교사 샤록스를 통해서 국내 민족지도자들(송진우·함태영·양전백)에게 알림으로써 그들이 적시에 자기의 외교에 호응하는 대중운동을 펼쳐 줄 것을 기대했다.[21]

---

21) 《중앙일보》(1995년 6월 8일), 〈이승만과 대한민국 탄생〉 제16회 이승만과 3·1운동.

만약 이 자료가 사실이라면 이승만의 밀사는 여운홍(1891-1973)이다. 이런 내용은 이듬해 중앙일보에서 나온 유영익의 《이승만의 삶과 꿈》에도 수록되었다.[22] 그러나 약간의 내용상 차이점도 발견된다. 〈이화장 자료〉에는 '밀사'와 '밀서'란 단어가 없다. 이승만이 여운홍을 하와이로 불러 밀사로 보낸 것이 아니라, 여운홍 일행이 귀국하는 길에 이승만을 예방했다가 전해들은 메시지일 가능성이 제기된다. 중요한 것은 과연 이승만의 메시지가 국내에 어떻게 전달되고, 어떤 영향을 미쳤는가 하는 점이다.

2013년 KBS는 이승만 다큐멘터리를 제작하면서 여운홍의 행적을 추적했다. 거기에 따르면 미국 유학중이던 여운홍은 1918년 가을 스페인독감으로 병원에 입원했다가, 11월에 퇴원하자 곧장 프린스턴신학원을 중퇴하고 귀국길에 올랐다. 12월에 하와이에 들러 이승만을 만나 밀서를 받고 일본을 경유하던 차에 2월 초 도쿄에서 2·8독립선언 소식을 듣고 이승만의 동향을 전했다. 이렇게 해서 여운홍이 서울에 도착한 것은 2월 18일이다.[23] 그런데 이 자료에 근거해도 중앙학교 인사들이 여운홍으로부터 이승만의 밀서를 전달받고서 3·1운동을 거사했다는 주장은 시기적으로 맞지가 않는다.

여운홍의 파리강화회의 참가기

---

22) 유영익, 《이승만의 삶과 꿈; 대통령이 되기까지》(중앙일보사, 1996), 134쪽.
23) 김정수, 《초대 대통령 이승만 1-개화와 독립》(청미디어, 2013), 268쪽.

그런데 필자는 동아·중앙 양측의 주장은 물론, 위의 KBS 자료까지 모두 허구임을 입증할 결정적 자료를 발견했다. 이 사건의 진위를 가릴 핵심 인물인 여운홍이 당시 파리 여정을 기록한 〈파리강화회의에 갔다가〉라는 제목의 여행기다. 1930년 11월 1일자 《삼천리》 제10호에 실린 내용의 일부를 소개한다.

실로 1918년 11월 11일이다. 오후 2시쯤이나 되었을까. 휴전조약이 성립된 것이다. 나는 그 수일 후에 워싱턴의 백악관을 찾아 윌슨 대통령의 비서인 글라스 씨를 통해 여러 가지 나의 결의를 전했다. 나는 백악관을 나온 후 곧장 뉴욕으로 가서 헐버트 씨를 만났다. 그는 헤이그밀사사건 때 많은 애를 쓴 분이다. 내가 찾아온 뜻을 밝히고 이 길로 파리강화회의에 가겠다고 하니, "그냥 빈손으로 가면 소용이 없으니 본국으로 돌아가서 100만 명의 서명을 받아 가지고 파리로 오라"고 했다.

나는 다시 로스앤젤레스의 안창호 씨를 찾아가서 여비를 달라고 요청하니, 민찬호·정한경·이승만·이대위 씨 등이 그 자리에서 회의를 열고 300달러를 지원해 주었다. 나는 그 돈으로 천신만고 끝에 여권을 받고 배편을 이용하여 2월 1일 일본 동경에 도착하였다. 동경에서는 최팔룡 군을 만나 준비 상황을 듣고 뜻을 같이하면서 서울로 들어오니 2월 18일이었다.

이(상재)·함(태영)·최(남선) 등을 만나니, 국내 일은 벌써 준비가 다 되었으니 어서 속히 갈 곳으로 가라고 하였다. 나는 2월 26일에 누구도 모르게 서울을 떠나 (중국의) 안동에서 기차로 상해까지 무사히 갔다. 거기서 5월 초순에 본래 목적지이던 유럽의 파리로 갔다.[24]

여운홍의 여행기에서 알게 된 사실은 그가 귀국길에 하와이에 들러 이승만을 만난 것이 아니라, 로스앤젤레스에 안창호를 만나러 갔다가 그곳에서 이승만을 만났다. 또 도쿄에 도착했을 때는 이미 2·8독립선언의 준비가 완료되었으며, 서울에 왔을 때도 3·1운동 준비가 본격화되고 있었다. 따라서 그는 2월 26일 서울을 빠져나간 후 중국 안동에서 기차로 상하이로 이동하였고, 5월 초순에 상하이를 떠나 6월 20일 파리에 도착했다. 따라서 여운홍의 행적은 이승만의 밀서를 비롯하여 3·1운동 발발과는 어떤 관련도 없음을 확인할 수가 있다.

여운홍의 〈파리강화회의 참석기〉는, 그가 1949년 10월에 헐버트 (Homer Hulbert, 1863-1949)의 부음을 듣고 쓴 〈헐버트 박사와 나〉의 내용과도 완전히 일치한다.[25] 이 글에도 여운홍이 이승만의 밀사였다는 흔적은 없다. 더욱이 여운홍이 귀국길에 1919년 1월 11일자로 파리강화회의에 '국민회 내지 특파원' 자격으로 파견되었다는 《신한민보》 기사를 고려하면,[26] 1918년 12월 하와이에서 이승만의 밀서를 받고 일본을 거쳐 귀국했다는 주장 또한 사실관계가 다르다. 그런데 김학준과 유영익 등이 '이승만 밀사설'을 여과 없이 인용함으로써[27] '중앙학교의

24) 여운홍, 〈파리강화회의에 갔다가〉, 《삼천리》 제10호(1930년 11월 1일), 2-6쪽; ( ) 은 필자의 주석임.

25) 여운홍, 〈헐버트 박사와 나〉, 《민성》(1949년 10월), 60-61쪽.

26) 〈국민회 내지 특파원 여운홍 씨의 활동〉, 《신한민보》 1919년 8월 16일.

27) 김학준, 앞의 책, 98쪽 및 유영익, 앞의 책, 232쪽: 유영익이 밝힌 〈이화장 소장 자료〉는 1986년 삼일절에 허경신 3·1동지회 부회장이 행한 경축사의 육필 원고이다. 사실상 사료로서의 가치가 거의 없는 것인데 과장 보도되었다. 이 때문에 유영익은 〈고

3·1운동'과 '고하의 민족운동'을 오히려 불신하게 만든 결과를 낳았다.

1) 3·1운동의 책원지 중앙학교

중앙학교의 3·1운동이 어떻게 전개되었을까 하는 의문을 풀기 위해서는 중앙학교의 3·1운동을 주도적으로 이끌던 교장 송진우, 교사 현상윤(1893-1950), 교주 김성수 세 사람의 증언이 가장 중요하다.

현상윤의 3·1운동 회상기

그동안 송진우와 김성수는 주변인들의 구전을 토대로 만든 전기만 존재할 뿐인데 비해, '민족대표 48인'의 1인으로 고려대학교 초대 총장을 지낸 현상윤은 《신천지》 1946년 3월호에 〈3·1운동의 회상〉과 1950년 3월호에 〈3·1운동 발발의 개략〉을 각기 발표하여 당시 상황을 자세하게 증언하였다.[28] 현상윤의 증언을 살펴보자.

하 전기〉와 〈인촌 전기〉를 출처로 병기하고 있다. '이승만 3·1운동 기획설'은 추종자들의 영웅사관이 만들어낸 허구임을 알 수가 있다.

28) 현상윤의 〈3·1운동 발발의 개략〉은 《사상계》 11-3호(1963년 3월)에도 수록되었다; 이 글은 1963년에 현상윤의 가족이 미발표 원고로 알고 《사상계》에 게재했는데, 현상윤이 납북되기 전인 1950년 3월 《신천지》에 발표한 원고와 동일한 내용이다. 《사상계》에 재발표하면서 약간의 수정이 가해졌다.

미국의 대통령 윌슨이 민족자결을 포함한 14개조의 원칙을 발표한 사실이 알려지자 우리나라도 당연히 그 원칙을 적용받을 것으로 생각했다. 그때 나는 중앙학교에서 교편을 잡고 있었는데, 중앙학교는 배일분자의 소굴이어서 경성은 물론이요, 동경·상해·미주에서 오는 동지들의 연락과 내왕이 많았다. 우리들은 독립운동을 실현하려면 천도교를 움직이는 것이 가장 유효할 것이라고 생각하고, 천도교가 경영하던 보성학교 졸업생인 내가 나서서 보성중학교장 최린과 송진우의 만남을 주선했다. 이후부터 송진우와 내가 최린의 재동 집을 거의 매일 밤 방문했다.[29]

현상윤의 글을 보면 중앙학교의 3·1운동은 명확해진다.[30] 1918년 11월 제1차 세계대전이 끝나고, 전후의 세계 질서를 논의할 강화회의가 1919년 1월 18일 파리에서 열린다는 소식이 알려졌다. 이에 송진우·현상윤·김성수 세 사람은 수시로 모여 독립운동에 관해 상의하던 중 구체적인 거사 계획으로 최린(1878-1958)을 통해 천도교와 협력 방안을 논의하고 있었다. 《사상계》에 수록된 다른 〈3·1운동 발발의 개략〉에는 천도교와의 교섭 과정이 보다 상세하게 기술되어 있다.

29) 현상윤, 〈3·1운동의 회상〉, 《신천지》 1-2(1946년 3월), 26-27쪽.
30) 송진우가 생전에 위당 정인보와 호암 문일평으로부터 여러 차례 3·1운동의 진실된 내막과 고하의 역할에 대해 증언해 달라고 요청받았을 때, 지금 자기가 입을 열면 그 명예에 손상을 입을 인사들이 많으니 후일 은퇴한 뒤에 밝히겠다고 대답했다.(김학준, 앞의 책, 270쪽) 그런 점에서 송진우와 함께 동고동락하면서 3·1운동의 단일화 과정에 역할을 분담한 현상윤의 증언은 매우 중요하다.

나는 천도교에서 경영하는 보성학교를 졸업한 관계로 동 교장 최린 씨를 가깝게 종유하던 터요. 수차 최씨를 찾아 천도교의 의견을 타진한즉 자못 용력할 만하고, 최씨의 의견도 반대하는 기색은 적음으로 그때부터 송씨와 동반하여 최씨를 찾기로 하였다. 그리하여 1918년 11월부터 시작하여 이후 수개월 동안 의견 교환과 모의를 거듭한 결과 거사를 추진키로 하고, 일변 동지를 구하는 의미로 최남선 씨의 참가를 구하는 동시에, 타 일변으로는 천도교 중진 오세창·권동진 양씨와 연락하여 손병희 씨의 궐기를 종용하고 있었다.[31]

이렇게 1918년 11월 초부터 중앙학교와 천도교 간에 논의되어지던 2019년 1월 초 동경 유학생 송계백(1896-1920)이 중앙학교를 찾아와서 2·8독립선언서 초고를 제시한 것을 계기로 하여, 최남선(1890-1957)이 기미독립선언서를 작성하는 것과 천도교의 참여가 확정되었다. 현상윤은 그날의 상황을 이렇게 설명한다.

그리하여 1919년 1월 상순경이라고 기억하는데 하루는 아침에 일본 유학생 송계백 군이 장차 일본에서 발표하려는 일본 유학생들의 독립요구선언서 초고(이광수 작)를 휴대하고서 비밀리에 입경하여 나에게 그것을 제시했다. 그리하여 송진우 씨와 나는 그날 오전에 마침 중앙학교를 내방했던 최남선 씨에게 그것을 보이고, 금후로 국내의 독립운동에 참가할 것을 권하

---

31) 현상윤, 《사상계》 11-3호(1963년 3월), 45쪽.

니 최씨도 이것을 승낙하고 또한 국내의 선언서는 자기가 짓겠다고 쾌락하였다.

그때 나는 다시 그 초고를 가지고 최린 씨에게 제시하였다. 그리한즉 최씨는 또 권(동진)·오(세창) 양씨에게 보이고, 또 권·오·최 삼씨는 그것을 가지고 손병희 씨에게 제시했다. 그리한즉 손씨 왈, "어린아(兒)들이 저렇게 운동을 한다 하니 우리로서 어찌 앉아서 보기만 할 수 있느냐" 하여 천도교의 궐기를 결정하였다. 그리하여 그날 저녁에 최린·송진우·최남선과 나는 재동의 최린 씨 집 내실에 비밀히 회합했는데, 이날 저녁에 4인은 기뻐 축배를 들면서 밤 깊도록 독립운동의 실행에 대하여 구체적으로 계획과 방안을 토의하였다.

수일 후에 평안도의 고향(평남 평원)에 내려갔던 송계백 군이 다시 내방하였으므로 일본 유학생들의 독립선언문 인쇄에 소용되는 국한문활자 수천 자를 최남선 씨에게 부탁해 최씨 경영이던 신문관에서 구득하고, 또 운동비 3천 원을 정노식 군에게 얻어서 송군에게 주어 일본으로 가져가게 하였다.[32]

이상에서 국내에서 3·1운동이 처음 발원하게 된 전모를 소상하게 파악할 수 있다. 더욱이 정노식(1891-1965)으로부터 3천 원을 차용하여 송계백에게 2·8독립선언 거사자금으로 주었다는 증언은 다음에 언급할 김성수가 2월 11일 이승훈(1864-1930)에게 서울과 평양을 왕래할 활동비로 1천 원을 지원했다는 증언과 함께 이제까지 연구에서

---

32) 현상윤, 〈3·1운동 발발의 개략〉, 《신천지》 5-3(1950년 3월), 47-50쪽.

제대로 다루어지지 않은 운동비에 관한 대목이다.

최린의 〈자서〉에 실린 증언

한편 천도교측의 협상 당사자이던 최린이 쓴 〈자서〉의 내용에는 상당한 차이점이 나타난다. 최린의 증언을 살펴보자.

이때 마침 동경 유학생 중에서 조도전대학생을 중심으로 독립운동을 일으켜 보자는 의견이 일치되어 그들의 동지 중 송계백 군이 동경에서 파견되었는데, 송군은 내가 보성고등학교 교장으로 있을 때 졸업생으로 내가 특히 사랑하는 학생이었다. 오랜 일이라 날짜는 알 수 없으나, 어느 날 이른 아침인 듯도 하고 밤인 듯도 하다. 이외에 재동 68번지 나의 집으로 찾아와서 동경 유학생들의 시국에 대한 동향과 그 결의 사항을 자세히 말한 후 자기 모자 속을 뜯고 거기서 끄집어내어 나를 주었으므로 받아서 본즉 독립선언문이었다. (중략)

동년 2월 상순경 최남선·송진우·현상윤과 재동 자택에서 극비밀리에 수차 회합하고 운동에 대한 계획을 토의하였는데, 독립운동은 대중화하여야 한다는 원칙에 의하여 무엇보다 먼저 민중의 신망을 가진 인물들을 간판으로 하지 않으면 대중 동원이 곤란하다는 점에서 이에 해당하는 인물을 각 방면으로 물색해 보았으나 만족할 만한 인물을 발견하지 못하였다. [33]

---

33) 최린, 〈자서〉, 이병헌, 《3·1운동 비사》(시사시보사출판국, 1959), 47-48쪽.

두 사람의 증언을 비교해 보면 가장 결정적인 차이점은 현상윤은 1918년 11월부터 양측의 모의가 진행된 것으로 증언한 데 비해, 최린은 1919년 1월 송계백이 찾아온 이후부터로 증언했다. 전반적인 내용은 현상윤의 증언이 보다 정확하고 논리적이다. 그렇지만 그동안 연구자들은 천도교측 자료를 인용하는 것이 일반적인 경향이었고, 3·1운동에 관한 논의도 동경 유학생 송계백이 내방한 것이 계기가 되어 시작된 것으로 인식되었다. 이것은 그동안 학계의 3·1운동 연구가 주로 공판기록에 의존한 탓이다.

3·1운동의 단일화 과정

송계백이 다녀간 이후의 상황은 양측의 자료와 공판기록이 거의 일치하기 때문에 이론의 여지가 없다. 구한국 고관들과의 교섭에 실패한 이들은 평안도 지역의 기독교 세력과 연결을 도모했다. 2월 8일 오산학교 졸업생 김도태(1891-1956)를 평안북도 정주의 이승훈에게 보내 급히 상경해 줄 것을 촉구했다. 이에 이승훈은 11일 아침에 상경하여 계동 132번지 김사용의 집(김성수의 별채)에서 송진우·현상윤·김성수 3인을 만났다.[34] 현상윤은 그날의 현장을 이렇게 설명한다.

---

34) 위의 〈이승훈 취조서〉, 349쪽; 이승훈은 계동 김사용의 집에서 송진우만 만난 것으로 증언하였다.

송진우와 나, 그리고 김성수는 이승훈을 만나 그동안 재경 동지의 계획과 천도교의 동향을 설명하고 기독교측의 참가와 동지 규합의 일을 요청하니, 이승훈은 선우혁이 상해로부터 관서지방에 잠입하여, 김규식을 파리로 보내는 데 재정적으로 협력할 것과 또 국내 동포도 적극적으로 독립운동하는 것이 필요하다고 말했기 때문에 관서지방의 기독교인들도 대단히 동요하고 있다고 대답했다. 이승훈은 즉석에서 우리의 요구를 쾌히 수락하고, 김성수로부터 1천 원의 운동비를 받아 가지고 그날 밤 차로 관서지방을 향해 출발했다.[35]

이승훈은 곧바로 평안도 일대를 순행하면서 장로교의 길선주(1869-1935)·양전백(1869-1933)·이명룡(1873-1956)·유여대(1878-1937)·김병조(1877-?) 등과 감리교의 신홍식(1872-1939)을 만나 민족대표로 참여를 승낙받은 후, 그들의 인장을 휴대하고 16일 밤차로 상경했다. 이처럼 이승훈이 불과 사흘 만에 민족대표로 6명을 규합할 수 있었던 것은, 이들이 1911년 105인 사건부터 독립운동에 뜻을 함께한 동지들이었기 때문에 가능한 일이었다.[36]

이날부터 이승훈은 소격동의 사삿집에 머무르며 매일같이 송진우와 회동을 갖고 거사 계획을 논의했다. 이승훈은 YWCA와 감리교계 인

---

35) 현상윤, 앞의 글(1950년 3월), 51쪽.
36) 김형석, 〈남강 이승훈 연구-3·1운동을 중심으로〉, 《동방학지》46·47·48합집(연세대국학연구원, 1985년 6월), 642-646쪽.

사들을 규합하고, 일시 균열이 생겼던 천도교측과의 연계도 최린과 협력하며 원만하게 성사시켰다. 이같은 과정을 거친 후 천도교 15인, 기독교 16인, 불교 2인 등으로 민족대표 33인이 확정되었다.[37] 이때 송진우·현상윤·최남선·함태영(1872-1964)·정광조(1833-1953) 등 5인은 잔류 간부로 정해서 민족대표들이 체포된 후 제반 임무를 담당키로 역할 분담이 이뤄졌다. 이날 송진우는 김성수에게 고향인 전북 고창의 줄포로 내려가서 3·1운동의 현장에서 도피하도록 설득했다. 거사를 이틀 앞둔 27일의 일로 중앙학교를 지키고 독립운동을 지속적으로 도모하기 위한 구상에서였다.

한편 송진우와 현상윤은 독립운동은 독립선언서를 발포하는 문서운동만으로는 그 효과가 크지 못하다고 판단하고 대규모 대중적인 시위를 동시에 펼칠 것을 계획했다. 이 일을 위해 보성전문학교 졸업생 주익을 통해서 전문학교 학생 가운데 시위운동을 이끌 중핵체를 구성하고 대기 태세를 갖추고 있었다. 그런데 기독교계에서도 박희도(1889-1952)와 이갑성(1889-1981)이 연희전문학교 김원벽(1894-1928), 보성전문학교 강기덕(1889-?), 경성의전 한위건(1896-1937) 등 3인을 앞세워서 학생들을 규합하던 중이었다. 이에 두 세력이 연합하기로 합의하고 28일 인사동 소재 승동예배당에 시내 중등학교와 남녀 전문학교 대표자 10여 명을 소집하고 시위운동에 대한 구체적인 지시 사항을 전달했다.[38] 이로 인해 3·1운동이 전국적인 대중운동으로 확산되는 데

---

37) 위의 글, 646-651쪽.

학생층이 중추적인 역할을 담당하게 된 것이다.

3) 송진우의 역할에 대한 재평가

'민족대표 48인'으로서의 송진우

3·1운동이 일어나자 송진우는 체포되어 총독부 경무총감부가 있던 예장동 근처의 왜성대에서 심문을 받았다. 그가 언제 체포되었는지는 정확하게 알 수는 없지만, 3월 3일의 서울역 앞 2차 시위에 학생들을 격려하기 위해 나왔다가 세브란스의전 건물로 피신한 것을 목격했다는 스코필드(Frank William Schofield, 石虎弼, 1889~1970)의 증언에 비추어 3월 10일경으로 보인다.[39] 그는 혹독한 고문을 당하면서도 3·1운동을 거사하게 된 실상을 밝히지 않았다. 제2, 제3의 독립운동을 계획한 사실을 은폐하기 위해서였다.[40] 당시의 상황에 대해 김도태는 이렇게 회고했다.

38) 현상윤, 앞의 글(1963년 3월), 48쪽.
39) 앞의 《독립을 향한 집념》, 197쪽에는 3월 중순경으로 밝히고 있다.
40) 송상현, 〈현대사 증언〉, 《월간조선》(2023년 12월), 416쪽; 송진우의 손자인 송상현은 필자와의 대담에서 "집안에서 구전되는 얘기로는 민족대표들이 절대로 배후를 비밀에 부치기로 약속한 것을 최린이 불었다"고 증언했다.

방마다 앞에서 창살 모양으로 나무를 세웠는데, 그 안에 사람들이 있어 내가 들어가는 것을 내다보게 되었다. 처음에 고하 송진우가 "너도 기어이 잡혀 왔구나" 하고 소리를 지른다. 옆방에 있던 월남 이상재(1850-1927) 노인이 "흥. 젊은 사람들은 대개 다 잡혀 오는구먼" 하는 소리가 들린다. 또 그 옆방에 있던 설산은 모포 한 장을 들어 창살 사이로 휘두르면서 "나 장덕수 여기 왔어" 하는 소리가 들린다.[41]

민족대표들이 왜성대에서 혹독하게 고문을 당한 이야기는 해당 인물들의 전기에도 상세하게 설명되어 있지만, 일본 군경의 고문 방법은 72종에 달했으며 제정러시아가 폴란드 등의 식민지 통치에 사용하던 것을 전수받은 것으로 악랄하기 짝이 없었다.[42] 이렇게 가혹한 심문에 이어 1920년 7월 12일부터 재판이 시작되었는데, 최종적으로 재판에 넘겨진 사람은 48인이었다.

민족대표 33인 중에서 중국으로 망명한 김병조와 옥사한 양한묵을 제외한 31인과 모의 단계에서 크게 기여한 9인(송진우·현상윤·최남선·함태영·정노식·김도태·박인호·노헌용·김세환), 실행 단계에서 주도적 역할을 수행한 8인(안세환·임규·김지환·김홍규·이경섭·한병익·강기덕·김원벽) 등 17인을 합친 것으로 '민족대표 48인'으로 부른다. 당시 《동아일보》는 "작년 3월 1일에 조선독립만세를 부르고 독립을 선언한 후

41) 이경남, 앞의 책, 105-106쪽.
42) 윤경로, 《105인 사건과 신민회 연구》(일지사, 1990), 132-134쪽.

로 열여섯 달과 열이틀 만에 그네들의 운명을 결판하는 제1막이 열린 것이다"[43]고 보도하였다.

이렇게 시작된 재판은 8월 1일 경성지방법원 예심이 종결되었으나, 경성지방법원과 고등법원 특별형사부 간에 내란죄와 보안법의 적용 여부를 두고 실랑이를 벌이다가, 10월 30일 경성복심법원에서 종결되었다. 그 결과 독립선언서에 서명하고 독립선언을 선포하는 데 주도적인 역할을 한 손병희·이승훈(인환)·한용운·최린·권동진·오세창·이종일 등의 6인은 최고형인 3년형을 선고받고, 송진우를 비롯하여 현상윤·김도태·정노식 등 배후에서 독립운동을 모의하고 획책한 사람은 무죄 선고를 받았다.

이들에게 적용된 보안법 및 출판법상 모의나 획책에 가담한 자는 처벌하는 조문이 없었기 때문이다. 따라서 송진우는 1년 8개월의 미결 감 생활을 마치고 1920년 10월 30일 서대문교도소에서 출소했다. 이 같은 사실을 바탕에 두고 후대인들은 재판부의 형량에 따라 48인의 의미를 차등시키고, 마치 독립선언서에 서명한 33인의 역할이 더 중요한 것처럼 오해한다. 그런데 48인의 역할을 살펴보면, 33인 중 최후의 출옥자인 이승훈을 제외한 어느 누구보다 송진우·현상윤·함태영 등이 중요한 역할을 감당했다.

---

43) 《동아일보》 1920년 7월 12일(3), 〈今日 四十八人의 大公判〉.

3·1운동의 종착점 송진우

서울 중심에 위치한 중앙학교는 국내외의 독립운동가들이 거쳐 지나가면서 그들의 소식이 모이던 '불령선인들의 거점'이자 3·1운동의 책원지였다. 송진우는 이 학교의 교장으로서, 그 중심에 서서 기획하고 조정하는 컨트롤 타워의 역할을 담당했다. 그의 곁에는 동고동락하던 현상윤과 평생 동지이자 든든한 후원자인 김성수가 자리했다. 이를 대하드라마에 비유하면 송진우는 총연출, 현상윤은 조연출을 담당했고, 김성수는 제작자다. 그리고 민족대표 33인은 출연 배우 역할이었다. 이같은 이상적인 조합이 3·1운동의 단일화를 이루는 원동력이 되었다.

3·1운동으로 옥고를 치른 송진우는 후일 3·1운동에 대한 소감을 이렇게 피력했다.

우리가 지나간 3·1운동의 실제적인 경험을 고찰하여 보아도 명료할 것이다. 선전이 부족한 것도 아니며, 사상이 박약한 것도 아니건마는 최후의 공을 주(奏)치 못한 것은 물론 대세의 관계도 없지 않을 것이나 이 운동을 통일하여 계속할 만한 중심적 단결력이 부족하였든 것이 거짓이 아닌 사실이다. 그러므로 우리는 이렇게 주장하고 싶다. 무엇보다도 모든 주의와 사상의 실현에 근거가 될 만한 힘, 곧 단결력을 준비하지 아니하면 아니될 것이라고 본다.[44]

---

44) 송진우, 〈최근의 감(感), 무엇보다도 힘〉, 《개벽》 46호(1924년 4월 1일), 92쪽.

이러한 평가는 그가 독립 기회의 필수조건으로 대중을 자각시키고 동원하며 운동의 전과정을 통일적으로 지속시킬 수 있는 '중심적 단결력', 강력한 '정치적 구심체'의 건설이 필요한 것으로 느낀 것이다. 이같은 그의 인식은 1920년대 동아일보를 통한 민족적 중심 세력의 결집이라는 주장으로 나타나게 된다.[45]

　　송진우의 3·1운동은 여기서 그치지 않았다. '제2의 3·1운동'으로 불리는 1926년의 6·10만세운동 때도 중앙학교 학생들이 선도적인 역할을 담당했다. 이때도 송진우는 배후에서 조종한 혐의로 종로경찰서에 불려가 심문을 받았지만 무혐의로 석방되었다.

　　그러나 그해 4월 '3·1운동 7주년 기념사'와 관련하여 체형까지 당하며 징역 8월형을 선고받았던 것이,[46] 11월 항소심에서 패소하면서 서대문형무소에 복역하게 되었다. 비록 이듬해 2월에 단행된 '히로히토 천황 즉위 기념식'에서 특별사면이 되었지만,[47] 송진우에게 3·1운동은 무려 7년을 끌었던 셈이다. 그런 점에서 송진우는 3·1운동의 책원지이자 종착점이었다.

---

45) 이철순, 〈고하 송진우의 독립 방략에 대한 고찰〉, 《고하 송진우 선생의 항일독립운동과 건국에 관한 이념과 사상》(고하 송진우 선생 추모 학술 세미나, 2015년 10월 20일), 39쪽.

46) 《동아일보》 1926년 4월 21일(7), 〈체형까지 당한 1심 공판 경과, 송진우 씨는 징역 8개월로〉.

47) 《동아일보》 1927년 2월 9일(2), 〈본보 공소 언도 송진우 씨는 징역 6개월 …필화 사건〉.

2. 송진우와 동아일보의 문화운동

일제하 신문화운동은 개화운동인 동시에 독립운동이란 이중적 성격을 띠고 있다.[48] 따라서 이런 관점에서 일제 지배하에서 일어난 모든 신문화운동——언론, 출판, 교육진흥운동, 물산장려운동, 한글운동, 심지어 회화운동, 음악운동까지 그 근저에는 민족운동·독립운동이 자리한다.[49] 또 1910년대 일본 유학생 출신들에 의해 이론화 과정을 거친 실력양성운동론은 1920년대 초 문화운동을 통해 실행 과정에 들어간다. 이들은 민족자결주의를 부르짖으며 독립운동을 시도했지만, 별다른 성과가 없이 끝나자 실력양성운동론으로 되돌아가 문화운동이란 이름으로 실력양성운동을 펼치게 된다.[50]

한편 3·1운동이 일어난 후 그해 9월 제3대 조선 총독으로 부임한 사이토(齋藤實, 1858-1936)는 '문화정치'를 표방하고, 1920년 1월 동아일보·조선일보·시대신문을 허가하였다. 친일적인 색채를 가진 대정친목

---

48) 조지훈, 〈개화사상의 모티브와 그 본질〉, 《한국사상》 6집, 39-40쪽; 조지훈은 개화사상의 본질을 설명하면서 "우리 개화사상은 서구 문명의 섭취운동이며, 그 근저에는 국가적 관념도는 민족의식이 함께 움직이고 있었다"고 정의하였다.
49) 조용만·송건호·박병채, 《일제하의 문화운동사》(현음사, 1982), 6쪽.
50) 박찬승, 《한국근대정치사상사 연구—민족주의 우파의 실력양성운동론》(역사비평사, 1992), 175쪽.

회의 예종석(1872-1955)에게 조선일보, 신일본주의자 민원식(1886-1921)에게 시사신문, 민족 진영의 이상협(1893-1957)에게 동아일보를 허가하였다. 따라서 동아일보가 신문화운동 창달에 앞장섰다.[51] 송진우는 신문화운동이 전개되던 1920·1930년대 동아일보를 이끈 장본인이다. 따라서 송진우의 민족운동과 신문화운동과의 관련성을 살펴보고자 한다.

1) 동아일보의 공로자 송진우

신문독재자 송진우

동아일보는 1920년 4월 1일 김성수 외 78명의 발기인으로 창간되었다. 그렇지만 송진우는 3·1운동으로 옥고를 치르는 중이었고, 10월 30일에 출옥한 이후에도 한동안 고향에 내려가 정양하느라 참여하지 못했다. 그러던 그가 동아일보와 관계를 맺게 된 것은 1921년 1월 하순 주식회사로 전환할 때다. 그는 김성수·장덕수와 전국 각지의 유지들을 찾아다니며 주식회사 설립에 참여해 줄 것을 권유했다.

결과 예상 자본금 70만 원 중에서 1회 납입금으로 17만 5천 원이 약정되었으나, 실제 들어온 돈은 15만여 원으로 2만 5천 원이 부족했다. 이에 송진우가 신구범(1893-?)에게 2천 주의 출자를 권유하여 1만 5천

---

51) 조용만·송건호·박병채, 앞의 책, 114쪽.

원을 마련하고, 기존 주주인 양원모(1893-1986)가 1만 원을 추가로 출자하여 주식회사로 전환했다. 취체역으로는 송진우·김성수·장덕수·신구범·이상협·장두현(1877-1938)·성원경(1894-1975) 등이 피선되었고, 간부는 사장 송진우, 부사장 장덕수, 전무 신구범, 상무 이상협 등이 선임되었다.[52]

동아일보가 주식회사로 새롭게 출범하게 되자 김성수는 신문사 운영에 관한 전권을 송진우에게 일임했다. 따라서 그는 사장으로서 경영권은 물론이고, 편집에도 간여하여 신문의 논조와 기사 방향 등을 관장하면서 직접 사설도 썼다. 김동환(1901-1958)이 발행하던 《삼천리》는 조선의 3대 신문사 사장에 대한 인물평을 게재한 적이 있다.

　　같은 신문사 사장이라도 제가 직접 붓을 들어 사시를 결정하며 또 지상으로 종횡 비약하는 타입이 있고, 그렇지 않고서 저는 (신문)사의 인격적 대표로 외면의 사교와 내면의 경영을 통관하는 두 개의 타입이 있다. 《동아》의 송진우 씨는 전자형이며, 《조선》의 신석우 씨와 《중외》의 안희제 씨는 후자형에 속한다.[53]

이처럼 조선의 3대 신문사 사장 중에 송진우처럼 전권을 휘두르면서 활동한 사람은 없었기 때문에 사장이라는 호칭보다 '신문독재자'로 불

---

52) 〈동아일보사 20년사〉, 《삼천리》, 제12권 8호(1940년 9월호), 22-25쪽.
53) 〈인재 순례-제1편, 신문사측〉, 《삼천리》, 제4호(1930년 1월호), 31쪽.

려졌다. 송진우는 이에 개의치 않고, 스스로를 '독재자'라고 자임하며 소신하는 바를 향해 돌진했다. 이런 그를 두고 1933년 12월 호외에 〈소문의 소문, 송사장과 독재자〉라는 기사가 실릴 정도였다.[54] 내용 중에는 송진우가 오후 늦게까지 편집국에 혼자 앉아 새로 찍혀 나오는 신문을 글자 한 자도 빼놓지 않고 샅샅이 읽는다는 증언도 실려 있다. 이런 사실에 근거하여 《동아일보》 기자들이 사내 민주화와 편집권 독립을 요구하면서 언론개혁을 일으켰다는 주장도 등장한다.[55] 그러나 이것은 역사적 상황을 고려하지 않은 억지 주장이다.

당시 총독부는 언론을 통제하기 위해 검열제도를 시행하였고, 그들이 정한 기준에 저촉되면 삭제, 배포 금지, 압수, 게재 중지 등의 행정조치를 취했다. 행정처분이 단 1행만 있어도 재인쇄를 하게 되어 자재·인력·시간 등 많은 손실이 발생했다. 《동아일보》는 창간 2주 만인 1921년 4월 15일자 사회면 기사 〈평양에서 만세 소요〉가 처음으로 발매 배포 금지를 당한 후, 그해 9월 제1차 정간이 되기까지 6개월 동안에 24건에 달하는 행정조치가 잇따랐다. 따라서 경영자의 입장에서는 필화를 예방하는 것이 경영 정상화를 위한 최우선 과제였다.[56]

---

54) 고하송진우선생기념사업회, 《거인의 숨결》(이야기의숲, 2023), 292쪽.

55) 최민지·김민주, 《일제하 민족언론사론》(일월서각, 1978), 139쪽.

56) 장신, 〈1930년대 언론의 상업화와 조선·동아일보의 선택〉, 《역사비평》 70호(2005년 봄), 171쪽.

언론경영인으로서의 송진우

독재자 송진우의 면모는 언론경영인으로서 두드러지게 나타난다. 1920년대 조선의 3대 신문이던 동아·조선·시대일보 가운데, 경영이 안정적으로 운영된 곳은 동아일보가 유일했다. 1920년 3월에 출범한 조선일보는 1933년 1월 방응모(1883-1950)가 인수할 때까지 경영진이 8차례나 바뀌고, 1924년 3월 최남선이 창간한 시대일보는 중외일보·중앙일보·조선중앙일보 등으로 제호를 변경하는 가운데 경영진이 교체되고 있었다.

동아일보도 송진우가 사장에 취임할 당시 날마다 빚 독촉에다 사건 사고가 그치지 않았다. 이런 가운데 송진우는 신문사 운영의 전권을 갖고 독재자로 군림한 것이다. 그 결과는 동아·조선·시대(중외)일보의 정립지세로 불리던 언론계의 지형이 1930년을 전후하여 동아일보 독주로 바뀌었다. 당시 세 신문의 발행부수는 아래 〈표 1〉과 같다.

〈표 1〉 한국인 경영 신문 발행 부수[57]

	1929	1933	1931	1934
동아일보	37,802(50)	49,947(51)	41,293(47)	52,383(45)
조선일보	23,486(31)	29,341(30)	28,192(32)	38,653(33)
조선중앙일보	14,267(19)	18,194(19)	19,162(21)	24,521(21)

---

57) 정진석, 〈일제하의 언론·출판 연구; 일제의 언론정책을 통해 본 한인·일인의 신문·잡지·단행본 발행 실태 비교〉, 《신문연구》, 제27집(관훈클럽, 1978년 10월), 254쪽.

조선일보 영업국장 출신으로 나중에 동아일보 사장이 되는 백관수 (1889-?)는 3대 신문사의 경영 상황을 자세히 비교했다. 그에 의하면, 조선에서 신문 사업이 어려운 외부 환경으로 ①빈약한 자본력 ②일반의 낮은 생활 수준 ③일제 당국의 언론 탄압 ④신문에 대한 민중의 기대 과다 등을, 내부 요인으로 사내 분규와 자본 운용 실패를 들었다. 그 중에서 가장 중요한 요인은 '사내 분규'인데, 이에 따라 그가 내린 결론은 3대 신문 중에 동아일보만 안정된 성장을 한 것은 송진우의 경영 능력 때문이었다.[58]

한편 정진석은 언론경영인으로서 송진우의 유능함을 나타내는 사례로 '1921년 만국기자대회 파견' '전국적인 지국 확장' '재외 동포 위안회 사업'의 세 가지를 들었다.[59] 송진우는 동아일보 사장에 취임한 직후 미국 하와이에서 열린 제2차 만국기자대회에 김동성 기자를 파견하였다.[60] 그 당시 동아일보는 재정난으로 운전자금이 6천 원밖에 남지 않았는데, 매월 2천 원씩의 순결손이 발생하여 3개월 후면 신문사가 문을 닫을 위기가 닥쳤다. 그때 송진우는 간부들의 반대에도 불구하고, 남은 운전자금의 반액인 3천 원을 김동성에게 주어서 만국기자대회에 특파했다.

---

58) 한양학인, 〈조선 신문론〉, 《동방평론》 제2호(1932년 5월); 앞의 《거인의 숨결》, 286-287쪽에서 재인용. 한양학인은 백관수의 필명으로 추정된다.

59) 정진석, 앞의 글, 38-41쪽.

60) 동아일보사편, 《동아일보사사》 권1(동아일보사, 1975), 168-171쪽; 《동아일보》 1921년 9월 28일(1).

그런데 김동성의 부회장 당선 소식이 전해지면서, 13도로부터 축하 광고를 통해서 4–5만 원에 달하는 모금이 이뤄져 재정 상태를 일거에 호전시키게 되었다.[61] 송진우가 김동성의 출장을 허가할 때는 일본의 방해로 조선이 참가국으로 인정받을지도 모르는 상황이어서 마치 사운을 건 도박처럼 보였다. 이러한 상황을 가까이서 지켜본 유광렬(1899–1981)은, 신문경영인으로서 선견지명과 담대한 실행력의 결과로 평가했다.[62]

이렇게 해서 동아일보의 재정을 일거에 호전시킨 송진우는 전국적으로 산재한 지국조직망을 '대지국'에서 '소지국' 제도로 변경하고, 1922년 2월 제1차 전국 지국장 회의를 열어서 조직의 결속을 도모했다. 이 무렵 동아일보의 지국은 국내뿐 아니라, 조선족 교포가 밀집한 만주로까지 뻗어나갔다. 이것이 경쟁사와 비교하여 판매망에서 비교 우위를 점하는 결정적 요인이 되었다.

이와 함께 '재외 동포 위안회'를 발기하여 국내 동포로 하여금 해외 동포들에 대한 애족심을 높이고, 해외 동포에게는 조국애를 고취시켜 상호 일체감을 가질 수 있도록 일대 국민운동을 일으켰다. 9개월에 걸쳐 85개 지역을 순회하면서 강연회를 개최하자 참석한 군중이 무려 6만여 명에 이르는 대성황을 이루었고, 입장료가 3만 7천여 원에 달했다. 이때 얻은 수입과 이자 수입을 합쳐 북간도·만주·중국·일본·미국 등

61) 김병로, 〈언론계의 지보 송진우 씨〉, 《삼천리》 7–3(1935년 3월), 33쪽.
62) 유광렬, 앞의 글, 14쪽.

지의 해외 동포 2세 교육사업에 사용하였던 것도 송진우가 추진한 성공적인 사업이었다.

또 한 가지 주목할 사실이 있다. 동아일보는 1923년 상무취체역 겸 편집국장이던 이상협을 일본에 파견하여 일본 상품 광고를 적극 유치했다. 결과 1923년에는 전체 광고량에 일본 상품 광고가 36%에 달했고, 1924년에 50%에 육박하다가 1925년에는 60% 안팎을 오르내렸다.[63] 이에 대해 이상협은 자신이 반대하는 주주들을 설득하여 단독으로 오사카 광고시장을 개척했다고 주장하지만,[64] 당시 전권을 가졌던 사장의 결단이 없이는 불가능한 일이라는 점에서 송진우의 능력을 주목할 수밖에 없다.[65]

동아일보의 파수꾼 송진우

3·1운동이 발발하자 조선총독부는 소위 '문화통치'를 내세워 이듬해인 1920년 1월 3개의 한국인 민간신문 발행을 허가했는데, 이 중의 하나가 동아일보다. 창간 당시 민족대변지라는 자각으로 출발한 동아일보는 격렬한 항일 필봉을 휘둘러서 총독부의 주요 탄압 대상이 되었다.

---

63) 장신, 앞의 논문(2005), 171쪽.

64) 白岳山人(이상협), 〈복면객의 인물평−권토재래의 이상협 씨〉, 《삼천리》 10−12(1938년 12월), 45−6쪽.

65) 앞의 〈동아일보사 20년사〉, 23쪽.

66) 《동아일보》 1945년 12월 2일(2), 〈본보 폐간까지의 경로〉.

네 차례 무기정간과 수많은 발매반포 금지·압수·삭제 등으로 총독부의 혹독한 탄압을 받았다.

첫번째는 일본 황실의 상징인 '3종 신기(神器)'를 비판했다는 이유로 1920년 9월부터 다음해 1월까지 4개월간, 두번째는 국제농민조합본부에서 보낸 〈3·1운동 7주년 기념축사〉를 게재한 이유로 1926년 3월부터 4월까지 1개월간, 세번째는 한민족의 항쟁을 고무한 미국 네이션지 주필의 서한을 게재한 이유로 1930년 4월부터 9월까지 5개월간, 네번째는 베를린올림픽 마라톤 경기에서 우승한 손기정 선수의 유니폼에서 일장기를 삭제한 사진을 게재했다는 이유로 1936년 8월부터 다음해 6월까지 10개월 동안의 정간 처분을 당하였다. 이 가운데 1920년의 '3종 신기 비판 사건'을 제외한 나머지는 모두 송진우가 사장으로 재임하는 중에 일어난 사건이다.

그뿐만이 아니다. 송진우는 1936년 11월 11일 일장기 말소사건으로 조선총독부의 강요에 의해 퇴진당했다. 이때부터 《동아일보》의 강제 폐간을 막기 위한 투쟁이 시작되었다. 김성수는 송진우에게 가족이 소유한 동아일보 주식 4,710주를 무상양도하고, 송진우는 다시 사장으로 내정된 백관수에게 4,000주를 양도했다. 이렇게 계속 주식을 양도한 것은 그때그때마다 상황에 맞춰 협상력을 높여 주기 위한 시도였다.

그러다가 강제 폐간 압박이 거세진 1940년 3월 중순 송진우는 동경으로 건너가서 중앙조선협회 소속 의원을 대상으로 미나미 지로(南次郎, 1874-1955) 총독의 비행을 고발한 결과 제국의회에서 조선총독부의 언론통제정책에 대한 문제점을 제기했다.[66] 이로 인해 총독부와 폐간 협상을 갖게 되자, 송진우는 대표 청산위원을 맡아서 청산 작업을 담당하였으며, 1943년 1월에 동아일보사의 건물 관리 회사인 동본사의 사장을 맡았다. 일제의 식민통치에 맞서 동아일보와 운명을 같이한 셈이다.[67]

송진우와 동아일보의 인연은 여기서 끝나지 않았다. 해방이 되고 1945년 12월 1일 《동아일보》가 복간이 되자, 또다시 제8대 사장에 취임했다. 그로부터 한 달이 지나지 않은 12월 30일 세상을 떠났다. 이런 이유에서 송진우는 일제강점기 동안 동아일보를 지킨 파수꾼이었다. 《동아일보사사(東亞日報社史)》에는 1권 첫머리에 '창설자 김성수' '공로자 송진우'라고 두 사람을 나란히 소개한 후 동아일보의 역사를 기록하고 있다.

2) 동아일보와 민족문화운동

일제하 민족문화운동을 민족정신과 전통문화를 토대로 하여 국권 회복을 도모하는 독립운동이라고 전제할 때, 1910년대 민족주의 사상·운동은 문명 개화·근대 지상주의를 추구하는 타협적 실력양성운동과 전통을 중시하는 국수주의적 비타협적 무장운동으로 분화되었다. 그러던 것이 3·1운동 이후 민족주의자들이 자유주의적 민족자결의 세계 개조시대를 맞이하여 민족운동이 나아가야 할 바를 제시한 것이 자본

---

67) 장신, 〈조선총독부의 언론 통제와 동아일보·조선일보 폐간〉, 《역사문제연구》, 35호(역사문제연구소, 2016년 4월), 410-413쪽.

주의 문명의 수립을 위한 실력양성운동·문화운동이었고,[68] 그 중심적 역할을 담당한 것이 동아일보다.[69]

1920·30년대 동아일보의 문화운동은 민립대학설립운동·물산장려운동·자치운동·브나로드운동 등 다방면으로 전개되었다. 그러나 필자는 '송진우의 민족운동'이라는 주제에 맞게 동아일보 사업보다는 송진우 개인의 민족운동 차원에서 주도한 것으로 여겨지는 단군정신 선양사업과 이충무공유적보존운동을 중심으로 살펴보고자 한다.

단군 영정 공모와 백두산 기획 보도

3·1운동 이후 신지식인층의 주도로 펼쳐지는 실력양성운동의 흐름 속에 동아일보는 타협적 민족주의 진영의 선두에서 문화운동을 활발하게 전개하였다. 《동아일보》는 창간 사설에서 우리 민족의 민족적 운동으로 전개해야 할 의식적 사회운동을 문화운동이라 칭하고, 문화주의를 제창했다.

이는(문화주의: 인용자) 개인이나 사회의 생활 내용을 충실히 하며 풍부히 함이니, 곧 부의 증진과 정치의 완성과 도적의 순수와 종교의 풍성과 과학의 발달과 철학예술의 심원오묘(深遠奧妙)라. 환언하면 조선민족으로 하여금 세

---

68) 이지원, 〈일제하 민족문화 인식의 전개와 민족문화운동—민족주의 계열을 중심으로〉, 《서울대학교박사학위논문》(2004년 2월), 157쪽.
69) 박찬승, 앞의 책, 176쪽.

계 문명에 공헌케 하며, 조선 강산으로 하여금 문화의 낙원이 되게 함을 고창하노니 이는 곧 조선민족의 사명이요 생존의 가치라.[70]

이어진 사설의 내용에 의하면, 신문화 건설은 개인과 사회·국가의 유기체적 관계에 대한 자각을 토대로 한다. 이러한 관점에서 강조되었던 사회가 민족이다. 유기체적인 민족정신과 대동단결의 상징으로 부각된 민족문화의 유구성과 고유성 정점에 단군이 있다. 단군은 세계사적으로 고대 문명에 견줄 만한 조선 문명과 중국 문화에서 해방된 독자적인 조선 문화의 개창자였으며, 국민단합력의 기초인 국풍의 상징으로 의미가 부여되었다. 여기서 단군의 선양은 단순한 복고적 취향의 전통으로의 회귀가 아니라, 근대적 신문화 건설을 위한 민족의식의 상징으로서 재현된 전통이다. 따라서 1920년대 식민체제 안에서 민족주의 세력은 단군을 선양하는 일에 적극적이었다.[71]

이 때문에 동아일보의 최초 사업도 단군 영정을 현상 공모한 일이다. 《동아일보》는 창간 10일 만인 1920년 4월 11일자로 〈단군 영정 현상 모집〉을 공고하였다.

우리 민족의 종조이시오 우리 근역(槿域)에 건국하신 제1인이시오 가장 신성하신 대위인인 단군의 존상(尊像)을 구하여 독자와 공히 배(拜)하려고

---

70) 《동아일보》 1920년 4월 1일(1), 〈主旨를 宣明하노라〉.
71) 이지원, 앞의 논문, 330쪽.

현상 모집한다.[72]

그러나 응모가 부진하여 4월 30일로 정하였던 응모 기간을 5월 15일로 연기했지만, 만족할 만한 작품을 구하지 못해 9월 30일로 재차 연기하여 음력 10월 3일 개천절에 발표할 예정이었으나, 9월 하순에 제1차 무기정간을 당해 중단되고 말았다. 이처럼 단군 영정 공모는 소기의 성과를 거두지 못하고 좌절되었지만, 창사 이후 첫 사업으로 전개한 의도는 민족지를 지향하는 데 따른 발상이었다.

두번째 사업은 1921년 8월 백두산에 특파원을 보내 대대적으로 보도한 것이다. 그 취지는 탐험이 아니라, "단군 탄강(誕降)의 성지요. 근역(槿域) 산하의 조종이라고 전승되어 온 영산(靈山)"의 모습을 소개함으로써 민족정기를 일깨우려는 취지였다. 따라서 8월 21일부터 17회에 걸쳐 민태원의 〈백두산행〉을 연재하였고,[73] 27일에는 권덕규의 〈조선 역사와 백두산〉이라는 제하의 강연회가 개최되었다.[74]

단군 영정 공모와 백두산 탐방으로 민족정신 고취를 시도하던 동아일보는 1925년 육당 최남선을 객원 촉탁으로 영입하면서 단군 선양 논조를 본격화했다. 3·1운동 때 민족대표 '48인의 1인'으로 기미독립선언서를 작성한 혐의로 투옥되었다가, 1921년 석방된 최남선은 출옥 후

---

72)《동아일보》1920년 4월 11일(3), 〈단군 영정 모집〉.

73) 민태원, 〈白頭山行〉(전17회),《동아일보》1921년 8월 21일(1)-9월 8일.

74) 권덕규, 〈공개된 聖山의 神秘: 權悳奎 씨의 백두산 역사 강연〉,《동아일보》1921년 8월 29일(3).

에는 1922년 9월 주간지 《동명》을 창간하였고, 1924년에는 시대일보 사장에 취임했으나 자금 부족과 총독부의 압력으로 폐간하고 말았다.

이후 최남선은 1925년 조선의 문화와 역사를 연구하는 계명구락부에 참여하였는데, 이곳에서 활동하던 송진우·김성수와 뜻을 함께하고 《동아일보》에 객원으로 사설을 쓰기 시작하였다. 그해 10월 조선신궁이 완성되어 천조대신과 명치천황을 제신으로 제사를 지내기 시작하자, 단군 선양은 일제의 종교적·정신적 지배에 대응하는 성격을 갖게 되었다. 이에 최남선은 일제의 식민사관에 대항해서 한국 고대 문화의 세계사적 위치를 밝히고자 하는 의도에서 〈불함문화론(不咸文化論)〉을 제기하면서 동방 문화의 근원지를 단군 신화의 무대인 백두산이라고 주장하였다.

이어 1926년 2월 11일자 사설에서 일본이 조선인 민족정신의 출발점이 되는 단군 국조를 의식적으로 말살하려 한다고 비판하고,[75] 3월 3일부터 7월 25일까지 75회에 걸쳐 〈단군론〉을 발표했다.[76] 이와 같이 계명구락부와 동아일보의 연계하에 추진된 단군 선양, 고문화 보급 등은 자치운동을 추진하는 부르주아 민족주의자들이 일제의 동화주의를 비판하고 '민족성'의 고양을 내세우는 중요한 테마로 기능하고 있었다.[77] 그 중심에는 동아일보와 송진우 사장이 자리하고 있었다.

---

75) 최남선, 〈檀君否認의 妄 '文敎의 朝鮮'의 狂論〉, 《동아일보》 1926년 2월 11-12일.
76) 최남선, 〈檀君論, 朝鮮을 中心으로 한 東方文化淵源硏究〉, 《동아일보》 1926년 3월 3일-7월 25일.
77) 이지원, 《한국근대문화사상사연구》(혜안, 2007), 249쪽.

동아일보의 이충무공유적보존운동

1930년 9월 20일 《동아일보》는 충남 아산군 음봉면 삼거리에 있는 이순신 장군 묘소 위토가 경매에 팔릴 위기에 처한 사실을 보도했다.[78] 그로부터 8개월이 지난 후인 1931년 5월 12일 고영환의 유적순례기가 실린 데 이어, 다음날인 13일에는 은행에서 경매를 최후 통지했다는 기사가 실렸다. 다시 14일에는 이 문제를 '민족적 수치'라고 간주한 사설이 실렸고, 15일에는 성금 모금을 제안한 정인보(1893-1950)의 기고문이 게재되자 이날부터 전국에서 성금이 답지하기 시작했다. 《동아일보》는 계속하여 위토와 현충사 문제와 관련한 내용의 사설·기사 등과 성금 현황의 광고성 기사도 실었다.

한편 5월 23일 조선교육협회를 운영하던 유진태(1872-1941)의 주도로 충무공유적보존회가 결성되었다. 위원장으로 윤치호(1865-1945)가 선임되었고, 위원은 송진우를 비롯한 14인이었다.[79] 이에 동아일보와 충무공유적보존회는 공동모금을 시행하면서, 성금의 관리는 동아일보, 집행은 충무공유적보존회가 담당했다. 이 모든 일을 실제로 주도한 사람이 동아일보 사장 송진우다. 그는 기사 작성의 가이드라인을 제시하였고, 편집국장 이광수(1892-1950)에게 현충사에서 고금도까지의 순례

---

78) 《동아일보》 1930년 9월 20일(2), 〈李忠武公廟閣이 頹落, 제로는 은행에 저당되고 春秋亨祀도 끄칠 地境〉.
79) 김주식, 〈1930년대 이충무공유적보존운동의 전개와 한계〉, 《이순신연구논총》 제37호(순천향대학교 이순신연구소, 2022년 12월), 16-18쪽.

기와 함께 장편소설 〈이순신〉을 연재할 것을 지시했다.[80] 이에 이광수는 장편소설 〈이순신〉을 연재하게 된 경위에 대해 송진우의 권유 때문이라고 밝히고 있다.

내 친구 고하(古下)는 과거 조선에 숭앙할 사람은 단군·세종대왕·이순신 3인이라고 합니다. 그리고 고하는 날더러 3부곡으로 〈단군〉〈세종대왕〉〈이순신〉을 쓰라고 권합니다. …내가 그리려는 이순신은 이 충의로운 인격입니다. 상상이 아닌 옛 기록에 나타난 그의 인격을 내 능력껏 구체화하라는 것이 이 소설의 목적입니다.[81]

이에 따라 《동아일보》는 현충사나 위토 문제가 아닌 이순신에 대한 여러 유형의 글을 게재했다. 1931년 6월 1일부터 14회에 걸쳐 이광수의 〈유적 순례〉가 게재된 데 이어, 6월 26일부터 이듬해 4월 3일까지 총 178회에 걸쳐 이광수의 장편소설 〈이순신〉이 연재되었다. 이밖에도 〈이순신 초상화〉(최우석 작), 《이충무공전서》 독후감, 충무공 유물 설명문 등을 게재하였다. 모든 것이 송진우의 계획대로 실행되었다.[82]

《동아일보》가 1931년과 1932년에 이렇게 이순신 관련 글을 집중적으

---

80) 김학준, 앞의 책, 132쪽; 이지원, 〈1930년대 민족주의 계열의 고적보존운동〉, 《동방학지》 77·78·79합집(연세대 국학연구원, 1993년 6월), 766쪽.
81) 《동아일보》 1931년 5월 23일(2), 〈李光洙 作 李象範 畵, 〈李舜臣〉(長篇小說) 六月 中旬부터 揭載〉.
82) 김주식, 앞의 글, 32쪽.

로 게재한 것은 성금 모집을 독려하기 위한 것이었다. 결과 1932년 5월 29일까지 해외 동포를 포함한 2만 1천여 명이 낸 성금은 16,021원 30전이었다. 송진우의 언론경영인으로서 기획력과 민족주의자로서의 의지가 어우러진 성과인데, 이를 두고 이런 촌평이 나올 정도였다.

또 요새 이충무공 성금 모집도 2만 원을 돌파했으니, 이 돈 없는 조선에서 그만한 돈을 모은다는 것은 신문의 위력이 아니고는 못할 일이 아닌가.[83]

이에 따라 1932년 6월 5일 아산에서 현충사 낙성식과 영정봉안식을 개최하였는데, 전국에서 약 3만 명이 참석하였다. 현충사 낙성식은 현충사 정문 앞 광장에서 위원장 윤치호의 식사와 송진우의 경과 보고, 백

〈표 2〉 동아일보에 게재된 이순신 관련 기사 현황 (1931-1935)

연 도	현충사·충무공유적보존회 기사	이순신 기사(연재소설)	계(연재소설)
1931	31	27(39)	58(39)
1932	9	20(139)	29(139)
1933	0	9	9
1934	1	4	5
1935	3	7	10
계	44	67(178)	111(178)

---

83) 〈조선신문계종횡담, 무명거사〉, 《동광》 제28호(1931년 12월 1일).

관수의 건축개요 보고, 유억겸의 결산 보고 등의 순으로 진행되었다. 보존회는 후속 사업으로 한산도의 제승당 중건을 위해 송진우와 유진태를 통영에 특파하여 충열사보존회와 협의하였다. 곧이어 동아일보 통영지국을 중심으로 모금한 결과, 1933년 5월 25일 제승당을 준공하고 6월 2일 영정봉안식과 준공낙성식을 가졌다.

이처럼 이충무공유적보존운동이 대중운동으로 성과를 낼 수 있었던 데는 1930년대 초반 민족주의 우파 계열이 새로운 민족운동 방향을 모색하던 시대적 상황과 맞물렸기 때문이라는 시각이 있다.[84] 그렇지만 이충무공유적보존회에 대표적인 민족주의자들이 위원으로 망라되었지만, 명의만 빌려 주고 보존 활동과 실무에는 거의 참여하지 않았다. 다른 신문들도 냉담한 반응이었다. 이에 편승한 사회주의자들의 비판 주장과 더불어 조선일보사의 냉랭한 태도와 동아일보사의 지나친 몰입을 지적하는 여론도 있었다.

이순신을 거하여 정신적으로 민족적 동원을 시험하여 성공한 동아일보의 태도 근래에 상영(爽英)하다. …그런데 조선은 싸움하기에, 동아는 죽은 이순신 찾기에 너무 취하여 예년의 하기봉사도 금년은 물로 씻은 듯이 (없어)졌다.[85]

---

84) 김도형, 〈1930년대 '이충무공유적보존운동'의 전개와 그 성격〉, 《이순신연구논총》 제15호(2011년 6월), 28~33쪽.
85) 〈회고·수기 신문 야화〉, 《삼천리》 제3권 9호(1931년 9월 1일).

그에 반해 송진우는 1917년 중앙학교장 시절 삼성사(三聖祠)건립기성회를 조직하여 단군·세종대왕·이순신의 사당을 남산에 건립하려고 시도하였다가 일제의 조선신궁 건립으로 실패한 적도 있었다. 이 때문에 1931년 5월 13일 《동아일보》에 이충무공의 묘소 위토 문제에 대한 첫 기사가 나간 후, 송진우는 정인보를 찾아가 "삼성사 계획이 실패한 뒤로 이런 일을 하나 하지 못해 늘 꺼림칙하더니 마침 잘 되었소. 그 산판을 후손들에게 도로 찾아 주고 거기다가 현충사를 짓는 것이 어떨까요" 하고 상의했다.[86] 이때부터 송진우는 이충무공유족보존운동을 진두지휘하였다. 얼마나 몰두했는지 이를 두고 《동아일보》가 소비한 지면이 너무 비경제적이라고 비판하는 지적까지 등장했다.[87]

그러나 결과적으로 이 운동은 원래의 목적을 달성했고, 가장 큰 성공을 거둔 것은 동아일보와 송진우 사장이다. 《동아일보》가 어린이부터 어른에 이르기까지 전국적으로 민족신문의 위상을 널리 알릴 수 있었기 때문이다.[88] 무엇보다도 이충무공유적보존운동을 계기로 잠재된 민족의식을 대중적 차원의 민족운동으로 승화시켰다는 점에서 '민족적 지정의 결정'이라고 표현할 정도로 역사적 의미가 크다.[89]

《동아일보》 사회부 기자로 1936년 8월 25일 발생한 일장기 말소사건

---

86) 앞의 《고하 송진우 선생전》, 65쪽.
87) 이돈화, 〈조선 신문의 특수성과 그 공과〉, 《개벽》 1935년 3월호, 30쪽.
88) 김주식, 앞의 글, 55쪽.
89) 김도형, 앞의 글, 11쪽; 《동아일보》 1932년 6월 3일(1), 〈民族的 至情의 結晶, 忠武公 遺蹟의 完保〉.

때 신문 제작에 참여한 혐의로 옥고를 치른 임병철(1906-1947)은, 이충무공유적보존운동을 비롯하여 조선민립대학설립운동·브나로드운동 등의 《동아일보》가 시행한 문화운동들이 모두 '열(熱)의 신문인'으로 불리던 송진우 사장이 민족주의의 본색을 발휘한 행동의 결과라고 평가하였다.[90]

---

90) 임병철, 〈인물 소추: 송진우〉, 《신천지》 1권 1호(1946년 2월), 28쪽.

3. 1924년 동아일보 개혁운동 전말

송진우의 25년에 걸친 동아일보와의 인연 중에 가장 드라마틱한 사건으로 아직도 그 실체가 밝혀지지 않은 '1924년 임시주총 사건'(동아일보 개혁운동)의 전말에 대해 살펴보고자 한다.

1) 숨겨진 동아일보의 역사

1921년 9월 주식회사로 재출범한 동아일보는 송진우 사장의 유능한 경영 능력이 나타나면서 내부가 안정되고 사세도 확장되었다. 그러던 것이 1924년 4월 들어 소위 '편집국 기자들의 개혁운동'으로 사장을 비롯한 경영진은 물론이고 편집국의 간부까지 일괄 퇴진하는 사건이 발생하였다. 이 사건은 그로부터 20일 후인 5월 14일 이승훈이 제4대 사장에 취임하면서 일단락되었다.

5월 14일 본사 임시주총에서 후임 취체역으로 이인환(승훈)·홍명희·허헌·윤홍열·양원모를 보선하였다. 같은 날 중역회의에서는 이승훈을 동아일보 제4대 사장으로 선출, 전무·상무도 겸하도록 하고, 이승훈이 창립한 정

주 오산(五山)학교의 교장직으로 있던 홍명희를 주필 겸 편집국장에 임명하였다.[91]

이 말은 이승훈에게 사장·전무·상무를 겸하는 경영권 일체를 맡기고, 그가 데려온 오산학교장 홍명희에게 편집권을 맡긴다는 것이다. 한마디로 이승훈에게 동아일보의 전권을 준 셈인데 이상한 점이 여럿 발견된다. 보부상으로 자수성가한 기업인 출신의 이승훈이 동아일보 사장으로 선임된 것도 이해하기가 어렵지만, 이때까지 홍명희는 오산학교와 아무런 인연도 없었기 때문이다.

그래서 《동아일보사사》에는 기록되지 않는 이면의 사연이 존재하지 않았을까 하는 의문을 가지고 관련자료를 찾던 중에 뜻밖의 사실을 발견하였다. 이승훈과 홍명희는 주주총회에서 사장 자리를 놓고 다투던 경쟁자였다.[92] 그렇지만 이들이 왜, 어떻게 출마했는지에 대해서는 알려진 것이 없다. 다만 '박춘금 협박사건'으로 위기에 봉착한 동아일보가 경영을 정상화하기 위하여 3·1운동의 지도자로서 명망이 높던 이승훈을 사장으로 추대했다는 것이 정설이었다.[93] 따라서 사건의 진상을 규명하기 위해서는 당시 상황을 재구성한 바탕 위에서 약간의 추리력을 동원하여 살펴볼 수밖에 없다.

---

91) 앞의 《東亞日報社史》 권1, 235쪽.
92) 《조선일보》, 1924년 5월 16일자.
93) 김형석, 〈남강 이승훈 연구—1920년대의 민족운동을 중심으로〉, 《사학연구》 38(한국사학회, 1984), 697–698쪽.

사건의 성격

원래 이 사건은 동아일보사에 불만을 가진 사회주의자들의 책동이 면서 이 기회에 편승한 소수의 소장기자들이 일으킨 내분으로 알려졌 다. 그러던 것이 1970년대 후반 언론민주화운동의 영향으로 인해 사건 의 성격이 동아일보 경영진이 보여준 독선과 비민주적 운영에 항거한 기자들의 언론개혁운동으로 바뀌었다. 1978년에 출간이 된 《일제하 민 족언론사론》에서는 이 사건을 1975년 동아일보에서 일어난 자유언론실 천선언의 집단해고사건과 동일한 성격의 사건으로 비교하고 있다.

(1924년 개혁운동은) 오늘날 자유언론실천을 요구한 130여 기자들을 무더 기로 무자비하게 쫓아낸 1975년 3월의 동아일보 사태를 생각할 때, 당시 동 아 기자들의 개혁운동의 전말을 추측할 수 있을 것이다. 두 사건의 공통점은 동아일보의 경영주는 기자를 동역자, 민중의 공기(公器)에 종사하는 사회적 공인(公人)으로 보지 않으며, 신문사를 민중의 것으로 보지 않으며, 개인의 사 유재산으로 보고 기자를 단순한 고용인으로 본다는 사실이다.[94]

그런데 이와는 달리 1922년 2월 '김윤식(1835-1922) 사회장 사건' 부 터 1924년 1월 이광수의 '민족적 경륜 필화사건'과 연이은 '박춘금 협 박사건'에 이르기까지 계속된 '동아일보 불매운동'을 주목하고, 그에 대

---

94) 최민지·김민주, 앞의 책, 140-41쪽.

한 반발로 나타난 기자들의 편집권 요구는 개혁운동으로 이해해야 한다는 주장도 제기되었다.[95] 그동안 이 사건에 대한 연구는 2006년 장신이 발표한 〈1924년 동아일보 개혁운동과 언론계의 재편〉[96]이 유일하다. 따라서 이 논문에 기초하여 당시 상황을 재조명해 본다.

사건의 발단

1924년의 시작과 동시에 1월 2일자부터 6일자까지 5회에 걸쳐 이광수의 〈민족적 경륜〉이라는 제목의 사설이 연재되자, 일부 사회주의 계열에서는 동아일보 주도층과 민족해방운동의 노선을 둘러싸고 투쟁을 벌이기 시작했다. 1월 10일 경남노농운동자간친회에서 동아일보를 민족운동에 해가 되는 '유산계급의 기관지'로 규정하고 박멸을 주장한 데이어, 3월 4일에는 전라노농연맹회에서 '동아일보 비매운동'을 결의하였다. 뒤이어 4월 18일 조선노동연맹회와 조선노농대회준비회가 연대한 전조선노농총동맹 결성식에서도 '동아일보 비매운동'을 선포했다.

이와 때를 같이하여 서울에 노동상애회가 조직된 것을 계기로 동아일보가 박춘금을 비롯한 친일 각파유지연맹, 폭력 조직 등을 비난한 기사를 보도하자 4월 2일 동아일보 사주 김성수와 사장 송진우를 식도원이라는 요정으로 불러 협박한 사건이 발생했다.

---

95) 채백, 앞의 책, 63-92쪽.
96) 장신, 〈1924년 동아일보 개혁운동과 언론계의 재편〉, 《역사비평》 통권 75호(2006년 여름).

이렇게 동아일보가 외부적으로 곤경에 처하자 내부에서도 신문사의 잘못된 행적으로 '(조선의 비행가) 안창남 기사' '김동성 세계기자연맹 부회장 당선 호외' '이광수의 〈민족적 경륜〉 사설' '각 단체에 자금을 불출한 일' 등을 거론하면서, 앞으로는 이런 행동에 나서지 않을 것을 민중에게 맹세하고 새로운 방향으로 나아갈 것을 요구했다.

이와 함께 소장파 기자들은 박춘금 협박사건에 대응하는 경영진의 입장을 비판하고 나섰다. 이들은 편집국장 이상협을 앞세워 진상 규명을 요구하며 사장과 간부 5명, 논설반 기자 1명에 대한 불신임을 결의했다. 사태가 이렇게까지 발전하자 4월 25일 재경 주주총회를 열고 사장 송진우, 전무 신구범, 상무 겸 편집국장 이상협, 취체역 김성수·장두현의 사표를 제출받아서 일괄 수리했다. 이어 5월 14일 경영진 선출을 위한 임시주총 때까지 감사역 허헌이 사내 직무를 대행하기로 의결했다.[97]

공산주의자들의 활동

막상 선거가 시작되자 동아일보를 장악하여 사회주의를 전파하는 도구로 삼으려는 공산주의자들과 경영권을 사수하려는 사주측의 대결이 벌어졌다. 국내에 공산주의가 수용되기 시작한 것은 1920년대 초기로서 수용 통로는 ①사회운동 조직 ②해외에서 반입되는 출판물 ③국내

---

97) 주식회사 동아일보사, 〈1924년 4월 25일, 임시중역회의록〉, 〈大正8年9月以降取締役會決議錄〉; 장신, 위의 논문, 253쪽에서 재인용.

공산주의 단체 ④신문과 잡지 등의 정기 간행물 등이었는데, 가장 중요한 구실을 한 것은 신문과 잡지를 통한 언론 활동이었다.[98]

《동아》와 《조선》의 경우 공산주의·사회주의와 관련된 논설은 아래 〈표 3〉과 같이 1923년부터 1927년에 이르는 5년 동안 가장 많이 나타났다. 공산주의자들이 언론을 이용하는 것이 전술적으로 대중에게 접근할 수 있는 가장 좋은 수단이었기 때문이다. 그러자 코민테른이 제6회 대회(1928년 12월 10일)를 마치고 보낸 '12월 테제'에 "당 문제의 토의와 당의 품위에 불신을 초래할지도 모를 논쟁에서 자유주의적인 부르주아 신문을 이용했다"고 비난하는 일이 발생했다.[99]

〈표 3〉 동아·조선일보의 연도별 공산주의 관련 기사 건수[100]

	1924년	1925년	1926년	1927년	1928년	1929년
동아일보	21	22	13	10	3	8
조선일보	25	57	39	44	18	12
계	46	79	52	54	21	20

---

98) 유재천, 〈일제하 한국 신문의 공산주의 수용에 관한 연구(3)〉, 《동아연구》 18(서강대 동아연구소, 1989년 6월), 182~83쪽.

99) 서대숙, 현대사연구회 역, 《한국공산주의운동사연구》(이론과실천, 1985), 110쪽; 유재천, 〈일제하 한국 신문의 공산주의 수용에 관한 연구(3)〉, 《동아연구》 7(서강대 동아연구소, 1986년 3월), 166쪽.

100) 유재천, 앞의 논문(1989), 204쪽.

101) 장신, 앞의 논문(2006), 255쪽.

102) 위의 논문, 260쪽.

1924년 동아일보를 둘러싼 공산주의자들의 입장은 '불매운동을 전개하여 영향력을 말살하려는 세력'과 '경영권을 빼앗아 공산주의 선전 도구로 삼으려는 세력'으로 구별된다. 전자는 김종범·서정희 등 북성회 계열이 주도한 남조선노농연맹회이고, 후자는 개혁을 부르짖으며 사장 경선에 나선 홍명희와 홍증식(1895-?)으로 화요회 소속이다. 이밖에 상하이파 공산주의자인 주종건(1895-?)·이봉수(1892-?) 등은 100주 이상을 가진 대주주만 취체역 선거에 출마할 수 있도록 규정한 〈정관〉의 개정을 주장하다가 실패하자, 주종건은 주식 100주를 매수한 후에 임시주총에 대비하고 있었다.[101]

2) 동아일보를 둘러싼 좌·우 대결

송진우가 사장에서 퇴진하자 사주 김성수는 미국에 유학중이던 장덕수에게 귀국을 권유했지만, 그의 고사로 뜻을 이루지 못했다.[102] 이에 보성전문 교장으로 감사역을 겸직하던 허헌(1885-1951)을 염두에 두고 임시주총 때까지 사장 직무대행을 맡겼다. 허헌은 함북 명천 출신으로 보성전문학교를 졸업하고 일본에 유학하여 메이지대학교 법과를 마친 후 고등문관시험 사법과에 합격하여 변호사가 되었다. 3·1운동의 공판에 민족대표 48인의 변론을 맡았으며, 노동자와 빈민을 돕는 사회운동가로도 알려졌다.

허헌과 함께 윤홍렬(1893-1947)이 경선에 나섰다. 대구 출신으로 일본에 유학하여 메이지대학 법과를 졸업하고, 1920년에 도쿄에서 조선민우사를 발기하여 언론 활동을 시작했다. 1921년에 귀국한 후에는 대구청년회에서 주로 활동하였는데, 1923년 7월 1일부터 동아일보 대구지국장 서상일(1886-1962)에 의해 '재경 특파원'으로 발령을 받고 서울에서 근무하던 기자였다.[103]

당시 〈정관〉에 따른 사장 선출 방식은 1차로 주주총회에서 취체역을 선출한 후에, 2차로 취체역 회의에서 사장을 선임하는 간선제 방식이었다. 이 때문에 사주 입장은 1차 주총에서 허헌과 윤홍렬을 취체역으로 선출한 후에, 2차 취체역 회의에서 허헌을 사장으로 선출하는 구도를 염두에 두고 임시주총에 대비하였다.

벽초 홍명희의 출마

이때 전혀 예상치 않았던 홍명희(1888-1968)가 나타났다. 충청북도 괴산 출신으로 일본 유학 당시 육당 최남선, 춘원 이광수와 더불어 조선의 '3대 문호'로 불리던 벽초 홍명희다. 그는 유학 생활중에 사상적인 번민에 빠져서 학업을 중단하고 1910년 봄에 중도 귀국했다가, 다시 출국하여 중국과 싱가포르 등지에서 방랑 생활을 이어갔다. 1918년 귀국한 후에는 괴산에서 은둔하던 중에 3·1운동이 일어나자, 3월 19일 괴산

---

103) 김일수, 〈한말·일제강점기 윤필오·윤홍열·윤우열 삼부자의 사회 활동과 그 의미〉, 《한국학논집》 71집(계명대학교 한국학연구원, 2018년 6월), 301-312쪽 참조.

만세시위를 주도하여 징역 18개월을 선고받고 옥고를 치렀다. 1920년 4월 출옥하자 상경하여 휘문고보와 경신고보에서 교사로 학생을 가르치다가, 1923년부터 조선도서주식회사 전무로 일하던 중에 동아일보 사장 경선에 출마한 것이다.[104]

당시 홍명희의 행적을 보면, 매우 가난했던 그가 어떻게 100주 이상을 가진 주주만 자격이 주어지는 사장 선거에 출마할 수 있었을까 하는 의문이 제기된다. 이에 대해 "홍명희가 동아일보 창업 주주로 200주를 청약한 후에 1차로 350원을 불입했다"[105]고 한다. 그러나 그것은 틀린 말이고 홍명희는 누군가로부터 주식을 양도받는데,[106] 필자는 신사상연구회에서 함께 활동하던 홍증식이 배후에 자리한 것으로 추측한다. 홍증식은 동아일보와 창간 초기부터 인연을 맺고 있었다.

1920년 9월 25일자로 정간 처분을 받은 동아일보는 1921년 1월 10일 정간이 해제되었고, 속간이 되기까지 다시 1개월 이상 지연이 되어 속간호를 낸 것은 2월 21일자이다. 속간이 이렇게 늦어진 이유는 자금난 때문이었다. 이

---

104) 강영주, 〈벽초 홍명희-3·1운동에서 신간회운동까지〉,《역사비평》26호(1994 봄), 145쪽에는 이때 동아일보가 위기 극복을 위해 이승훈을 사장으로 영입하면서 동시에 홍명희를 주필 겸 편집국장으로 초빙한 것으로 설명한다. 이것이 지금까지 홍명희에 대한 연구 결과로 역사적 사실에 대한 오류이다.

105) 위와 같음; 강영주의 주장은 동아일보 1주당 청약가액이 50원이었다는 점에서나 창립 주주명부에 홍명희의 이름이 없다는 점에서 틀린 주장이다.(앞의《東亞日報社史》권 1, 90쪽)

106) 장신, 앞의 논문(2006), 263쪽.

때 구황실의 척족이던 민영달(1859-1924)이 그의 친지인 홍증식의 주선으로 일금 5천 원을 출자해 급한 속간 자금을 충당했다.[107]

민영달의 출자금은 그해 9월 동아일보가 주식회사로 전환되면서, 사위인 홍증식의 출자분으로 정리되었다.[108] 이때 410주를 취득하고 영업국장을 겸하게 된 홍증식은 김성수(937주)·신용식(900주)에 이은 3대 주주로서 행세하게 되었다.[109] 그러던 중 이번 임시주총이 동아일보를 장악할 절호의 기회로 여기고, 신사상연구회에서 핵심 멤버로 활동하던 홍명희와 사장 출마를 모의한 것이다.[110] 출마에 필요한 주식 또한 홍증식이 제공했을 것은 자명한 일이다.[111] 당시 홍증식은 코민테른 극동총국 민족부 산하의 꼬르뷰로(高麗局) 국내부 소속이었다.[112]

홍명희가 출마하자 사장 경선 판도는 급변했다. 주주들로서는 이광

---

107) 앞의 《東亞日報社史》, 161쪽.
108) 앞의 《독립을 향한 집념》, 302쪽.
109) 《조선은행회사요록》(1923년), 김경택, 앞의 논문, 69쪽에서 재인용.
110) 《동아일보》 1923년 7월 11일자 '신사상연구회 발기 모임' 기사에는 발기인으로 첫머리에 홍증식과 홍명희가 나란히 실려 있다. 신사상연구회는 1924년 11월 19일 '화요회'로 개칭했는데, '화요회'라는 명칭은 칼 마르크스의 생일이 화요일인 데서 유래되었다. 화요회는 1925년 4월 17일 1차 조선공산당 창건에 주도적 역할을 담당했으며, 홍명희는 이때도 창립 회원이자 간부로 활동했다.
111) 백운거사, 〈행방 탐색─홍증식〉, 《삼천리》 제4권 제8호(1932년 7월), 15쪽에 "홍증식은 계략이 많고 이지적이면서 타산적인 인물이다"고 소개되었다.
112) 《동아일보》 1925년 12월 13일(2), 〈신의주 공산당사건 홍증식 씨도 압송〉; 〈출두거두의 기후(其後), 제1·2차 공산당사건의 수뇌자, 민중운동자대회사건의 수뇌자〉, 《삼천리》 제6-5호(1934년 5월), 112-114쪽.

수의 필화사건과 박춘금 협박사건으로 인해, 동아일보의 민족언론으로서의 이미지가 실추된 상황에서 독립운동 경력이 전혀 없는 일본 유학생 출신의 허헌이나 윤홍렬보다는 3·1운동으로 옥고를 치른데다 경향 각지에서 문장으로 명망이 높았던 홍명희를 당연히 주목했을 것이기 때문이다.

남강 이승훈의 출마

홍명희가 사장 경선에 출마하면서 내부 인사인 허헌·윤홍렬을 압도하자 김성수와 송진우는 대응책을 놓고 고심을 거듭했다. 그때 송진우가 떠올린 사람이 이승훈이다. 이승훈은 3·1운동 때 송진우와 손잡고 전국적인 독립만세운동을 성사시킨 동지였다. 송진우의 부탁을 받은 이승훈은 20일도 채 남지 않은 시점에서 평양을 중심으로 한 기독교 세력을 규합하고, 천도교·불교측과 접촉하여 3대 종교를 단일화시킴으로써 독립만세시위를 전국으로 확산하는 데 크게 기여했다.[113]

이로 인해 이승훈은 민족대표 33인 가운데 최고형인 3년형을 선고받고 복역하던 중에 1922년 7월 22일 '최후의 1인'으로 가출옥한 3·1운동의 영웅이자 민족지도자로 추앙받던 인물이다. 당시 《동아일보》는 이승훈이 출옥하는 장면을 자세히 소개하고,[114] 다음날부터 곧바로 감옥

---

113) 김형석, 앞의 논문(1985), 641-654쪽.
114) 《동아일보》 1922년 7월 22일(3), 〈獨立宣言事件의 一人, 最終으로 李寅煥(昇薰) 氏 假出獄〉.

생활에 대한 소회를 담은 기사를 5회에 걸쳐 보도했다.[115] 그는 출옥 후에는 평북 정주에 머물면서 오산학교 경영에 골몰하면서도 민립대학설립운동과 연정회 등의 민족주의운동에도 간여하고 있었다.

이런 이승훈을 대하는 송진우의 태도는 깍듯했다. 1924년 2월 18일 회갑을 맞은 이승훈을 축하하기 위해서 서화첩을 만들어 보냈는데, 위창 오세창·청전 이상범 등 당대 명가의 서화로 꾸민 서화첩의 화두에 송진우가 한글 친필로 기념사를 썼다.[116] 이런 상호 신뢰가 있던 터라 송진우의 부탁을 받은 이승훈은 즉시 출사표를 던졌다. 출마에 필요한 주식은 당연히 김성수가 양도했다. 이번에도 3·1운동 때처럼 송진우가 총연출을 맡고, 이승훈이 주연 배우를 맡고, 김성수가 제작자였다. 홍명희를 내세운 홍증식과 이승훈을 앞세운 송진우 간의 지략 대결이 펼쳐진 것이다.

이승훈과 홍명희의 역할 분담

이승훈은 주총을 불과 며칠 앞두고 뒤늦게 출마를 선언했지만 사회적인 명성이나 경력면에서 다른 후보들을 압도했다. 주총에서 2만 4천여 표 중에서 1위에 겨우 18표 뒤진 6,235표를 얻었다.[117] 사실상 1위와

---

115) 《동아일보》 1922년 7월 23일(1), 〈獨司에게 바라노라, 李寅煥의 言을 聞하고〉 ; 1922년 7월 25-29일, 〈監獄에 對한 子의 注文(1)-(4)〉.
116) 앞의 《거인의 숨결》, 51쪽 및 앞의 《독립을 향한 집념》, 358-360쪽.
117) 경성지검 비밀문건 제566호 〈동아일보사 주주총회 중역 선임에 관한 건〉(1924년

다름없었다.

　주총에서 투표 결과가 나오자 취체역 회의에서는 상위 득표자 2인을 놓고 선임에 나섰다. 두 사람의 경력은 대조적이었다. 홍명희는 경제 활동이라곤 해본 적인 없는 30대 문필가로서 신문사 경영을 맡기에는 부적합한 인물이다. 이에 비해 어려서부터 보부상으로 자수성가하여 전국적인 거상으로 활약했던 이승훈은 유능한 기업인이다. 따라서 이승훈은 사장·전무·상무를 겸하여 경영권 일체를 맡고, 홍명희는 편집국장 겸 주필로 편집권을 갖도록 조정되었다. 두 사람이 대등한 득표를 한데다, 지명도나 경력면에서도 다르기 때문에 중역회의 결정에 누구도 이의를 제기할 수가 없었다.

　결과론이지만 3·1운동 때 민족대표 33인의 한 사람인 이승훈이 사장으로, 청년들과 민족·사회 양 진영에 인망이 컸던 홍명희를 주필 겸 편집국장으로 앉혀 놓고 이들의 명망으로 여론을 선도하며 《동아일보》의 이미지를 개선하는 성과를 거둔 것이다.[118] 허헌과 윤홍렬은 취체역으로 선임되고, 영업국장 홍증식도 양원모로 교체되었다.[119]

　편집국장 겸 주필이 된 홍명희는 신사상연구회에서 구연흠·조동호·

5월 16일)에 의하면, 투표 결과 "홍명희 6,253표, 이승훈 6,235표, 허헌 6,098표, 윤홍렬 6,006표"라고 기록되었다. 이 표수를 합치면 24,592표가 된다. 그런데 1921년 주식회사로 전환할 때, 자본금 70만 원 중에서 1차 불입금 17만 5천 원에 대해 1만 4천 주를 발행한 것을 감안하면, 나머지는 홍증식 등이 창사 당시의 출자금에 대한 지분으로 받았을 가능성이 높다.

118) 최민지·김민주, 앞의 책, 138쪽.
119) 《동아일보》 1924년 5월 16일(1), 〈本社 臨時株主總會〉.

박헌영·임원근·허정숙 등을 입사시키고, 이봉수와 조동호를 논설반에 배치했다. 이렇게 사내 개혁을 부르짖던 주체는 대부분이 외부에서 영입된 공산주의자들이었다.[120]

3) 송진우의 언론 활동과 반공주의

동아일보의 경영권 안정

김성수는 송진우의 활약으로 경영권은 어렵게 지켰지만, 이 사건으로 얻은 교훈도 많았다. 동아일보를 장악하려는 공산주의자들의 공격은 집요한 데 비해, 1대 주주인 김성수의 지분은 6.7%에 불과했다.[121] 취체역 선거 결과도 그의 뜻과 달리 홍명희가 최고 득표자였다. 이 사건을 겪은 김성수 형제는 7월 22일 950주를 대량 매수했다.

경영권이 안정되자 10월 주총에서는 김성수를 사장에 선출하고, 이승훈·송진우를 고문으로 추대했다. 이때 취체역으로 주필과 편집국장을 겸하던 홍명희는 송진우의 복귀를 끝까지 반대했다.[122] 이 사건이 발생하기 이전까지 홍명희와 송진우·김성수·이승훈 네 사람은 특별한 인연을 가진 사이였다.[123] 막역했던 이들의 관계가 악화된 것은 두말할 나

---

120) 장신, 앞의 논문(2006), 270쪽.
121) 위의 논문, 260-261쪽.
122) 앞의 《東亞日報社史》, 244-246쪽.

위 없이 공산주의에 대한 상반된 인식 때문이었다.

한편 소장기자들의 사내 개혁운동에 동조하며 송진우의 퇴진을 강력하게 요구하던 이상협은 신석우(1894-1953)와 제휴하여 동아일보 발

〈표 4〉 1924년 동아일보 경영권 투쟁에 나선 공산주의자들

성명	연령	동아일보 직책	공산주의 계열	일제강점기 주요 경력	조선인민민주주의공화국 주요 경력
허 헌	39	감사역 사장 대행	–	신간회 중앙집행위원장 남로당 초대 위원장	최고인민회의 의장 김일성대학교 교장
홍명희	36	주필 편집국장	화요회	시대일보 사장 조선문학가동맹 집행위원장	내각 부수상 최고인민회의 상임부위원장
홍증식	29	영업국장 대주주	화요회	고려공산청년연합회 중앙집행위원	조국통일민주주의전선 서기국 국장, 선전부장
주종건	29	대주주	상하이파	고려공산당 간부 조선공산당 중앙집행위원	사망(1935)

---

123) 1924년 동아일보 사장 선거의 핵심인 김성수·송진우·이승훈·홍명희 4인은 특별한 인연이었다. 김성수가 홍명희를 처음 만난 것은 1908년 군산 금호학교 시절로 일본 유학을 결심한 계기가 된다. 이러한 연유로 이듬해 김성수와 송진우가 홍명희의 소개로 킨죠우중학교(錦城中學校)에 편입하였다.(《독립을 향한 집념》, 88, 94쪽) 1924년 2월 18일 이승훈이 회갑을 맞자, 송진우는 〈축하 서화첩〉을 만들어 보냈는데, 이때 서화첩을 전달한 이가 홍명희다.(위의 책, 358쪽) 그로부터 3개월 후 동아일보 사장 선거에서 네 사람은 치열한 대결을 벌였다. 1926년 10월 언론계를 떠난 홍명희는 평북 정주로 이승훈을 찾아가서 오산학교 교장으로 부임한다.

행권을 인수하려다가 실패했다. 이에 신석우가 입장을 변경하여 조선일보의 판권을 매수하자, 개혁파 기자들도 대거 조선일보로 이동했는데 거의 공산주의자였다. 송진우는 이 기회를 이용하여 홍명희를 고립시켰다.[124] 그러자 홍명희는 1925년 4월 시대일보 사장으로 자리를 옮겼다.

송진우가 홍명희의 후임으로 복귀하였고, 김성수 일가는 계속 주식을 매집하여 1927년에는 3형제의 지분이 30.9%로 증가했다.[125] 이로써 임정엽 등의 우호지분을 합하면 경영권을 확실하게 확보한 것이다.

이와 때를 같이하여 다시 사장에 취임하게 된 송진우는 1936년 11월 일장기 말소사건으로 퇴진하기까지 10년 동안 동아일보를 이끌면서 문맹퇴치운동·이충무공유적보존운동·브나로드운동·단군릉수축기금 모금 등을 펼치며 중흥기를 맞이하였다.

공산주의 계열의 불매운동

3·1운동 이후 일본 유학생들을 통해 사회주의 사상이 유입되는 가운데 1922년 1월 코민테른의 극동인민대표대회 개최를 계기로 서울청년회·북풍회·신사상연구회 등의 사회주의 단체가 우후죽순처럼 생겼다. 이로 인해 사회주의운동이 전체 대중운동을 장악하였으며, 청년들

---

124) 地檢秘 제848호, 〈東亞日報ノ內訌ニ關スル件〉; 장신, 앞의 논문(2006), 271쪽에서 재인용.
125) 《조선은행회사요록》(1923, 1927, 1929, 1931, 1939); 김경택, 앞의 글, 69쪽에서 재인용.

사이에는 사회주의를 말하지 않으면 시대에 뒤처진 청년으로 생각할 정도였다. 이에 대응하여 민족주의 진영에서는 조선의 민족운동이 나아가야 할 방향으로 실력양성론과 신문화운동을 주창했는데, 그 중심에 동아일보가 자리했다.[126]

1922년 1월 21일, '조선 유림의 영수'라는 평을 듣던 김윤식(1835-1922)이 88세를 일기로 죽자 《동아일보》는 일련의 사설을 통해서 그의 죽음에 '애도의 염'을 표하자고 주장하면서 사회장을 제안했다.[127] 이때 김윤식사회장을 추진하던 동아일보 중심의 민족 진영에 맞서 김윤식사회장반대회를 주도한 것은 사회혁명당(서울파)·조선공산당·이르쿠츠크파 서울뷰로 및 '재일본 공산주의 그룹' 등의 공산주의 그룹이었다.

이 과정에서 동아일보비매동맹회가 결성되어 불매운동이 전개될 조짐을 보이는 등 사회적인 물의가 빚어지자 유족의 요청에 따라 김윤식사회장은 중지되었고, 2월 4일 가족장으로 치러졌다.[128] 그러나 2월 10일 새벽 경성 곳곳에 '악덕 신문을 매장하라'는 삐라가 살포되었다. 이것이 첫번째 동아일보 불매운동의 진상이다.

---

126) 이지원, 앞의 논문(2004), 155-157쪽.

127) 《동아일보》 1922년 1월 23일(1), 〈雲養先生의 長逝를 悼하노라, 朝鮮의 文章 社會의 元老〉; 《동아일보》 1922년 1월 26일(1), 〈雲養先生 葬送에 對하야 感激하는 社會가 必要〉; 《동아일보》 1922년 1월 27일(1), 〈實地에 就하라 徹底하라, 朝鮮人의 결점을 論함〉; 《동아일보》 1922년 1월 30일(1), 〈朝鮮政治家의 缺乏, 實地的 聰明이 必要〉; 《동아일보》 1922년 1월 31일(1), 〈人物批判의 標準〉.

128) 박종린, 〈'김윤식사회장' 찬반 논의와 사회주의 세력의 재편〉, 《역사와 현실》 38호 (2000), 257-262쪽.

1923년 1월부터 동아일보는 1920년 7월 조만식·김동원 등이 평양에서 시작했다가 일제 당국의 견제로 중단된 조선물산장려운동을 서울에서 재개했으며, 3월에는 민립대학설립운동을 추진했다. 그리고 12월에는 김성수·송진우·이승훈·최린 등이 모여 조선인의 정치 활동 가능성을 모색하고자 '연정회' 결성을 시도하였다. 이같은 일련의 흐름 속에 1924년 1월 이광수의 〈민족적 경륜〉이 《동아일보》에 발표되었다.

1924년 4월 20일 조선노농총동맹회의에서 김종범은 "송진우가 1923년 12월 24일 연정회 조직을 계획하고, 총독부 경무국장 마루야마(丸山鶴吉)의 양해하에 〈민족적 경륜〉을 게재했다고 강조하고 '동아일보비매동맹'을 결성할 것"을 주장했다. 이것이 두번째 불매운동의 진상이다.[129]

이 때문에 민족주의 우파 지도자들 가운데는 송진우가 유독 공산주의에 대해 강한 거부감을 갖고 있었다. 소위 '1924년 동아일보 개혁운동' 당시 친일 세력과 공산주의 세력으로부터 좌·우에서 공격을 당한데다가, 동아일보 경영권을 둘러싼 사장 선거를 치르는 과정에서 사내 공산주의자들의 전략전술과 그들의 행동을 보고 느낀 것들로 인해, 이후부터 공산주의에 대해 깊이 고찰하였기 때문일 것이다.

일제강점기 송진우의 민족운동

---

129) 김종범의 주장은 사실이 아니다.(윤덕영, 앞의 논문 2010d, 33~34, 37쪽) 1920년대 전반 동아일보 계열의 문화주의에 내포된 사회사상도 장덕수-송진우를 중심으로 하는 입장과 이광수의 〈민족개조론〉 사이에는 분명한 입장의 차이가 있었다.(김명구, 앞의 논문, 183~84쪽)

일제강점기 독립운동가 송진우의 행적은 네 차례에 걸쳐서 경찰에 체포되어 조사를 받고, 세 차례 구속되어 모진 고문을 당했으며, 도합 27개월의 옥고를 치른 것으로도 능히 짐작할 수 있다. 일제강점기 36년 동안에 국내에서 활동하던 민족지도자로서 그만큼 법적 제재를 자주 받은 경우도 찾기가 어렵다.

〈표 5〉 송진우의 항일운동과 법적 제재

일 시	내 용	결 과
1919년 3월	3·1운동을 주도한 혐의로 체포 후 고문, 재판(미결감)	20개월 투옥
1926년 3월 7일	3·1절 7주년 축사 게재 혐의로 인한 필화사건, 무기정간 조치	징역 6개월
1936년 8월 29일	손기정 선수 일장기 말소사건으로 무기정간, 소환 조사	사장 사임
1940년 7월	일본에서 귀국길에 부산에서 피검, 종로경찰서에 1개월 구금	강제 폐간

그뿐 아니라 독립군에 자금을 보내고 독립운동가의 가족을 지원하는 등의 방법으로 독립운동을 펼쳤다. 구체적인 사례로 청산리전투의 영웅 김좌진(1889-1930) 휘하에서 독립운동에 참가한 이강훈(1903-2003) 전 광복회장은 김좌진이 송진우로부터 거액의 자금을 네 차례나 받았다고 증언하였다.

동아일보를 세운 인촌 김성수는 송진우 동아일보 사장을 통해 김좌진 장군에게 1만 원가량 모두 네 차례 군자금을 보내왔다. ▲1926년 5월 모란역에서 6천 원 ▲1928년 9월 돈화현 '얼토량쯔'에서 상당 액수 ▲1929년 2월 만주의 산시(山市)에서 소만(蘇滿) 국경으로 본부를 이동하려 할 때 1만 원 ▲1930년 1월 27일 김좌진 장군이 돌아가자 만장과 함께 일화(日貨) 10원짜리로 1만 원 등 확실히 기억하는 것만도 네 차례다. 이밖에도 고하가 다른 독립운동 단체에도 비밀리에 자금을 송금했을 가능성이 짙다.[130]

1940년 8월 10일 조선총독부가 《동아일보》를 강제 폐간시키자, 동아일보는 송진우를 대표 청산위원에 선임하여 대응하였다. 이어 1943년 1월에 주식회사 동아일보사 청산위원회를 해체하고, 주식회사 동본사(東本社)를 설립하자 다시 사장에 선출되었다.

한편 1940년 조선총독부가 창씨개명을 강요하자 송진우는 이를 한사코 거절하였다. 그해 10월 일제가 국민총력연맹을 발족시킨 뒤에는 병으로 전신을 움직일 수 없다는 이유로 협력을 회피하였고, 1941년 12월 8일 태평양전쟁이 일어나서 총독부로부터 학도병 권유 유세 등을 강요받았을 때에도 병을 핑계로 불응하였다. 이렇게 송진우는 《동아일보》가 폐간된 후부터 해방이 될 때까지 사실상 모든 정치·사회 활동을 중단했다.

---

130) 《동아일보》 1990년 4월 1일; "광복회 회장 이강훈 옹 동아 인연 70년, 송진우 사장이 거액의 군자금을 김좌진 장군에게 주었다."; 이강훈, 《이강훈 역사증언록》(인물연구소, 1994), 262쪽.

1941년 태평양전쟁을 일으킨 일제의 황국신민화 정책으로 대다수 지도층 인사들이 친일반민족행위자로 전락했지만, 누구보다 자기 관리가 철저했던 송진우는 총독부의 강압과 회유에도 불구하고 친일단체 가입은 물론 많은 사람이 참여한 친일 논설이나 강연·인터뷰조차 지금까지 알려진 바가 없다. 이처럼 송진우는 자기 주관과 소신이 확고한 태도를 보여주었기에 해방이 되자 민족지도자로 부각될 수 있었다.[131]

이렇게 송진우가 총독부의 친일 행위 강요에 분명히 맞설 수 있었던 이면에는, 그가 국제문제에 해박한 전문기자로 경성방송국 편성과에 근무중이던 양제현(楊濟賢)이 '미국의 소리(V.O.A)'와 중경 임시정부가 송출하는 단파방송에서 청취한 전황을 홍익범(1897-1944)을 통해 듣고 국제정세를 정확하게 판단하고 있었기 때문이다.[132]

131) 윤덕영, 앞의 논문(2012), 253-254쪽.
132) 홍익범, 〈독립유공자 조서〉, 공훈전자사료관, No.1547; 정진석, 〈일제말 단파방송 수신사건으로 이승만·김구의 방송 내용을 송진우 등에게 전파〉, 《월간조선》(2007년 4월), 383쪽.

4. 송진우와 해방 직후의 건국운동

송진우가 해방 공간에서 특히 주목받는 것은 총독부가 1945년 8월 15일 여운형을 만나 조선반도의 치안을 맡아 줄 것을 부탁하기 전에, 먼저 송진우에게 요청했다가 거절당했다는 주장 때문이다. 그동안 언론과 학계에서 이 주장의 진위 여부를 두고 논쟁을 벌여 왔다. 송진우와 동시대에 활동하였던 김준연·강영수 등의 동아일보 관계자들이 총독부의 접촉설을 증언한 반면, 진덕규와 윤덕영은 엔도 정무총감의 《국제타임스》 회견 내용을 들어 이를 부인하였다.[133] 그렇지만 엔도의 회견 전문을 살펴보면 뉘앙스가 다른 것을 발견할 수 있다.

우리는 무정부 상태를 우려하여 여씨에게 치안대책을 위촉하였을 뿐, 정권 이양 교섭은 하지 않았다. 송씨에게는 전쟁이 끝나기 전 여러 번 협력을 요청하였으나, 거부당하였기 때문에 그와는 다시 교섭하지 않았다. (《국제타

---

133) 총독부 관계자의 고하 접촉설은 1959년 김준연의 《독립노선》(시사시보사출판국, 1959, 4쪽)에 처음 소개되었고, 1965년에 간행된 《고하 송진우 선생전》에도 소개되었다. 그러던 것을 1986년 진덕규가 《대학신문》에 기고한 〈좌·우익 대결과 민족운동의 의미〉에서 "김준연이 지어낸 말"이라고 주장했다. 이후 1990년 김학준이 《독립을 향한 집념》에서 총독부의 고하 접촉설을 다시 서술하였는데, 1999년 윤덕영이 또다시 반론을 제기하였다. (《고하 송진우의 생애와 활동》, 139~140쪽)

임스〉, 1957년 8월 13일)[134]

이 회견문의 내용은 송씨에게는 8월 15일 이전에 여러 번 협력을 요청하였으나 거부당하였기 때문에, 해방이 되던 날 여운형에게 치안대책을 위촉하였다는 말이지 송진우에게 요청한 적이 없다는 말은 아니다. 그런데 《해방 전후사의 인식》에는 이 인용문을 소개하는 본문에서 "실제로 정무총감 엔도는 총독부가 치안 담당을 위촉하기 위해 송진우와 교섭했다는 설을 완전히 부인하고 있다"고 주장한다.[135]

그런데 최근 총독부가 해방 직전에 송진우를 여러 차례 찾아온 사실을 뒷받침할 의미 있는 증언이 발굴되었다. 고하의 손자인 송상현(83세)은 필자와의 대담에서 당시 상황을 매우 구체적으로 진술하였고, 그 증언 내용이 《월간조선》 2023년 12월호에 수록되었다.[136] 이에 더해 총독부가 여운형에게 행정권 이양을 요청하기 전, 먼저 송진우를 찾아 부탁했다는 주장은 1945년 9월 25일 주한 정치고문 베닝호프가 주일 정치고문 애치슨에게 보낸 보고서에 구체적인 사실관계가 적혀 있다.[137]

---

134) 이동화, 〈8 · 15를 전후한 여운형의 정치 활동〉, 송건호, 《해방 전후사의 인식》 1(한길사, 1979), 414-415쪽에서 재인용.

135) 위의 글, 414쪽.

136) 송상현, 앞의 증언, 419-421쪽; 송상현에 의하면, "1945년 8월 11일 경기도지사 이쿠다(生田)가 송진우의 집을 찾아와 치안 협조를 부탁했다가 거절당하자, 그를 수행한 경찰부 수송보안과장 전봉덕(1910-1998)이 홧김에 송상현을 걷어차는 바람에 폭행을 당했다"는 아주 구체적인 증언이다.

137) FRUS 1945. The British Commonwealth, the Far East Volume VI, No, 895.00/9-2945.

이런 점에 비춰 볼 때, 총독부의 송진우 사전 접촉설은 사실로 판명된다.

1) 국민대회준비회의 결성

8월 15일 해방과 동시에 여운형·박헌영·안재홍 등이 건국준비위원회(이하 '건준')를 선포하자 송진우는 '건준'에의 참여를 거부하였다. 주위의 정당 참여 권유에 대해서도 정세를 신중하게 관망하던 송진우는 연합군의 상륙 소식이 알려진 8월 말에야 비로소 활동을 개시하였다. 그가 이런 태도를 취한 것은 상황이 불투명하고 연합군의 한반도 처리 지침과 독립국가 건설의 전망을 알 수 없었기 때문이다.

따라서 9월 4일 '임시정부 및 연합군 환영 준비회'가 열릴 때까지도 정치 전면에 나서지 않던 그는 7일 국민대회준비회(이하 '국준')를 발족하여 민중의 총의를 확인할 예정이었다. 그런데 그 전날인 6일 밤 '건준'에서 전국인민대표대회를 소집하여 조선인민공화국(이하 '인공') 수립을 선언하자,[138] 송진우는 '인공'을 정부를 참칭한 반역집단으로 지적하고 이를 주도한 박헌영과 여운형을 강력하게 비난했다. 이어서 7일 결성된 국민대회준비회의 위원장을 맡게 된 그는 중경 임시정부 절대지지, 민족역량 총집결을 위한 국민대회 개최를 주장하며 우파 통합에 적극적

---

138) 여운형, 〈조선인민공화국의 발족〉, 《白民》 창간호(1945년 12월), 18쪽; 이때 '인공'
이 내세운 이유는 "연합군과 절충할 인민 총의의 결집체가 있지 않으면 안 될 것이라는
판단이었다"고 한다.

으로 나섰다.

이때부터 '국준'은 '인공'과 정국의 주도권을 놓고 예리하게 대립하였다. 송진우는 서울에 진주한 후 일본군의 항복을 접수한 하지(John Reed Hodge, 1893–1963) 사령관과 만나 자신의 포부와 의견을 제시하고 '인공'에 대한 견제에 나섰다. 그러나 '국준'은 정당이 아니었기에 새롭게 창당하는 한국민주당(이하 '한민당')에 합류했다. 보다 본격적인 정치 활동을 위해 그동안 관망하던 태세를 떨쳐 버린 것이다.[139]

'한민당'에서도 대표자(수석총무)가 된 송진우는 '국준'을 그대로 존속시켰는데, 해외 망명 동지들이 환국한 다음에 완전히 독립된 협의체로 재편성하여 활용할 심산이었기 때문이다. '국준'은 10월 20일 중앙청 광장에서 연합군 환영대회를 개최했으며,[140] 12월 19일 서울운동장에서 임시정부 개선대회를 개최했다.[141] 이때 송진우가 임정을 절대지지한 것은 임시정부가 중심이 되어 한민족의 자주독립 역량을 국외에 선양하여 조속히 연합국의 승인을 얻어야 한다는 생각에서였다.

2) 한국민주당의 창당

송진우가 '국준'을 결성한 다음날인 9월 8일 고려민주당·조선민족

---

139) 심지연, 《해방 정국의 정치이념과 노선》(백산서당, 2013), 26–27쪽.
140) 《매일신보》 1945년 10월 20일자.
141) 《동아일보》 1945년 12월 20일(1), 〈臨時政府 歡迎辭(宋鎮禹)〉.

당·한국국민당의 인사들은 해방 직후부터 '날뛰는 적색분자'들을 분쇄하기 위해서 우익 진영의 단결이 필요하다는 데 뜻을 모으고 합당 준비에 나섰다.[142] 이어서 16일에는 '인공'에 대항할 정치 세력으로 임정의 정통성을 토대로 한 650명이 발기하여 '한민당'을 창당했다.[143]

당의 영수로는 이승만·김구·이시영·문창범·서재필·권동진·오세창 등 7인을 추대하고, 당무를 맡아 볼 총무로 송진우(전남)·백관수(전북)·허정(경남)·서상일(경북)·조병옥(충청)·김도연(경기)·김동원(평안도)·원세훈(함경도)·백남훈(황해도) 등 9인을 선출했다. 송진우는 처음에 국민대회의 필요성을 내세우며 참석을 고사하였지만, 이미 '인공'이 내각 구성을 마치고 본격 활동에 나서자, 수석총무를 맡아 사실상 한민당을 이끌었다.

한민당은 5대 강령을 실천 목표로 내세웠는데, ①조선민족의 자주독립국가 완성을 기함 ②민주주의의 정체 수립을 기함 ③근로 대중의 복지 증진을 기함 ④민족 문화를 앙양하여 세계 문화에 공헌함 ⑤국제헌장을 준수하여 세계 평화에 기함 등이다.[144]

한편 한민당의 정치노선은 공산주의를 철저히 배격하고, 민주주의적인 독립 한국을 건설하고, 중경 임시정부를 법통상 근본으로 하는 정식 정부를 수립하고, 민주정치의 건전한 운영을 위한 정당을 조직하고, 모든 계층을 망라한 국민적 정당을 추구한다는 것이다.[145] 이처럼 한민당

---

142) 백남훈, 〈한국민주당 창당 비화〉, 《眞相》 1960년 4월호, 15쪽.
143) 함상훈, 〈한국민주당의 정견〉, 《大湖》 제1권 2호(1946년 7월), 22쪽.
144) 심지연, 앞의 책, 47-50쪽.

은 진보적이고 민주적인 강령과 정책을 표방하고, 미군정의 정책에 적극 협력하여 미국의 대한정책은 물론이고 대외정책에 적극 호응했다.[146]

송진우가 한민당을 이끌며 취한 노선은 한마디로 현실주의였다. 1945년 12월 신탁통치 문제가 대두되면서 전국적으로 반탁운동이 일어나자, 그 방법론을 놓고 견해차를 보였다. 임정 요인들은 신탁통치를 식민통치와 유사한 것으로 이해하고 즉각적이고 강력한 반대를 주장한 데 비해, 송진우는 정치적 경험과 경륜이 부족한 상황에서 선진 정치기법을 배우는 정치 훈련으로 인식하면서 신중한 대응을 주장했다. 그가 훈정설을 주장한 것은 미군정과의 충돌을 피해야 한다는 현실론에 기인한 것이다.[147] 그러나 한편으로 이것은 반대파에게 그를 배척할 수 있는 명분이 되었다. 그들은 송진우는 "우리 민족이 근대 국가와 민주정치를 가져 보지 못하였으므로, 선진국의 지도를 받아야 할 것이니 신탁통치는 선진국의 지도를 받는다는 훈정의 의미에서 받아들여야 한다"고 하였으나, 이것은 용납될 수 없는 망상이라고 주장하였던 것이다.[148]

3) 동아일보의 복간

145) 송인국, 〈해방 초기 한국 정치 엘리트의 정치적 갈등에 관한 연구―여운형의 '건준'과 송진우의 '한민당'을 중심으로〉, 《공주교대 논총》 제23권 1호(공주교육대학, 1987), 38-40쪽.
146) 심지연, 《한국민주당연구》(풀빛, 1982), 123쪽.
147) 심지연, 앞의 책(2013), 42-45쪽.
148) 한현우, 〈암살전야〉, 《세대》(1975년 1월), 233쪽.

'한민당'은 출범과 동시에 동아일보사 광화문 사옥을 당사로 제공받아 사용하였다. 수석총무에 취임한 송진우는 당의 자금을 조달하기 위해 당원으로부터 당비를 징수할 계획을 세웠으나, 제대로 정착되지 못해 당 운영비는 물론 지방당 조직에 지출되는 자금까지 김성수에게 의존하게 되었다.[149] 이에 송진우는 11월 중순 하지 사령관과 회동하는 자리에서 《동아일보》의 복간을 허가해 줄 것을 요청했다. 그러자 급팽창해진 좌익 언론에 대항할 수 있는 우익 언론의 필요성을 느끼던 미군정에서는 《동아일보》의 복간을 허가하고, 경성일보의 인쇄시설을 이용할 수 있도록 협조해 주었다.

그 결과 1945년 12월 1일 《동아일보》가 복간되고, 송진우가 사장에 취임했다. 이것은 현실주의자 송진우가 미군정에 협력을 선언한 데 대한 '정치적 대가'이었다. 동시에 '종이에 먹칠하는 것이 그의 일생에 사업'[150]이던 송진우의 입장에서는 한민당의 수석총무를 맡으면서도 《동아일보》 복간에 힘써 사장을 겸직하게 된 것이다.

《동아일보》는 중간사(重刊辭)에서 이렇게 천명하였다.

우리의 독자성을 고조하여… 민족의 완성과 민족문화의 완성을 기하며 … 민주주의에 의한 여론정치를 지지하며… 사회정의의 구현을 기약하여 기회 균등의 이상사회 실현을 추진하며… 자주호혜의 정신으로 국제민주주의

---

149) 이상돈, 〈정통 야당으로 본 정치지도자상〉, 《신동아》 208호(1981년 12월), 283-284쪽.
150) 임병철, 앞의 글, 27쪽.

의 확립에 기여하고자 한다.[151]

송진우가 사장으로 있는 동아일보와 그가 수석총무로 있는 한민당 사이에는 견해 차이가 있어 종종 충돌이 일어났다. 한민당은 《동아일보》를 당 기관지로 생각한 데 비해, 《동아일보》는 언론으로서의 고유한 사명이 있었기 때문이다. 그러나 《동아일보》의 기사는 전반적으로 한민당의 정책에 호의적인 논조를 실어 한민당에 유리한 방향으로 여론을 조성하는 데 기여하는 것으로 인해 다른 정치인들과 갈등을 빚었다. 이같은 현상은 송진우가 복간된 《동아일보》 사장으로 취임한 지 한 달 만에 피살당하고, 이후 동아일보 사주인 김성수가 한민당을 이끌게 되면서 더욱 심화될 수밖에 없었다.

4) 공산주의자들과의 대결

송진우가 동아일보 경영의 전권을 갖고 활동하던 시절, 그에게는 일본제국주의의 언론 탄압과 공산주의자들의 퇴진 공격이 항상 극복해야 할 대상이었다. 따라서 '항일독립'과 '반공'은 송진우의 민족운동을 이해하는 두 개의 키워드다. 1921년 9월 15일 그가 제3대 사장에 취임할 당시 《동아일보》는 공산주의 사상을 전파하는 선전장이었다. 이 시기는 1925

---

151) 《동아일보》 1945년 12월 1일(1), 〈重刊辭 主旨를 宣明함〉.

년 4월 17일 조선공산당이 결성되기 이전의 사상운동·청년운동 등이 활발하게 전개되던 때로, 《동아일보》에 공산주의 관계 논·사설이 게재되고 있었다.[152]

1925년 6월 하와이에서 개최된 제1회 범태평양회의에 동아일보 특파원 자격으로 참석한 송진우는 귀국 직후에 〈세계 대세와 조선의 장래〉라는 제목의 논설을 15회에 걸쳐 《동아일보》에 연재했다.[153] 그는 제1차 세계대전 이후 전개될 세계사의 흐름에 주목하면서, 결국 자본주의의 모범인 미국과 사회주의의 대표인 적로(赤露, 공산주의 러시아)가 태평양을 사이에 두고 경합할 것이라고 예언했다.[154] 그리고 1927년에는 가까운 장래에 중국이 공산화될 가능성이 크다고 예측하였다.[155] 이어 1932년 발표한 〈자유권과 생존권〉에는 러시아 인민이 생존권을 보장받고도 자유가 없어서 불평하는 현실을 직시하고 공산주의를 비판했다.[156]

이렇게 송진우가 공산주의를 분명히 거부한 것처럼, 공산주의 계열에서는 송진우를 무차별적으로 공격했다. 그들의 논조는 송진우를 친일파로 매도하고 도덕적으로 매장시키는 데 집중하면서, 감정적이고 원색적인 인신공격성의 표현으로 독자들의 정서를 자극하는 전형적인 선전선동이었다.

---

152) 유재천, 앞의 논문(1989), 205쪽.
153) 송진우, 〈세계 대세와 조선의 장래(1)-(15)〉, 《동아일보》, 1925년 8월 28일-9월 6일.
154) ———, 〈세계 대세와 조선의 장래(8)〉, 《동아일보》, 1925년 9월 4일(6).
155) ———, 〈가능성은 있다〉, 《新民》 24호(1927년 4월), 46쪽.
156) ———, 〈자유권과 생존권(하)〉, 《동아일보》, 1925년 1월 15일(1).

동아일보의 송진우는 사주 김성수의 막강한 금력을 배경으로… 스스로 정치가를 자임하고 추근추근한 성근(誠勤)이라든지 노략이라도 회를 처먹는 듯한 비위로 이해의 앞에서 머리를 숙이는 특징이라든지 (하략)[157]

한편 사회주의 논객들은 송진우가 주도한 이충무공유적보존운동에 대해 동아일보가 고적보존운동을 전개하며 필세를 세워 공장과 농촌에서 '피땀으로 번 돈'을 성금으로 착취하는 '불순한 정치적 의도'가 깔린 것이라고 주장하며 민족주의자들의 부르주아적 계급성을 공격하였다.[158] 1937년 6월 2일 《동아일보》에 대한 정간 처분이 해제된 후에 신문이 재발행되었는데, 이때부터 일제의 극단적 탄압으로 '압수 아니되는 사설'을 집필하는 환경을 만들어야 하는 상황에 처하고 말았다. 사회주의 논객들은 그것마저 송진우의 고집 탓이라고 비방하였다.[159] 동아일보 사장 송진우는 그들이 공산주의를 확산하는 데 중요한 장애물로 반드시 제거해야 대상으로 인식되었기 때문이다.

이같은 송진우와 공산주의자들의 뿌리 깊은 갈등과 불신은 해방 정국에서 새 국가 건설의 강력한 경쟁자로 나타난다. 송진우가 정치 일선에 뛰어들게 된 것은 좌파와의 대립이 본격화되면서부터였다. 그는 '국준'을 좌파의 '인공' 선포에 대응하여 우파의 역량을 최대한 결집시키는

157) 황태욱, 〈조선 민간 신문계 총평〉, 《개벽》 신간 4호(1935년 3월), 19쪽.
158) 〈이충무공묘소비판문제〉, 《비판》(1931년 6월), 19~22쪽.
159) 〈문제 인물의 문제-고집, 고집, 고집불통 송진우〉, 《第一線》 2권 6호(1932년 7월), 80쪽.

조직으로 상정하고, 한민당은 '국준'의 노선과 행동 통일을 담보하는 정치적 중심 세력으로 자리매김하였다. 반공주의자 송진우의 정치적 노선은 9월 8일 남한에 진주한 미군정이 자신만이 유일한 합법정부임을 선포한 것을 계기로 미군정의 주요 파트너가 되었다. 그러나 송진우가 미군정의 정책을 그대로 대변하는 종속적 존재가 된 것은 아니고, 자기 입장에서 미군정을 바라보고 자신의 판단 위에서 주동적으로 협력했다.[160]

송진우의 정치 여정에서 마지막 사건이 된 신탁통치 문제도 마찬가지였다. 미군정과 긴밀한 관계를 가졌던 송진우는 모스크바 3상회의에서 신탁통치를 결정한 국무부의 입장과는 달리 맥아더 사령부와 남한의 미군정은 신탁통치에 반대한다는 사실을 알고 있었다. 당시 대부분의 국내 정치 세력이 이런 사정을 알지 못했기 때문에 우파 세력은 3상회의 결정에 즉각 반대하고 나섰고, 특히 임정측은 극단적으로 반발했다. 그러나 그는 신탁통치를 반대하는 입장에 선 미군정과 맥아더 사령부를 적으로 돌리기보다는 이들과 연합하여 국제적 여론을 환기시킴으로써 미국의 외교정책을 바꾸어야 한다고 생각했다. 또한 3상회의 결정이 불가피하게 실시될 때를 대비해야 한다고 판단했다.

이런 점에서 송진우의 입장은 반탁이지만, 미군정과 극렬한 대립을 초래하는 반탁운동은 명백히 반대하였고, 더욱이 미군정을 부정한 임정의 행동에 대해서는 대단히 무모한 짓이라고 생각했다. 반탁운동을 둘러싼

---

160) 윤덕영, 〈아직도 끝나지 않은 근대 국가 건설의 꿈―송진우〉, 《역사의 길목에 선 31인의 선택》(푸른역사, 2000), 315-316쪽.

송진우와 임정측의 마찰의 초점으로, 이들의 마찰은 반탁과 찬탁의 문제가 아니라 어떻게 반탁운동을 전개할 것인가 하는 것이었다. 송진우는 이렇게 임정측과 마찰을 빚고 있던 중에 갑자기 피살되었다.[161]

1945년 8월 15일 해방된 후 그해 12월 30일 세상을 떠나기까지 127일간의 행적을 두고 '역사적 인물' 송진우에 대한 다양한 평가가 존재한다. 그 가운데 원로 정치학자 심지연의 평가는 주목할 만하다.

한민당을 이끌던 송진우는 4개월의 짧은 기간밖에 활동하지 못하고 피살당하고 말았지만, 그가 다진 터전 위에서 한민당이 성장했고, 일제강점기에 폐간되었던 동아일보가 속간되고, 대한민국 정부가 수립되는 그야말로 대한민국 역사에 중대한 사건이 일어났다. 이는 송진우 개인 노력만으로 된 것은 아니지만 그의 리더십에 기인한 바 컸던 것은 분명한 사실이다.[162]

---

161) 위의 책, 319–320쪽.
162) 앞의 주)131과 같음.

결 론

한국민족운동사에서 송진우를 어떻게 볼 것인가의 문제는 일제강점기 독립운동가 송진우와 해방 직후에 새 국가 건설에 앞장선 자유민주주의자 송진우에 대한 역사적 평가로 가늠할 수 있다.

먼저, 독립운동가 송진우에 대한 기존의 평가를 살펴보자.

그동안 송진우에 관한 10여 편의 논저를 발표하여 역사학계에서 '송진우 연구가'로 인정받는 윤덕영은 독립운동가 송진우에 관하여 이렇게 평가한다.

> 자기 관리가 철저했던 송진우는 총독부의 강압과 회유에도 불구하고 친일단체 가입은 물론 많은 사람이 참여한 친일 논설이나 강연·인터뷰조차 지금까지 알려진 바가 없다. 이처럼 송진우는 자기 주관과 소신이 확고한 태도를 보여주었기에 해방이 되자 민족지도자로 부각될 수 있었다.[163]

이에 대해 한국현대사 전문가인 박태균은 송진우의 친일 행적을 이렇게 설명한다.

---

163) 심지연, 앞의 책(2013), 12-13쪽.

송진우는 1930년대에도 《동아일보》를 중심으로 민족운동을 전개하고자 하였으나 일본 제국주의의 탄압이 거세지면서, 그는 활동을 거의 중지하게 되었다. 그 스스로의 자의에 의한 것은 아니었지만, 오히려 그는 1943년 1월에 학병 동원 연설을 하였고, 조선언론보국회에 소극적으로 참여하는 등 일정 정도의 친일 행위를 하기도 했다. 그러나 일제 말기까지 친일 활동을 하지 않았던 여운형·김병로·이극로 등과 친분관계를 유지했던 것으로 보아 적극적인 친일은 아니었던 것으로 추측된다.[164]

그러면 누구의 말이 맞는 것일까? 필자가 조사한 바에 의하면, 김삼웅이 《친일파 100인 100문》에서 조선총독부가 발행한 《조선급만주(朝鮮及滿洲)》라는 잡지에 실린 송진우의 인터뷰 기사를 친일 행위라고 주장한 것이 유일하다.[165] 그런데 그 기사를 살펴보면, '합법적인 틀 안에서 언론의 자유'를 설명한 것으로 친일 행위라고 볼 만한 내용이 아니다. 또 언론보국회에 참여했다는 주장은 원세훈의 책에 근거한 것이다.[166] 그런데 송진우는 언론보국회에 참여한 적이 없고, 그의 의사와 무관하게 명예회원으로 추대되었을 따름이다. 한편 원세훈이 송진우에 대해 불만을 갖게 된 것은, 그가 하지에게 미군정청의 경무부장으로 조병옥을 추천한 데 대한 섭섭함 때문이며 이에 앙심을 품고 한민당을 탈당했다는 주장도 있다.[167] 이상에서 박태균의 주장에 오류가 있음을 알게 한다.

164) 박태균, 《현대사를 베고 쓰러진 거인들》(지성사, 1994), 29쪽.
165) 김삼웅, 《친일파 100인 100문》(돌베개, 1995), 71쪽.
166) 송남헌, 《시베리아의 투사 원세훈》(천산산맥, 1990), 111쪽.

이처럼 송진우는 3·1운동을 주도하고 동아일보 사장으로 문화운동을 이끄는 가운데 세 차례 구속되어 모진 고문을 당했으며, 도합 27개월의 옥고를 치르면서도 끝까지 지조를 변치 않은 독립운동가다. 그가 이끈 중앙학교의 3·1운동은 그동안 '이승만의 3·1운동 기획설'과 맞물려 제대로 평가받지 못하였지만, 그 허물을 벗고 난 이후 모습은 3·1운동의 실상과 정확히 일치한다. 중앙학교는 3·1운동의 책원지이자 송진우·현상윤·김성수 3인은 전국적·거족적 운동으로 단일화하는 데 중심 역할을 담당했다. 이런 점에서 그는 48인의 민족대표이지만, 실제는 3·1운동의 기획자이자 연출자였다.

다음으로 자유민주주의자 송진우에 대한 평가를 살펴보자.

정치학자 강원택은 송진우에 대해 국제정치적 역학관계와 해방 이후 폭발한 국내의 민족주의적 열정을 모두 가지고, 다른 이념의 정치 세력과도 대화와 타협의 정치력을 발휘하던 자유민주주의자라고 평가한다. 송진우는 정치적으로 공산주의 체제에 대한 분명한 거부를 표명하면서도, 경제적으로는 온건한 좌파들과도 상당한 공감대를 가질 수 있는 유연한 태도를 가졌던 포용력이 뛰어난 인물이었기 때문이다.[168]

이에 대해 진보언론인인 최민지와 김민주는 송진우를 무자비한 독재자로 묘사한다. 1924년 개혁운동 당시 기자를 동역자, 민중의 공기에 종사하는 사회적 공인으로 보지 않고, 신문사를 민중의 것으로 보지 않

---

167) 심지연, 〈송진우와 한민당〉, 《월간조선》 65호(1985년 8월), 451쪽.
168) 강원택, 〈해방 후 고하 송진우의 정치 구상〉, 《송진우 선생 서거 70주기 추모 학술 세미나 자료집》(고하송진우선생기념사업회, 2015), 74쪽.

으며, 개인의 사유재산으로 보고 기자를 단순한 고용인으로 보았다고 주장한다.[169] 그런데 소위 '1924년의 동아일보 언론개혁'은 그 실체를 따져 보면 경영진의 일방적인 해고가 아니라 공산 진영과 민족 진영의 경영권을 둘러싼 분쟁이었고, 거기서 패배한 일군의 소장파 기자들이 편집국장 이상협을 따라 조선일보로 대거 이직한 사건이다. 따라서 사건의 실체에 대한 정확한 이해가 없이 두 사건을 단순 비교한 것은 잘못된 판단이었다.

송진우와 동시대를 살았던 언론인들이 그를 향해 부르던 애칭이 '조선의 정객'이다. 그만큼 국제정세에 밝고 국내 문제에 탁월한 정치력을 보여주었음을 나타내는 말이다. 이같은 그의 능력은 해방 공간의 정치 현장에서 두드러지게 나타났다. 해방을 목전에 둔 시점에 총독부로부터 조선반도의 치안권 이양을 거부했던 그는 해방이 된 후에도 신중하게 사태를 관망하던 중, 건국준비위원회의 조선인민공화국 수립 소식을 듣고 정치 활동에 나서게 되었다.

1945년 9월 7일 국민대회준비회를 시작으로 16일 한국민주당을 창당하고, 이때부터 본격적으로 민족주의 우파 세력을 규합하여 자유민주주의 국가 건설운동에 나섰다. 미군정과 협력하면서 이승만과 김구의 국내 안착을 도와 공산주의 세력의 독주를 막아내는 데 크게 기여했다. 12월 1일 일제에 의해 강제 폐간되었던 《동아일보》를 복간하고, 한민당 수석총무와 동아일보 사장을 겸하게 된 그는 신탁통치 문제에 대응하여

---

169) 최민지·김민주, 앞의 책, 140-141쪽.

신중한 반탁운동을 주장하다가 12월 30일 피살당하고 말았다. 그러나 그가 해방 후 127일간 보여준 보국헌신의 열정이 자유 대한민국 건설의 초석이 되었음은 분명한 사실이다.

참고 문헌

단행본

고하송진우선생전기편찬위원회편, 《고하 송진우 선생전》, 동아일보사, 1965.

고하송진우선생기념사업회, 《독립을 향한 집념》, 재단법인 고하송진우선생기념사업회, 2022.

———, 《거인의 숨결》, 이야기의숲, 2023.

———, 《고하 송진우의 항일독립과 민주건국 활동에 관한 연구》, 희망기획, 2016.

권오기편, 《인촌 김성수의 애족사상과 그 실천》, 동아일보사, 1982.

김삼웅, 《친일파 100인 100문》, 돌베개, 1995.

김상만, 《동아일보사사(東亞日報社史)》 권1, 동아일보사, 1975.

김정수, 《초대 대통령 이승만 1-개화와 독립》, 청미디어, 2013.

김학준, 《고하 송진우 평전: 민족민주주의 언론인·정치가의 생애》, 동아일보사, 1990.

김형석, 《끝나야 할 역사전쟁》, 동문선, 2021.

동아일보사편, 《東亞日報社史》 권1, 동아일보사, 1975.

동아일보80년사편찬위원회, 《민족과 더불어 80년》, 동아일보사, 2000.

박찬승, 《한국근대정치사상사연구-민족주의 우파의 실력양성운동론》, 역사비평사, 1992.

박태균, 《현대사를 베고 쓰러진 거인들》, 지성사, 1994.

서대숙, 현대사연구회 역, 《한국공산주의운동사연구》, 이론과실천, 1985.

신용하, 《3·1운동과 독립운동의 사회사》, 서울대출판부, 2001.

심지연, 《한국민주당연구》, 풀빛, 1982.

───, 《해방 정국의 정치이념과 노선》, 백산서당, 2013.

여효규 외, 《역사의 길목에 선 31인의 선택: 삼국시대부터 해방 공간까지 전환
　　기의 인물들》, 푸른역사, 1999.

유영익, 《이승만의 삶과 꿈; 대통령이 되기까지》, 중앙일보사, 1996.

윤경로, 《105인 사건과 신민회 연구》, 일지사, 1990.

이경남, 《설산 장덕수》, 동아일보사, 1981.

이병헌, 《3·1운동 비사》, 시사시보사출판국, 1959.

이승렬, 《근대 시민의 형성과 대한민국》, 그물, 2022.

이영일, 《건국사 재인식》, 동문선, 2022.

이지원, 《한국근대문화사상사연구》, 혜안, 2007.

인촌기념회편, 《인촌 김성수전》, 동아일보사, 1976.

조용만·송건호·박병채, 《일제하의 문화운동사》, 현음사, 1982.

채백, 《한국 언론 수용자 운동사》, 한나래, 2005.

최민지·김민주 공저, 《일제하 민족언론사론》, 일월서각, 1978.

한국사학회편, 《한국현대인물론》 I, 을유문화사, 1987.

논문

강영주, 〈벽초 홍명희: 3·1운동에서 신간회운동까지〉, 《역사비평》 26호(1994
　　봄).

김경택, 〈1910·20년대 동아일보 주도층의 정치경제사상 연구〉(연세대 박사학
　　위 논문, 1999).

김기주, 〈고하 송진우의 민족교육사상과 교육활동〉, 《전남사학》 11집(전남사
　　학회, 1997년 12일).

김도형, 〈1930년대 '이충무공유적보존운동'의 전개와 그 성격〉, 《이순신연구

논총》15호(순천향대학교 이순신연구소, 2011년 6월).

김명구, 〈1920년대 국내 부르주아민족운동 우파계열의 민족운동론: 《동아일보》 주도층을 중심으로〉, 《한국근현대사연구》 20집(도서출판 한울, 2002년 봄).

김일수, 〈한말·일제강점기 윤필오·윤홍열·윤우열 삼부자의 사회 활동과 그 의미〉, 《한국학논집》 71집(계명대 한국학연구원, 2018년 6월).

김주식, 〈1930년대 이충무공유적보존운동의 전개와 한계〉, 《이순신연구논총》 제37호(순천향대학교 이순신연구소, 2022년 12월).

김형석, 〈남강 이승훈 연구: 1920년대의 민족운동을 중심으로〉, 《사학연구》 38(한국사학회, 1984).

─── , 〈남강 이승훈 연구: 3·1운동을 중심으로〉, 《동방학지》 46·47·48집(연세대학교 국학연구원, 1985).

박종린, 〈'김윤식사회장' 찬반 논의와 사회주의 세력의 재편〉, 《역사와 현실》 38호(2000).

심재욱, 〈1920-30년대 초 고하 송진우의 사상과 활동〉, 《한국민족운동사연구》 22집(한국민족운동사연구회, 1999년 9월).

심지연, 〈고하 송진우〉, 한국사학회편, 《한국현대인물론》(을유문화사, 1987).

송인국, 〈해방 초기 한국 정치 엘리트의 정치적 갈등에 관한 연구─여운형의 '건준'과 송진우의 '한민당'을 중심으로〉, 《공주교대 논총》 제23권 1호(공주교육대학, 1987).

유재천, 〈일제하 한국 신문의 공산주의 수용에 관한 연구(1)〉, 《동아연구》 7집(서강대 동아연구소, 1986년 3월).

─── , 〈일제하 한국 신문의 공산주의 수용에 관한 연구(3)〉, 《동아연구》 18집(서강대 동아연구소, 1989년 6월).

윤덕영, 〈고하 송진우의 생애와 활동〉, 한국정신문화연구원편, 《한국현대사인물연구》 2(백산서당, 1999).

─── , 〈일제하 해방 직후 동아일보 계열의 민족운동과 국가건설 노선〉(연세대학교 박사학위 논문, 2010년 8월).

———, 〈1920년대 전반 민족주의 세력의 민족운동 방향 모색과 그 성격: 동아일보 주도 세력을 중심으로〉, 《사학연구》 98호(국사편찬위원회, 2010년 6월).

———, 〈1920년대 중반 민족주의 세력의 정세 인식과 합법적 정치운동의 전망: 동아일보 주도 세력을 중심으로〉, 《한국근현대사연구》 제53집(한국근현대사학회, 2010년 여름).

———, 〈1920년대 전반 동아일보 계열의 정치운동 구상과 '민족적 중심 세력' 론〉, 《역사문제연구》 24(역사문제연구소, 2010년 10월).

———, 〈1930년대 동아일보 계열의 정세 인식 변화와 배경: 체제 비판에서 체제 굴종으로〉, 《사학연구》 제108호(국사편찬위원회, 2012년 2월).

이지원, 〈일제하 민족문화 인식의 전개와 민족문화운동: 민족주의 계열을 중심으로〉(서울대학교박사학위논문, 2004년).

———, 〈1930년대 민족주의 계열의 고적보존운동〉, 《동방학지》 제77·78·79 합집(연세대학교 국학연구원, 1993년 6월).

장신, 〈1930년대 언론의 상업화와 조선·동아일보의 선택〉, 《역사비평》, 통권 70호(2005년 봄).

———, 〈1924년 동아일보 개혁운동과 언론계의 재편〉, 《역사비평》, 통권 75호(2006년 여름).

———, 〈조선총독부의 언론 통제와 동아일보·조선일보 폐간〉, 《역사문제연구》, 통권 35호(역사문제연구소, 2016년 4월).

정병준, 〈중국 관내 신한청년당과 3·1운동〉, 《한국독립운동사연구》 제65집(2019년 1월).

정진석, 〈언론경영인으로서의 고하 송진우〉, 《동서언론》, 제9호(1997년 12월).

———, 〈일제하의 언론·출판 연구; 일제의 언론정책을 통해 본 한인·일인의 신문·잡지·단행본 발행 실태 비교〉, 《신문연구》, 제27집(관훈클럽, 1978년 10월).

최형련, 〈3·1운동과 중앙학교〉, 《3·1운동50주년기념논집》, 동아일보사, 1969.

신문, 잡지 논설 기사

《동아일보》 기사.

《조선일보》 기사.

《신한민보》 기사.

《매일신보》 기사.

고하송진우선생기념사업회, 《고하 송진우 선생의 항일독립운동과 건국에 관한
  이념과 사상》(고하송진우선생 추모 학술세미나, 2015년 10월).

〈동아일보사 20년사〉, 《삼천리》 제12권 8호(1940년 9월호).

〈인재 순례-제1편, 신문사측〉, 《삼천리》 제4호(1930년 1월호).

김병로, 〈언론계의 지보 송진우 씨〉, 《삼천리》 제7-3(1935년 3월).

백남훈, 〈한국민주당 창당 비화〉, 《眞相》 1960년 4월호

백릉, 〈동아일보 사장 송진우 씨 면영〉, 《혜성》, 1권 1호(1931년 3월).

백악산인, 〈복면객의 인물평-권토재래의 이상협 씨〉, 《삼천리》 제10-12(1938
  년 12월).

백운거사, 〈행방탐색-홍증식〉, 《삼천리》 제4권 제8호(1932년 7월).

송상현, 〈古下는 해방 후 혼란 속에 자유민주주의 기초 닦은 巨人〉, 《월간조선》
  (2023년 12월).

송진우, 〈최근의 감(感), 무엇보다도 힘〉, 《개벽》 46호(1924년 4월 1일).

———, 〈자유권과 생존권〉, 《동아일보》, 1925년 1월 15일.

———, 〈세계 대세와 조선의 장래〉, 《동아일보》, 1925년 9월 4일.

———, 〈가능성은 있다〉, 《新民》 24호(1927년 4월).

———, 〈재외동포와 번역〉, 《삼천리》 제14(1931년 4월).

여운홍, 〈파리강화회의에 갔다가〉, 《삼천리》 제10호(1930년 11월).

———, 〈헐버트 박사와 나〉, 《민성》(1949년 10월).

유광렬, 〈신문 독재자 송진우론〉, 《삼천리》 제4권 9호(1932년 9월).

이광수, 〈김성수론〉, 《동광》 제25호(1931년 9월).

이돈화, 〈조선 신문의 특수성과 그 공과〉, 《개벽》 1935년 3월호.

이상돈, 〈정통 야당으로 본 정치지도자상〉, 《신동아》 208호(1981년 12월).

임병철, 〈인물 소추: 송진우〉, 《산천지》 1권 1호(1946년 2월).

한양학인, 〈조선신문론〉, 《동방평론》 제2호(1932년 5월).

한현우, 〈암살전야〉, 《세대》(1975년 1월).

함상훈, 〈한국민주당의 정견〉, 《大湖》 제1권 2호(1946년 7월).

현상윤, 〈3·1운동의 회상〉, 《신천지》 1-2호(1946년 3월).

─────, 〈3·1운동 발발의 개략〉, 《신천지》 5-3호(1950년 3월).

─────, 〈3·1운동 발발의 개략〉, 《사상계》 11-3호(1963년 3월).

황석우, 〈나의 팔인관〉, 《삼천리》 제4권 4호(1932년 4월).

황태욱, 〈조선 민간 신문계 총평〉, 《개벽》 신간 4호(1935년 3월).

제3부

거인의 숨결

1. 고하 송진우 글모음

음력 제사를 양력으로, 이중과세 폐지책

이 글은 송진우가 1930년《별건곤》제26호(1930년 2월)에 발표한 논설로서 '이 중과세 폐지'를 주장한다. 송진우의 집안은 선각자인 부친 송훈의 영향으로 일찍이 근대 문물을 수용하고 양력과세를 실천했다. 이같은 분위기에서 성장 한 송진우에게는 양력과세가 신념이었는데, 이 글은 그의 주장을 실천적인 방 법론으로 제시한다.

　우리 조선 사람들의 생활은 무엇이나 모순되는 생활을 많이 하지만 이 이중과세처럼 모순되는 일은 없는 것 같습니다. 학교·은행·회사· 신문·잡지사·기타 관공서의 공적 생활은 모두 양력과세를 하면서도 자 기 가정, 즉 사적 생활에 있어서는 의연히 음력과세를 그대로 합니다. 그 것은 지식계급이거나 무식계급이거나 대개가 그런 것 같습니다. 그러 나 사적 생활은 항상 공적 생활의 지배를 받는 까닭에 음력의 세력이 해 마다 줄어가는 것은 사실입니다.

　가령 금전 거래로 말하더라도 전일에는 정월 20일 이내에는 남에게 차금(借金)[1] 청구를 못하는 습관이 있기 때문에 음력 세말(歲末)[2]에 모두

청장(淸帳)[3]하였지만, 지금은 양력을 표준하는가? 비록 정월 1일이라도 관청·은행 같은 데 지불할 것이 있다면 그 습관을 이유로 하여 지불치 아니치 못하게 되고, 학교 기타 공공사무도 정월 1일에 휴무를 아니한 즉 역시 그 일을 아니 볼 수가 없게 되었습니다.

그리하여 자연 음력 관념이 없어져 갑니다. 다만 문제는 조상 제례에 관한 문제입니다. 지금이라도 음력에 지내는 제례를 양력으로 시행만 한다면 이중과세의 폐가 없어질 것 같습니다. 천도교에서는 이미 실시하여 오는 것이니까, 다시 문제도 없거니와 그 단체에 뿐 그럴 것이 아니라 일반 단체에서도 기회가 있는 대로 선전하고 권유하여 일반이 음력을 폐지하게 하고, 또 우리 언론계에서도 이 앞으로 특별히 그 문제에 대하여 노력할 것 같으면 큰 효과가 있을까 합니다.

---

1) 돈을 꾸어 옴. 또는 꾸어 온 돈.
2) 한 해의 마지막 때. 세밑.
3) '장부(帳簿)를 청산(淸算)한다'는 뜻으로, 빚 따위를 깨끗이 갚음을 이르는 말.

교우록

이 글은 송진우가 1935년《삼천리》제7권 5호(1935년 6월)에 발표한 회고담이다. 이 글을 통해 고하의 교우관계뿐 아니라, 한국 근·현대사의 중요한 인물들 간의 연결고리들을 이해할 수 있다. 특히 내용 가운데 남강 이승훈과의 관계는 기존의 3·1운동사를 새롭게 조명하는 계기가 될 수 있고, 이승만·서재필과의 관계는 그의 대표적인 논설〈세계 대세와 조선의 장래〉를 연구하는 데 새로운 모티프를 제공할 수 있다는 점에서 매우 중요한 사료이다.

창을 여니 광화문 육조(六曹) 앞 큰길에 봄빛이 무르익는다. 멀리 경복궁 옛 대궐 안으로도 노란 개나리꽃이 서풍에 한가로이 날리는 것이 보인다. 봄이다. 춘사월 대맥황(大麥黃)하는[4] 이 시절, 창밖의 지지(遲遲)한[5] 춘일(春日)을 바라보면서 나는 이제 46년 동안 사귀고 추수(追遂)[6] 하던 벗들을 이야기하기로 할까나.

호남 담양 거기에서 약 3,40리 거리인 산중벽곡에 암자가 하나 있었

---

4) 보리가 누렇게 익어 가는.
5) 더디고 더디기만 한.
6) 뒤따라 성취함.

다. 이 암자 속에는 김계중(金繼中)이라 하여 시세(時世)를 통론하며 필연(筆硯)을 당기어서 불우감개(不遇感慨)[7]의 시문을 적는 것으로 소일하던 젊은 강개지사(慷慨之士)[8] 한 분이 있었다. 이분을 스승으로 소동(少童) 4,5인이 《논어》《맹자》를 읽고 있었다. 이렇게 말하는 이 사람도 한몫 끼여 소동파가 임술년(壬戌年, 1082년) 7월에 지은 〈적벽부(赤壁賦)〉도 읽고 "大學之道는 在明明德하며"[9] 하는 작대기글도 읽었다. 그때 우리 소동 넷은 인가가 떨어진 산사(山寺)로 출가하여 배우러 올 만큼 사이가 좋았다. 흔히 어깨동무로 패거리하여 다니며, 그 흔하던 전라도 대밭 속을 찾아 시(詩)도 부(賦)하고, 참대가지를 끊어 피리를 만들어 불기도 하며, 여름이면 멱감기, 봄이 되면 산에 오르기, 비 오는 날이면 서재의 처마 끝에 떨어지는 몇 방울을 벼루에 받는 내기하기, 소년 시절의 몇 해는 공상과 수도로 꿈같이 지냈다. 그러다가 스승인 청년 선비 김계중이 서울서 들려오는 나라 소식에 하루는 절간과 우리들 소년 제자를 모두 다 버리고 표연히 초립을 쓰고 떠나 버렸다. 들리는 말에 서울 올라가 무슨 일을 저질렀다 한다. 과히 열혈의 인물이라 가히 그럴 만한 위인이었다.

이리하여 나는 소년지기로 김(성수, 1891-1955)·고(광준)의 양 군을 얻었다. 죽마고우라 함이 이를 이름이리라. 김군과는 이렇게 3년여를 서

---

7) 뛰어난 재능과 포부를 가지고 있으면서도 때를 만나지 못해 출세하지 못하고 마음 깊은 곳에서 안타까움이 배어 나옴.
8) 의롭지 못한 것을 보고 의기가 북받쳐 원통하고 슬퍼하는 선비.
9) 《대학》의 첫 문장에 나오는 "大學之道는 在明明德하며 在親民하며 在止於至善이라"의 전반부로 "大人의 學問의 道는 明德을 밝힘에 있으며"라는 뜻이다.

로 믿고 믿어지고, 기대하고 기대받으면서 서로 왕래하며 사귀었다. 아마 내 사지(四肢)가 관(棺) 속에 들어가고, 내 이름이 묘지 표석에 쓰여지는 날까지 김군은 나의 믿는 벗이 되리라.

산사(山寺) 유학이 1년을 넘었을 때, 선고(先考)께서 하루는 "얘야 이제는 한문만 배워서는 쓸데없는 시절이 왔다. 영어를 배워라!" 하시었다. 영어를 배워야 한다는 말씀을 어디서 들었는지, 내 자신은 영어라니 무슨 말인지 몰랐으나, 어쨌든 서양 학문이거니 하였다. 서양 학문을 배우자면 동경으로 가야 할 줄 알고서 상투를 튼 이 소년 학도는 부산에 가서 배 타고 시모노세키에 내렸다. 동경에 가서 처음에 금성중학교(錦城中學校)에 들어갔다가 나중에 와세다고등예과(早稻田高等豫科)로 전학하여 거기를 마친 다음에 메이지대학(明治大學) 법과에 들어갔다.

동경 유학시대 나는 여기에서 많은 지기를 얻었다. 그 중에서도 가장 가깝던 이는 조만식(1883-1950) 군. 군은 나와 같이 메이지대학 법과에 적을 두었는데, 담배 한대 안 피우지 술 한잔 안 먹지, 우락부락하지 않고 침착하지, 수재이지, 신의가 두텁지, 이 모든 점이 두 사람의 우의를 아주 가깝게 해주는 인자(因子)가 되었다. 둘은 학우회에 무슨 일이 있어도 함께 나갔지, 메이지대학 동창회에도 무슨 일이 있어도 보조를 같이하였지 그 두터움이란 세상 사람들의 상상 밖이었다.

김병로(1887-1964) 군도 그때 오래 사귀어 아주 가까운 벗이다. 그 사람도 법과라. 그 키다리 친구와 법률 토론도 어지간히 하였다.

김연목이라고 지금은 평안도 내려가서 실업에 종사하는 분이 있는데, 이 사람과도 필연을 같이하던 동무 사이다.

장덕수(1894-1947) 군은 그때 와세다대학(早稻田大學)에 있었는데, 고학하느라고 유학생들과 즐겨 사귈 틈이 없었지만 '연설 잘하는 장덕수'라고 이름 있었다.

평양에 가서 의사 노릇하는 정세윤 군도 그때 밤낮으로 오가며 사귀던 벗이요, 선우전·신석우(1894-1953)·한익동(1888-?)·문일평(1888-1939)·변광호(1890-1958)·안재홍(1891-1965)·박이규(朴珥圭) 모두 동경시대에 가깝던 친구들이다.

그 중에도 지금 상해에 가 있는 조소앙(1887-1958) 군과 가까웠다. 뜻이 맞고 말이 맞고, 사람이 기개가 있고, 나보다 법과에 1년 먼저 들어 어섰지마는 동창이나 다름없이 벼루와 붓을 같이하였고 밤낮 토론하고 이야기하였다.

김성수 군은 와세다대학에 있어서 학교는 달랐지만 하루만 못 보아도 서로 궁금하고 만나고 싶어 거지반 매일 만나다시피 하였다.

동경에 내가 있을 때는 우리 유학생 수가 300명을 넘었다. 그때 메이지대학에 함께 다녔거나, 학우회에서 같이 일을 보았거나, 또는 유학생들의 기관지이던 《학지광》에 집필하던 동무들은 이 기회, 저 기회로 모두 친하게 지내었다.

지금에 와서 일일이 이름을 들 수 없으나, 동경에서 나와 서울에다가 백산학교를 만들려고 당국에 설립원을 제출하였다. 교육사업에 진력하자고, 몇몇 분이 동경에서 나올 때 굳게 결심하였기 까닭이다. 그러나 백산학교는 허가되지 않았고, 마침 중앙학교가 후계자를 구하기에 그 (학교)를 인계 맡아서 내가 교장으로 취임한 일이 있었다. 학생들 중에는

30이 넘은 영남 선비들이 끼었다. 무엇이 잘못되었다고 꾸짖으면 '선비 대접'을 잘못한다고 학생들이 도로 노한다.

그때 학감으로는 지금 중동학교 교장 최규동(1882-1950) 군이 있었고, 현상윤(1893-1950)·최두선(1894-1974) 군도 있었다. 모두 청년 교육자라. 이때 우리들의 조행(操行)[10]은 실로 만점이었다. 언제 한 번 요리점 가본 일 없고, 금주, 단연하여, 그 깨끗함이 비할 데 없었고, 또 사상도 시류에 속되지 않아 항상 계산(桂山) 꼭대기에 묻히어서 장안에 내려올 줄 몰랐다.

우리들 교원끼리 서로 이야기하고 서로 격려하고 이 사이에 내가 가까이 논 분은 광문회측들이었다. 유근(1861-1921)·최남선(1890-1957), 그리고 최남선과의 인연으로 최두선·조완구 등등 모두 좋은 동무들이었다.

그러다가 '기미일'(3·1운동)이 일어나 나는 옥으로 갔다. 동아일보에 들어오기는 서른한 살 때다. 그때 주필로 있던 장덕수 군이 스물여섯 살이던가, 생각하면 내가 동아일보에 들어와 필연에 친한 지 올해까지 13년 6개월이 된다. 이 사이에 언론계에 들락날락하든 여러분을 말하자면 다 나의 지기들이라. 혹은 2, 3년 같이 있은 이도 있고, 혹은 5, 6일 같이 있은 이도 있기는 하나, 그 중에도 장덕준(1891-1920) 군의 일은 잊혀지지가 않는다. 그 열정의 재인, 이제는 찾을 길이 없구나.

손병희(1861-1922) 씨는 빛나는 선배라, 그분을 친히 뵌 적은 그리 많

---

10) 태도와 행실을 아울러 이르는 말.

지 못하였다. 그때 들리는 말에 권(동진, 1861~1947)·오(세창, 1864~1953) 두 원로를 몹시 신임한다 하더라.

이상재(1850~1927) 씨는 동경 갔다가 나와서 인사드렸는데, "말을 좀 해보렴" 하면서 청년회관(YMCA회관)에다가 유지 100여 명을 모여 놓고 연설을 시켜 주셨다. 이것이 인연이 되어 돌아가실 때까지 한두 달을 건너는 적이 없이 만나뵈었다.

윤치호(1865~1945) 씨는 '105인 사건'으로 나온 뒤였는데 이승훈(1864~1930) 씨 등과 함께 만난 것이 처음 인연이었다.

서재필(1864~1951) 씨와 이승만(1875~1965) 씨의 두 분은 그분들이 (한)반도에 계실 때는 우리는 소년배였기에 만나뵈올 기회가 없다가 하와이서 태평양회의가 있었을 때 거기 갔다가 만나뵈었다. 이승만 씨에게는 자가용 자동차가 있었다. 그 차에서, 이 두 박사와 나의 셋이 타고 조용한 해안의 빌리지에 가서 약 20일 동안 함께 지내면서 시사(時事)를 이야기할 기회가 있었다. 서박사한테서 그때 나는 갑신정변의 자세한 유래를 들을 수 있었다. 그리고 모든 문제에 대하여 꾸밈이 없는 이야기를 들을 기회가 있었다.

지금은 모르겠지만 그때는 해외에 (대한인)동지회와 흥사단의 파쟁이 심하였다. 나는 양(兩) 박사더러 "안도산의 흥사단과 이박사의 동지회를 맡아서 한 단체를 만드시오" 하고 권하였다. 두 분은 이 말에 귀를 기울여 주었다. 그래서 그 구체안까지 이야기되다가, 그때 나의 입장이 해외에 나와서 정치운동한다는 소문이 들리면 큰일이겠지. 더구나 회의 일자가 끝났기에 그만 귀국하고 말았지만.

이광수(1892~1950) 군을 처음 안 것은 광문회 당시다. 수표정 광문회에 그때 여러 뜻이 있던 사람들이 모일 때에 춘원은 집세기[11]에 헌 두루마기를 입고 왔었다. 서로 인사하고 사귀는 사이에 재조(才操)[12] 있는 분임을 알았다. 이군이 그때 날더러 동경에 더 공부하러 가고 싶다고 하였다. 그뒤 우리 그룹에서 중앙학교를 맡게 되자 중앙학교 교비생으로 춘원은 동경으로 공부하러 가게 되었다.

육당을 안 지는 또한 오래다. 동경으로, 중앙학교로, 광문회로, 그뒤 군은 《동명》 잡지를 하다가 실패하였고, 《시대일보》를 하다가 실패하였다. 남들이 나무랄 때 나는 "선비가 사업을 하다가 섣불리 실패하기는 일쑤니, 이제는 사업에서 손 떼고, 서양 유학 가라. 그래서 글을 우리 신문에 써주면 신문사의 귀빈으로 생활비는 지불하마" 하였다.

나는 벗들을 사귀는 데 표준이 있다. 그것은 오직 '신의(信義)'다. 남들은 재조를 통하여 사귀고, 남들은 돈을 통하여, 취미를 통하여 사귄다 하지마는 나는 오직 '신의'를 통하여 사귄다. 동무 사이에 서로 믿어지는 신의가 없으면 무엇으로 사귀랴, 아침에 보고 저녁에 갈라질 동무라면 재주 있는 벗도 좋겠지 돈으로 이용하는 벗도 좋겠지.

그러나 인생은 60년이라, 60년 동안 서로 형제와 같이 믿고 부탁할 벗을 정하자면 그는 오직 신의뿐이리라. 나는 신문사에 13,4년을 있었다. 학교에도 23년을 있었다. 신문사나 학교나 모두 다 재주가 뛰어난

---

11) 짚신의 방언.
12) '재주'의 원말(原-). 무엇을 잘하는 소질(素質)과 타고난 슬기.

인재를 필요로 하는 곳이다. 한다 하는 일세에 두뇌가 명석하여 울리는 재인(才人)들이 모여야 할 곳이요, 또한 재인만이 모아져야 할 곳이다. 그러면서 내 생각에는 아무리 재조만 있으면 무엇하랴. 마치 아무리 어여쁜 여편네라도 "저게 언제 봇짐 싸 꾸려 들고 나갈는지 몰라" 하게 되면 만사가 어떤 일이 있어도 허사로 돌아간다.

재조는 귀하다. 재조 있는 사람은 귀하다. 그러나 그 재조가 신의를 배경으로 하지 않는 것이라면 무슨 가치 있으랴. 나는 신문사원을 쓰는 데 재조도 보지만 그보다도 열 배 스무 배 더 신의를 본다. 내 곁에 있는 여러 수십 수백의 동무는 모두 신의로 다진 동무들이다. 나의 교우의 신조는 오직 이 '신의'의 두 글자에 끝이다.

괴상한 산가(山家)

현재까지 발견된 송진우의 유일한 단편소설이다. 1928년《별건곤》이라는 잡지에서 연작소설 형태로 '연작 강담(講談) 아츰'을 연재했는데, 제1회 최남선의 〈대륙의 꿈〉에 이어 제2회에 게재되었다. 이 글은 《별건곤》 제 16·17호(1928년 12월 1일)에 수록되어 있다.

1

때는 늦은 가을이었습니다. 산에 가득 차고 들에 들어 있던 단풍도 시절이 늦어서 소조(蕭條)하기가[13] 운명하였기는 늙은이의 얼굴과 같았습니다. 짧은 해를 견양을 하고 산기슭 좁은 길로 석장(錫杖)을[14] 슬슬 끌며 더벅더벅 걸어가는 순례승이 있으니 그의 미목이 청수하고 기골의 장대한 품이 속인(俗人)의 눈으로 보아서는 중노릇시키기가 아까웠습니다. 흑수포(黑水布) 장삼(長衫)자락이 서리를 잔뜩 실은 쌀쌀하고 찬

---

13) 비뚤어진 나뭇가지하기가.
14) 가는 지팡이를.

바람에 나부끼었습니다.

　그리고 느지막하게 짊어진 배낭은 등에서 가볍게 움직였습니다. 쇠잔한 단풍이 무념할 만큼 서편 하늘이 붉어지더니 해는 떨어져 버렸습니다. 순례승은 걸음을 멈추고 바위 너절에 걸터앉아서 검붉은 빛의 자취만 남겨두고 들어간 해진 서편 산을 물끄러미 바라보며 한 손으로는 목에 걸린 염주를 가지고, 한 손으로는 주령을 들어 땅을 가볍게 두드렸습니다. "오! 얼마 아니 가면 이 산에 눈이 또다시 덮이겠구나! 눈이 덮였다 녹았다 하는 가운데 하염없이 백발만 재촉하게 되는구나."

　순례승은 한숨을 길게 쉬고 물끄러미 공중을 쳐다보더니 "벌써 별이 껌벅거리는구나! 나의 길을 비취어 줄 것은 저 별뿐이로구나" 하고 벌떡 일어서서 다시 걷기 시작하였습니다. 그러나 해는 지고 갈 길은 멀었습니다. 바위틈에서 메마르게 자라난 잡목을 흔들고 불어내리는 바람결에 순례승의 건장한 근육도 수축이 되었던지 그의 허리는 얼마큼 구부러졌습니다. 서편 하늘은 붉은빛조차 사라지고 무수한 별들이 하염없이 깜박일 뿐입니다. 그리고 갈수록 길은 험하여 인적은 아주 끊기고 말았습니다. 그리고 다만 천 길이 될는지, 백 길이 될는지 알 수 없는 깊은 골짜기에서 잔잔히 흘러가는 물결이 바위 낭떠러지에서 내려 굴러떨어지는 소리가 희미하게 울려왔습니다. 이 물소리조차 멀어질 때는 멀리 보이는 골짝 숲속에서 부엉이의 울음이 얄궂게 들릴 뿐이었습니다.

　산길을 걷기에 매우 익숙한 순례승의 발이었지만 가끔 가다가 바위와 돌부리에 걸어채였습니다. 그럴 때마다 그는 석장으로 전신을 거두어 겨우 꺼꾸러지기를 면하였습니다. 그는 가쁜 숨을 쉬어 가며 밤이 으쓱할 때에 잿말랑이까지[15] 왔습니다. 그는 정자나무 밑 반석 위에 피곤한 몸을 힘없이 던지며 "인제 겨우 재를 올라왔구나! 천하의 험한 조령(鳥嶺)이라더니 참으로 무던히 험상궂고 높기도 하다!" 하고 숨을 한번 길게 내쉬었습니다.

한참 쉬다가 그는 다시 일어섰습니다. 북두칠성도 벌써 오를 때이지만 건너편 높은 산이 가리어 순례승의 눈에는 보이지 않았습니다. 밤 산길은 올라가는 것보다 내려가는 것이 더 어렵고 고단한 것을 잘 아는 그는 올라올 때보다 더 조심스럽게 발을 떼었습니다. 그러나 길이 울퉁불퉁하여 어떤 때는 발이 천장만장의 구렁으로 미끄러져 들어가는 것같이 온몸이 앞으로 쏠리다가 발이 땅에 탁 부딪칠 때는 가슴이 쾅하고 울리었습니다. 차차 내려올수록 골짜기의 시내 소리는 굵게 들리었습니다. 그리고 송뢰(松籟)가[16] 가끔 여정을 위로하였습니다. 그러나 순례승은 지금까지 '나무아미타불'이나 '관세음보살'을 찾지 않습니다.

한참 걸어가던 순례승은 걸음을 멈추고 서서 앞을 천천히 바라봅니다. 그가 바라보는 곳에는 커다란 바위가 우뚝 솟아 있고, 바위 위에는 두 개의 불덩이가 초롱처럼 번쩍이고 있었습니다. 그리고 불 뒤에 뭉클뭉클한 것이 꿈지럭거리고 있었습니다. 이것은 분명히 호랑이였습니다. 순례승은 밤중 산길에서 호랑이 같은 것을 만난 것은 이번이 처음이 아니었지만, 이번처럼 가까운 거리에서 별안간 이렇게 앞을 막는 것

---

15) 강원도 방언으로 산등성이까지.
16) 소나무 부딪치는 소리가.

을 아직 보지 못하였습니다. 다른 때는 이편에서 석장을 울리면 대개는 획하고 달아났습니다. 그리하여 순례승은 여러 번 석장으로 땅을 굴렸으나 두 불덩이가 사라지기는 고사하고 더욱 밝아질 뿐이었습니다. "이 어리석은 미물이여! 얼핏 물러갈지어다. 너의 목숨이 만일 아깝거든 어서 물러가라!" 하고 순례승은 마치 말을 알아듣는 사람을 달래듯 순순히 일렀습니다. 그러나 두 불덩이는 껌벅이지도 않았습니다.

"네가 만일 내 목을 가지고 가서 만금의 상을 받을 처지에 있는 영물이면 너를 위하여 내가 희생할는지도 모르거니와, 그렇지 못하고 너의 정체가 나타날 때 너의 몸에 활과 창이 먼저 올 것을 내가 아는 것이니 얼핏 앞길을 비켜서라" 하고 또 일렀습니다. 순례승의 말이 끝나자마자 산악이 무너질 듯한 우렁찬 소리가 나며 바위에 배를 깔았던 범은 훠―하고 사람에게로 덤비었습니다. 순례승의 생명은 풍전촉화(風前燭火)나 다름없었습니다. 그러나 아무리 영특한 호랑이지만 순례승의 석장 속에 날카로운 보검이 들어 있을 줄이야 꿈엔들 생각하였겠습니까. 순례승의 몸이 곁으로 슬쩍 비껴서며 석장에서 날카로운 섬광이 쇠잔한 별빛에 번쩍하더니 뛰어 덤벼든 호랑이는 괴상한 비명을 지르고 바위 밑에 꺼꾸러졌습니다.

순례승은 썼던 굴갓 하나 비뚤어지지도 않았습니다. 그는 침착한 태도로 눈썹도 까딱하지 않고 피 묻은 칼을 호랑이의 등에다 문질러 석장에 다시 꽂고 "모처럼 준비한 칼을 너 같은 것을 보고 빼게 된 것은 나로서 부끄러운 일이다만 책임이 중한 이 몸을 너의 한때 요기로 바칠 수야 없으니까 불쌍하지만 어찌할 수 있느냐. 본래부터 적은 살생을 좋아하지 않지만, 큰 살생을 위하여 너를 희생하는 것이니 원통하다 말고 저 생에 가서 기다리라" 하고는 그는 유유히 그 자리를 떠났습니다.

2

길은 갈수록 소삽하였습니다.[17] 이만큼 밤이 깊었으면 산길은 벌써 나왔으리라 생각하였지만 가끔 가다가 잔잔한 시냇물 소리가 들리고 얄궂은 밤새 소리가 들리는 것이 아직도 산속을 벗어나지는 못한 모양이었습니다. 그리고 발이 돌부리에 턱턱 걷어채이고 나뭇잎이 발밑에 몹시 버스럭거리었습니다. 분명히 큰길이 아니요, 좁은 지름길이었습니다. "아! 내가 길을 잘못 들었구나!" 하고 려승(旅僧)은 탄식하였으나 때는 벌써 늦었습니다. 그는 어둔 밤에 방향을 잃고 사람의 발자취가 없는 깊은 산속으로 들어선 것이었습니다. 정신을 차려 공중을 쳐다보고 별을 대충하여 방향을 정하려 하였으나 도무지 알 수가 없었습니다. 하는 수 없이 날이 밝기를 기다리려고 바위에 다시 몸을 던졌습니다. 서리 섞인 찬바람이 몸을 찔렀습니다.

석장 잡은 손으로 턱을 괴이고 한참 동안 우둑하니 앉아서 어두운 산그림자에 가려진 저편 골짝을 바라보았습니다. 산중턱에서 등불이 깜빡였습니다. "아! 인가로구나!" 하룻밤을 인가에서 쉬고 날이 밝기를 기다려서 다시 길을 찾아보자 하고 순례승은 불이 반짝거리는 곳을 향하

_____

17) 낯설고 막막하였습니다.

고 다시 걷기 시작하였습니다. 혹은 내를 건너고 혹은 덤불을 헤치고 한참 동안 잊어버리고 온 것이 불이 보이던 동리 밖이었습니다. 동리라 해도 인가가 도무지 보이지 않고 다만 높은 돌담으로 둘러싼 기와집 몇 채가 어두운 가운데 악마처럼 누워 있을 뿐이었습니다.

려승은 석장을 끌고 일부러 사람 기척을 내며 대문을 찾아갔습니다. 웬일인지 대문이 훨씬 열리었습니다. 이와 같이 밤이 깊었는데 이렇게 문을 열어둔 것을 보면 이 집안에는 사람이 살지 않던지, 그렇지 않으면 문을 열어두고 지나는 집인 것이 분명하였습니다. 그러나 만일 사람이 없으면 등불을 켜둘 리가 만무하였습니다. 려승은 기침을 크게 하고 문 안으로 들어섰습니다. 문 안에는 또 중문이 있었습니다. 한밤중에 남의 문을 두드리는 것은 안 되겠다고 생각하면서도 "이리 오너라!" 소리를 질렀습니다. 그러나 아무 소식도 없고 더욱 집안이 고요해지는 것 같았습니다. 석장으로 다시 문을 툭툭 치며, 또 한 번 소리를 높여 불렀습니다. 그래도 인기척이 들리지 않았습니다. 소리를 더 높여 불렀습니다.

이때야 안에서 방문 여는 소리가 나더니 자그만 계집아이가 등불을 들고 문 앞에 나타나며 "웬 손님이신데 밤이 이와 같이 깊은 때에 사람의 문전을 시끄럽게 하시나이까" 하고 불을 들어 려승을 비춰 보았습니다. 려승은 합장하여 단정히 절을 한 뒤에 "깊은 밤 험한 산봉에서 길을 잃고 헤매다가 마침 불을 찾아온 것이 귀댁이오니 하룻밤을 쉬게 하소서" 하고 다시 머리를 숙였습니다. 계집아이는 놀라 들었던 등불을 내리고 이 댁은 오늘 밤에 주인 영감도 아니 계실 뿐 아니라 평소부터 남자란 도무지 붙이지 않는 곳이니, 이 깊은 밤에 손을 쫓는 것이 인사는 아니오나 하룻밤 유련할 생각은 얼핏 단념하시고 다른 곳으로 향하십시오" 하고 안으로 들어가려 합니다.

인적부도처(人迹不到處)의[18] 이와 같이 큰 기와집, 또한 사내는 붙이지 않는 집, 또한 저녁이면 주인이 없는 집, 여러 가지 의심이 려승의 가슴을 치밀고 올라왔습니다. "갈 길을 잃고 헤매는 사람을 이렇게 괄대를 하실 수가 있습니까. 만일 방이 없으면 찬서리와 쌀쌀한 바람 막을 곳이면 충분하오니 마루 끝이나 부엌에 다만 이 몸 하나 둘 곳을 빌려 주시오" 하고 려승은 선 자리에 그대로 서 있었습니다. 이와 같이 말하는 려승의 우렁찬 목소리는 산골짝을 울리었습니다.

"이것은 제 맘대로 못할 것이오니 잠간 기다리소서" 하고 계집아이는 문 안으로 들어갔습니다. 려승은 문 안으로 귀가 자연히 기울어지게 되었습니다. 안에서 무어라 수군거리더니 두어 개 발자취 소리가 다시 문 앞으로 가까워졌습니다. 려승은 석장을 땅에 단단히 짚고 서서 등불 뒤에서 움직이는 그림자를 찬찬히 바라보았습니다. 등불이 바람에 흔들리어 자세히 보이지는 안했으나 계집아이 뒤에 오는 것은 젊은 여자인 것이 분명하였습니다. 말소리가 서로 통할 만한 곳에 우뚝 서더니 "깊은 밤에 사람의 집을 시끄럽게 하는 이는 누구입니까" 하고 옥을 깨뜨리는 듯한 아름다운 소리로 여자가 묻습니다.

"저는 순례의 길을 나선 태백산 중이오더니 어둔 밤에 새재(鳥嶺)를 넘다가 길을 잃고 갈 곳을 몰라 헤매다가 인가의 등불을 바라보고 반

---

18) 인적이 닿지 아니한 곳의.

가운 맘을 걷잡지 못하고 찾아왔사오니 하룻밤의 잠자리를 보시(布施) 선사(膳賜)하시옵소서" 하고 려승은 다시 합장 배례하였습니다. "이곳은 인적부도처이온 바 순례승의 발이 우연히 제 집을 향하게 된 것도 한 인연이오니, 그러면 자리는 누추하오나 하룻밤을 편히 쉬신 뒤에 길을 다시 떠나게 하시옵소서" 하고 여자는 하인을 명하여 려승을 인도하였습니다. 려승은 다시 합장하여 "성불하옵소서" 하고 하인의 뒤를 따라 안으로 들어갔습니다. 려승이 들어간 곳은 사랑(방)도 같고 내실도 같은 알 수 없는 방이었습니다. 판두방[19]같이 훨씬 넓은 곳에 놓인 것은 별로 없고, 다만 벽에 전통(箭桶)과 활이 걸리었으며 약간의 서책과 필연이[20] 놓였을 뿐입니다. 그리고 방바닥에 깔린 것은 호피로 덮은 요이었습니다.

모든 것으로 보아 이 방 주인은 그다지 상스러운 사람은 아니었습니다. 려승은 굴갓을 벗어 전통 곁에 걸고 우두커니 앉아서 명상에 잠겼습니다. 전통과 활은 옛날의 기억을 자아냈습니다. 그는 크게 한숨을 한 번 쉬었습니다. 피곤한 몸을 편한 자리 위에 던져 놓기는 하였으나 잠은 오지 않았습니다.

첫째 인적부도처에 이러한 집이 있는 것이 풀 수 없는 의문이었으며, 아름다운 여자가 손수 맞아들이는 것이 첫째 오랫동안 사람 고독에 싫증이 난 그의 마음을 산란케 하였습니다. 려승은 쓸데없는 공상으로 보

---

19) 절에서 불도를 닦는 승려가 모여서 공부하는 방.
20) 붓과 벼루가.

내었습니다. 먼동이 터서 바깥에 어둔 빛이 차차 사라질 때에 바깥으로 나와서 집안의 동정을 살피었습니다. 이와 같은 넓고 큰 집에 사람의 소리는 도무지 없고 다만 어젯밤에 나왔던 두 여자만이 있는 것은 더욱 괴상한 일이었습니다. 전후로는 석벽(石壁)이 둘러 있고, 좌우로는 시내가 흐르고 삼림이 울창하였습니다. 자기가 어떻게 해서 이곳으로 들어왔는지 어느곳으로 왔는지 가늠할 수 없었습니다. 하늘로 날아가다가 툭 떨어졌다면 모르거니와 그렇지 않고는 도저히 들어올 길이 없는 것 같이 생각이 났습니다.

안방에서도 여자들은 일어난 모양입니다. 려승은 세수를 마친 뒤에 행장을 차린 뒤에 주인에게 치하의 말을 하려고 어젯밤 계집아이를 불렀습니다. 그랬더니 여자가 선뜻 마루로 나서드니 "스님이 산을 벗어나 속(俗)으로 나아가는 것을 보니 아마 무슨 급한 사정이 있는 듯하오나, 이곳을 떠나서 인가에 이르기까지는 길이 험악할 뿐 아니라 잘못하면 산중으로 헛되이 방황하기 쉬우니 집안사람의 돌아옴을 기다리어 길을 잘 안 뒤에 나가소서. 이러한 산중에 별진(別珍)이 없사오나 산채가 넉넉하오니 아침이나 자시고 떠나시옵소서" 하고 구슬을 깨뜨리는 듯한 말로 만류하였습니다.

"하룻밤의 노숙을 면한 은혜도 감사하온데 거기까지 폐를 끼치기는 너무나 황송하오나 만일 길을 알거든 대개 이 방향을 일러 주소서" 하고 려승은 우렁찬 소리로 물었습니다. "내 이곳을 들어온 지 이미 7년이로되 일찍이 산 밖에 나간 일이 없어서 길을 알지 못하오니 잠간 가인의 돌아옴을 기다리소서" 하고 여자는 려승의 곁으로 가까이 왔습니다. 여자는 참으로 산중에 두기는 너무나 아깝게 어여뻤습니다. 어둘 때 등불에 본 것보다 햇빛에 본 것이 더 아름다웠고, 멀리서 볼 때보다 가까이 보는 것이 더욱 아름다웠습니다.

려승은 미인을 대하고 보니 옛날에 호탕하게 놀던 기억이 꿈결같이 생각이 났습니다. 이것이야말로 산중에 파묻힌 보옥을 발견한 것이었습니다. 그 일찍이 경향으로 출몰하여 많은 여자를 보았지만 이와 같이 청수한 여자를 본 일이 없었습니다. "이런 말을 묻기는 죄송하오나 무슨 연유로 이와 같이 인적이 끊인 곳에 외로이 와서 계시나이까" 하고 려승이 물으매, 여자는 얼굴에 미소를 나타내며 "사람에게 말할 수 없는 어려운 사정이 있어 이곳까지 난을 피하여 온 것이외다. 저 일찍이 들으며 손님과 같은 도승은 세상의 변천을 대강 미리 짐작하신다 하오니 우리는 언제나 이 외로운 산중을 벗어나게 되겠나이까."

"저 본래부터 아는 것이 별로 없사오니 어찌 사람의 윤겁(輪劫)을 일일이 말씀 여쭐 수 있사오리까. 거저 일개의 순례승이옵니다" 하고 순례승은 합장 배례를 하였습니다. "그렇게 말씀할 수 없다는 데야. 더 여쭙지 않겠사오니 아침을 단단히 잡수시고 몇 끼니 양식을 준비하신 뒤에 이곳을 떠나소서" 하고 여자는 다시 안으로 들어갔습니다. 려승은 황홀한 눈으로 여자의 뒷태도를 바라보았습니다. 이래도 이곳을 떠날까. 더 좀 있어 볼까.

잠간 동안 궁리하다가 그는 방안으로 들어갔습니다. 될 수만 있으면 이 집에 오래 머물러 있어서 자세한 내용도 알고 싶었습니다. 어찌되었던 젊은 여자의 행동으로 보아 이 집에는 말하기 어려운 세상 사람이 알

수 없는 비밀이 들어 있는 것을 넉넉히 짐작할 수 있었습니다. 려승이 널리 만주 평야를 편력하면서도 이와 같은 괴상한 집에서 하룻밤을 지난 일이 한번도 없었습니다.

독립 요구 등 극단 요구는 극단 취체 부득하다

조선의 독립은 원래 조선인으로서 희망하지 않는 사람은 없을 것이다. 그러한 것을 희망해 봤자 그것이 실현되는 것도 아니고, 우리들은 그런 이상론은 잠시 동안 뱃속 안에 집어넣어 놓고 있다. 다만 실제론으로서는 현 총독 정치하에서 되도록이면 우리들 조선인의 이상에 가까운 정치를 해주기를 바랄 뿐이다. 조선인의 이상에 가까운 정치란 우선 조선인의 언론을 해방하는 것과 일선인(日鮮人)의 차별 철폐이다.

조선의 독립 요구라던가, 또 공산주의라던가 무정부주의와 같은 극단의 이론은 금일의 일본의 정책이 허용하는 것이 아니니까, 이러한 이론에 대해서는 극단의 취체를 당해서 부득이한 일이라고 각오하고 있기는 하나, (중략) 국가의 기초를 위태롭게 하고, 일한병합의 정신에 위반되지 않는 한 조선인의 언론에 대해서도 일본인과 같이, 하고 싶은 것 말하고 싶은 것은 시키지 않으면 안 될 일이다.

■ 송진우 인물평

외모: 신장 5척 5촌(168cm) 정도, 얼굴이 각졌으며, 피부색이 흼. 비만.

성행: 교활.

행적: 치열한 배일가(排日家)로서 항상 《동아일보》에 배일적인 기사를 게재하였으며, 조선 독립사상의 고취에 노력하였음.

출전: 〈왜정시대 인물〉 6권

※ 〈왜정시대 인물사료〉-일제 시기 요시찰 인물과 단체의 정보를 수록한 작성자 미상 문서. 1927년경 경성복심법원검사국에서 작성된 것으로 추정.

2. 고하 송진우의 관계 자료집

신문독재자 송진우론

유광렬

이 글은 유광렬(1898-1981)이 《중외일보》에 근무하면서 쓴 것으로, 1932년 9월 《삼천리》 제4권 9호에 발표하였다. 유광렬은 경기도 파주 출신으로 1919년 조선총독부 기관지인 《매일신보》에 입사한 후, 《동아일보》《조선일보》《중외일보》 등에서 활동한 언론인이다. 광복 이후 신익희 국회의장의 비서실장과 제5대 국회의원을 역임했다.

현 동아일보 사장 송진우 씨에 대하여는 훼예(毁譽)[21]가 상반(相伴)하는 인물이다. 그를 험담하는 사람도 수천수만으로써 세일 것이요, 그를 칭예(稱譽)하는 사람도 수천수만으로써 헤일 것이다. 그는 조선 신문계에 일 권위(權威)인 동아일보 사장으로 유명하고, 김성수 씨 재벌의 고문으로서 유명하다. 아마 김씨 재벌이 벌여 놓은 모든 사업에 송씨의 머리

---

21) 남을 비방(誹謗)함과 칭찬(稱讚)함.

를 들러 나오지 않는 것이 별로 없을 것이요, 송씨의 '육촌(六寸)의 비수(匕首)와 같은 술책'이[22] 수시 수처에 온현(穩現)하였을 것이다.

담양 촌가에서 자라난 송씨가 이만큼 전 조선적으로 두각을 드러낸 데는 김씨의 후원이 많은 반면에, 또 김씨의 금일의 사업망도 송씨에게 (신세)진 바 적지아니할 것이다. 김씨와 송씨는 마치 바늘에 실과 같이 함께 다니며 형영상수(形影相隨)의[23] 사이이니, 양씨의 교분은 세상에 드문 우정이라 하겠다.

그 두 사람이 이렇도록 교의(交誼)가 깊게 된 것은 실로 일조일석의 일이 아니다. 송씨는 전라도 담양에서, 김씨는 (고창) 줄포에서 생장(生長)하여 한문서당에서 《통감》《사략》도 함께 읽었고, "공자 왈 맹자 왈"도 함께 불렀다. 김씨에게 만일 송씨의 권고가 없었으면, 김씨의 지금 걷고 있는 걸음도 훨씬 다른 길을 취하였을는지 모른다.

왜냐? 두 사람이 다 스무 살 미만이던 당시에 상투 틀고 글 읽는 김씨를 송씨가 권하여 상투를 함께 자르고 현해탄을 함께 건넜다고 한다. 동경에 간 후에 하나는 명치대학에, 하나는 조도전대학을 마치고, 고국에 돌아온 후에는 경성에서 예(例)의 백산학교 안을 내어 함께 중앙학교를 맡아 경영할 때 초대 교장이 송씨이었다.

송씨가 기미운동 사건으로 철창에 신음하는 사이에 김씨는 현재 동아일보사에 손을 내어 10여만 원을 조달하느라고 전재산을 거의 다 들

---

22) 여섯번째 손가락과 같이 날카로운 비수라는 말로 여기에서는 아주 날카로운 칼 솜씨처럼 어떤 일을 예리하게 꾸미는 꾀나 방법을 말함.
23) 형체와 그림자처럼 항상 서로 붙어다니다.

어가고도 경영이 곤란할 때에 송씨가 출옥하였다. 이 말을 듣고 송씨가 합력하여 동분서주한 결과 주식회사를 완성하였다. 이후부터가 송씨의 신문경영자로서의 시금석이다.

조선의 현실은 모든 사업이 곤란하게 되었다. 신문도 역시 그 예(例)에 빠지지 않는 것으로 경영이 극난(極難)한 것이다. 더욱 신문은 큰돈을 퍼부어서 푼돈을 만들어 가지고 다시 줍는 장사이니만큼 주위 환경이 순조로운 사회에서도 경영이 곤란한 것인데 더욱 조선의 현실에서야! 주식회사 완성이 되었다는 것은 말뿐이요, 회사 창립 전의 부채를 청장(淸帳)하고 불과 5,6천 원의 돈이 남았다고 한다. 이 5,6천 원이 당시 동아일보사로서는 최후의 생명선이었던 것이다. 이때 송씨는 칼 물고 뜀뛰는 격으로 미국에서 열리는 만국기자대회에 특파원을 보내기를 주장하여 전 사재의 반분인 3천 원의 여비를 지출하였다.

이에 대하여 사원간에는 반대도 없지 아니하였다. 송씨는 이것을 고집, 실행하였다. 그러나 누가 알았으랴? 이것이 당시로서는 병들었던 동아일보에 소생제(蘇生劑)가 될 줄이야? 기자대회에 모 임원으로 당선되었다는 것을 기회로 축하 광고를 모집하여 그 금액이 4,5만 원에 달하여서 동아일보의 재정은 갱생의 활로를 얻었다고 한다. 이것은 씨가 신문을 경영하는 데에 밝은 선견지명과 대담한 실행력이 상반한 실례(實例)이다.

송씨는 엄격히 말하면 재승어덕(才勝於德)[24]한 사람이라고 할 수 있

---

24) 재주가 덕(德)보다 뛰어남.

다. "덕불고필유린(德不孤必有隣)"[25]이라는 말이 있다. 그러면 김씨 같은 평생지교(平生支交)를 가져 조선 사회에서 비교적 행운아인 송씨를 '덕'의 점으로 부족하다고 함은 실당(失當)일는지 모르나, 필자가 만일 저울을 가지고 송씨의 '재'와 '덕'을 저울질한다면 씨는 확실히 저울추는 '재'의 편으로 기울어지리라고 본다.

송씨는 책략이 종횡한 사람이다. 아마 현재 조선에서 역역명류(歷歷名流)를 갖다 놓고 책략으로써 씨름을 하라면, 씨의 위에 나올 이가 몇이 못 될 것이다. 모든 일에 얕고 팟득한 재사의 '재'가 아니라, 심모원려(深謀遠慮)[26]! 능히 인(人)의 상상을 뛰어넘는 엉뚱한 것을 꾸며내는 위인이다.

현재 신문계에 일재일능(一才一能)으로서 송씨보다 나은 이는 많을 것이다. 박학다문(博學多聞)하게 논진(論陣)을 펴고, 필봉(筆鋒) 당당히 적의 아성에 육박하는 데는 소장 논객에 미치지 못할 것이요. 재기환발(才氣煥發)하고 팔면영롱(八面玲瓏)한 편집술에는[27] 그 길의 명인에 미치지 못할 것이요. 정의곡진(情意曲盡)=금심수두(錦心繡肚)로써[28] 수려한 문장을 뽑아내어 천하의 남녀를 일관(一管)의 필하(筆下)에 울리고 웃기는 재조(才操)로도 다른 문사(文士)에 미치지 못할 것이다.

---

25) 덕이 있으면 반드시 따르는 사람이 있으므로 외롭지 않다.

26) 깊이 고려하는 사고와 멀리까지 내다보는 생각.

27) 사리 판단이 날카롭고 재능이 빛나며 어느쪽에서 보아도 다 투명하고 밝은 편집 기술에는.

28) 감정과 뜻이 지극하고, 시문(詩文)에 있어 가사여구(佳詞麗句)를 지어내는 뛰어난 재주로써.

그러나 이 여러 가지에 대하여 조금씩도 다 흉내를 내려 하면서 제일 특장(特長)은 재정을 정리하여 경영 기초를 확립시키는 수완이다. 일찍이 동사(同社)의 노년 기자 모씨가 동사가 금일의 융성을 일구기까지의 여러 가지 원인을 들어 말할 때에, 송씨는 "노형이 신문사 경영의 중심이 어디 있는지 모르는구려. 무슨 일이던지 먼저 재정을 확립시키지 않으면 안 되고, 따라서 이재적 수완이 사업 경영의 최고로 중요한 요소라오" 하고 일소(一笑)하였다고 한다.

송씨의 이 유일한 자장인 이재에 대하여 세인 중에는 반증을 드는 사람도 있을 것이다. "송씨에게 만일 김씨와 같은 절대 후원자가 없으면 어떻게 금일의 성공을 이룰 수 있으랴. 그것은 전혀 김씨 후원의 사물(賜物)이라고 할 것이다."

그러나 조선에서 신문 경영에 있어서 모, 모씨 등은 후원자는 고사하고 자기 자신의 돈을 직접 맘대로 쓰되, 동아일보에 고정된 자본보다 훨씬 많은 거액을 소비하고도 자신은 세인의 냉매(冷罵) 속에 패가훼명(敗家毁名)하고, 신문은 명맥기절(命脉幾絕)의 반사(半死) 상태에 빠진 것으로 보아 송씨의 금일 성공이 김씨 후원의 사물(賜物)만이 아닌 것이 분명하다.

이만한 자기의 수완을 믿느니만큼 그는 사내에 모든 각류(各流) 기자를 억압하고 엄연(儼然) 독재자로 자임한다 하여 다소 불평의 소리도 없지 아니하다. 그러나 씨의 자아에 강한 성격은 사내 사외로 어떠한 말이 있던지 자기의 소신하는 바를 향하여 돌진한다. 이 저돌적 태도에 대하여 친우 중에 그리 말기를 권고하는 사람이 있으면 "별말 마오. 세인이 백이 떠들어도, 천이 떠들어도 피상적으로 떠드는 것이야 상관 있나요. 실지로 성공하여 놓으면 고만이지요" 하고 다소의 적을 만날지라도 자기 소신대로 쭉쭉 나가는 것이 씨의 장처(長處)인 동시에 단처(短處)이다. 이 '장처'가 있음으로 씨의 금일의 성공이 있는 것이요. 이 '단처'가 있음으로 씨를 비폄(批貶)하는 사람도 불소(不少)하다. 그러나 씨를 '비폄'하는 사람도 씨의 강미(强味) 있는 자아 고집과 무슨 일을 맡기던지 실패가 적을 사람이라는 것만은 인정할 것이다.

송씨는 대인 교제에 다소 거오(倨傲)하다는 비평도 듣는다. 자아가 강하고 공명심이 있는 사람의 통폐(通弊)이다. 그리고 그 자아의 강한 주견으로 상대방을 가리지 않고 꾹꾹 내리누르는 태도로 임하여 설복시키려는 것같이 보인다. 이것은 송씨 자신더러 말하라면 그럴 리가 없는데… 나는 겸손하고 또 상대자에게 솔직하게 내가 먹은 바 말한 데 지나지 않는 것인데… 하고 이상히 알는지 모른다. 만일 그렇다면 이것은 송씨의 천성의 일면이라 또한 어찌할 수 없는 일이다.

"침묵은 금이요, 웅변은 은"이라는 말이 있다. 그러면 송씨는 은을 취하는 것이다. 씨를 연단 위에 내세워서 웅변이라기에는 과찬이나 한몫은 볼 수 있는 것이요, 좌담에 이르러서는 확실히 일가를 이루었다.

송씨는 뜻에 맞지 않는 사람을 만나면 그 무표정한 얼굴에 무기미(無氣味)한 침묵을 지키고 있을 때가 많으나 뜻에 맞는 사람을 만나면 구수한 좌담이 꼬리에 꼬리를 물고 나와서 상대자에게 입 벌릴 틈도 주지 않을 만큼 긴장하게 나아가는 것이 상례이다.

그러나 이 말 많은 것이 종종의 화기(禍機)를 일으킬 때도 있다. 씨는 때때로 우국개세(憂國慨世)[29]하는 척도 한다. 이 '척'이라는 말이 씨에게 실(失)에 예(禮)일지 모르나, 사실 생물은 자기 표현 이외에 별로 다른 것을 못하는 것이니만큼 이 '척'은 씨에게만 국한한 것이 아니라, 모든 그런 부류 인물에게 보내는 통례의 말이니 이것도 결국 자기 표현의 일책(一策)에 불과하기 때문이다.

그러나 이 일면으로 보아 송씨는 정치가의 소질이 있는 것같이 보인다. 씨에게는 공상(空想)이 많다. 공상이 많은 이가 철학자가 안 되면 정치가가 되는데, 씨의 모-든 성격은 후자에 속한다. 조선에 났으니 일(개) 신문 경영자이지 조건이 좋은 곳에 (태어)났으면 반드시 정계에 출마하였을 것이다. 일찍이 그의 모 친우가 그와 앉아서 주후(酒後) 만담으로 조선에 정치가 있어 현존한 인물로 조각을 하려면 어찌되겠느냐에 대하여 씨는 누구는 외무, 누구는 문부, 누구는 대장(大藏)하고 꼽다가 말이 총리(總理)에 이르러서는 웃고 말하지 않았다 한다. 그 친우가 총리는 누가 되겠느냐 하고 재차 물을 때에 그는 '소이부답심자한(笑而不答心自閑)'[30]의 한시 일구로 대답하였다 한다. 이에 대하여 그 친우들은 "총리는 가장 중임이기 때문에 함부로 비록 만담으로라도 경경(輕輕)히 말할 수 없다는 것이라고도 하고, 또 어떤 친우는 이것은 총리는 자기 자신이 되어야겠다"는 말이라고 한다.

필자 역시 타인 유심(有心)을 촌탁(忖度)할 수 없으나 만일 후자라면

---

29) 나라를 근심하고 염려하며 세상을 개탄한다.
30) 이백(李白)의 〈산중문답(山中問答)〉의 한구절로 "웃기만 하고 아무 대답도 하지 않았지."

씨의 치기만만(稚氣滿滿) 영위가애(寧謂可愛)하다고 할까. 일면(一面)의 씨의 거오자대(倨傲自大)한 자아와 정치가적 공명심이 편린(片鱗)을 표시한 것이나 아닐까.[31]

세인(世人) 중에는 송씨를 평하여 '김성수의 병정'이라고 하는 이도 있다. 병정이라면 그런 병정은 없을 것이다. 조석으로 김씨 집에 출입하며 씨가 관계하는 대소사를 보고 상의하느니만큼 진실로 충근(忠勤)스러운 병정이다. 그러나 부자의 병정으로서 대개는 그 부자를 끌고 기생집에 가고 요정에 가는 것이 상례인데 씨는 김씨 상투를 잘라 일본으로 끌고 가는 그런 병정이요, 중앙학교를 하게 하고 방직회사를 하게 하고 동아일보사를 하게 하는 그런 병정이다. 그러나 송씨가 단순하고 호락호락한 병정은 아니다. 연전에 김씨와 송씨가 쟁론하는 일 장면에 송씨는 김씨에게 "오. 네가 신문사나 경영한다고 친구도 몰라. 나를 내보내려무나… 네 부자는 얼마나 믿겠느냐. 네 집에 ○○이 들어갈 줄 알아라" 하고 노매(怒罵)하였다. 이럴 때에 명민한 김씨는 묵묵 불어(不語)하고 그 자리에서 나가고 말았고, 다른 친구가 송씨에게 "송선생이 너무하외다"고 한 일이 있었다 한다. 또 어느 때에 모 친우에게 "김성수 씨 일문(一門) 재벌을 기울이면 조선에서 대학 하나는 넉넉히 할 터인데…" 하고 탄식하였다. 이때 그 친구가 "그러면 선생이 힘써 권유하여 보구려" 하니까, 씨는 얼굴에 별안간 쓸쓸한 빛을 띠우며 "에그 어디 돈 있는 사

---

31) 필자 역시 타인의 마음을 헤아릴 수는 없으나, 만일 후자라면 씨의 치기만만함이 오히려 사랑스럽다고나 할까. 일면 씨의 오만자대한 자아와 공명심의 한 단면을 보인 것이 아닐까.

람들이 말을 잘 듣는답디까? 부자에게서 돈 끌어내기가 그렇게 쉬운 줄 아오. 부자의 돈을 좀 끌어내서 사업되게 하자면 그 고심이 오죽한 줄 아오" 하면서 무슨 생각이 들었던지 한아고목(寒鴉枯木)[32] 같은 그로서는 처연(凄然)히 눈물을 흘리고 마침 오동(梧桐) 제1기에 올라오는 달을 바라보며 한참 오열하였다고 한다.[33]

한아고목(寒鴉枯木)! 이것은 그의 사생활의 일면을 표시한 것이다. 그가 지금 증왕(曾往) 기생의 마마님을 데리고 원동(苑洞) 일우(一隅)에 '스위트 홈'을 일구었다고 하나, 씨의 집을 찾아오면 소연(蕭然)한 산정(山亭)에 독와(獨臥) 독기(獨起)하며 의연한 일 선승(禪僧)과 같은 생활을 한다고 한다.

씨는 우정에 대하여서도 애증이 심하다. 이 때문에 사내에서도 편애하는 사람이 따로 있다는 평이 있다. 그러나 궁교(窮交)와 빈족(貧族)에게 성의껏은 대하는 모양이라 한다. 술은 두주(斗酒)를 불사(不辭)하고 평소에는 수양으로 누르던 자대(自大)의 성격이 폭로되어 성(盛)히 장어대담(壯語大談)을 한다는 말도 있다.

송씨는 하여간 조선 신문계에서 유일한 성공자이다. 위에도 말한 바와 같이 일재일능(一才一能)으로는 신문경영에 씨보다 나은 이가 있으나,

---

32) 고목 위의 까마귀.
33) 한아고목(寒鴉枯木)! 이것은 그의 사생활의 일면을 표시하는 말이다. 그가 지금 기생 출신의 첩을 데리고 원동(苑洞) 한구석에 스위트 홈을 일구었다고 하나, 송씨의 집을 찾아오면 적막한 산속의 정자에 홀로 눕고 일어서며 의연하게 참선을 닦는 승려와 같은 생활을 한다고 한다.

이것을 통일 집대성하야 이재(理財)의 능으로 이를 요리하는 데는 씨의 독단장(獨壇場)이다. 그러면 씨야말로 선장병(善將兵)이 아니라 선장장(善將將)인가.[34] 김씨가 백락(伯樂)이면 송씨가 천리(千里)인가,[35] 송씨가 백아(白牙)이면 김씨가 코지지인가?[36] 송씨는 아직 40 남짓한 장년(壯年)이니 김씨와의 교제가 계속된다면 장래 다른 사업에도 손을 내밀 수 있는 것이다.

　씨의 사상은 소시민적 자유주의로서 '부국론'과 '분배론'은 씨의 사상기축을 이루었다. 이 때문에 씨가 신진 맑스 학도에게 배격을 받는 것도 또한 당연한 일이다.

---

34) 병사를 잘 다루는 장수가 아니라, 장수를 잘 다루는 장수라는 뜻.

35) 당송팔대가 중의 한 사람인 한유(768-824)의 《잡설(雜說)》에 나오는 "世有伯樂, 然後有千里馬. 千里馬常有, 而伯樂不常有.(세상에 '백락'이라는 인물이 있고 난 뒤에 천리마가 있을 것이다. 천리마는 항상 있었지만 백락 같은 이는 늘 있지 않았다)"에서 따온 비유이다.

36) 송씨가 흰 이빨을 간직하였다면, 김씨가 코흘리개인가?

언론계의 지보 송진우

김병로

이 글은 김병로(1887-1964)가 1935년 3월 《삼천리》 제7권 3호에 발표하였다. 전북 순창 출신으로 호는 가인(街人)이다. 일제강점기 신간회에서 활동하였고, 법학 전문교수와 독립운동가들을 무료로 변호하는 인권변호사로 활약하며 이인·허헌과 함께 조선국 3대 민족 인권변호사로서 명망을 날렸다. 광복 후 한국민주당 창당에 참여하였으며, 대한민국 정부 수립에 참여, 1948년 반민족 행위특별조사위원회 특별재판부 재판부장과 초대 대법원장을 지냈다. 송진우와는 메이지대학 재학시에 만나 평생의 지기로 사귀었다.

송군은 신문사 사장한 지가 10년이 넘는다. 그리고 앞으로도 송군은 신문사 사장의 직임을 오래 맡겼으면 좋겠다. 따로 대세가 변한다면 모르겠으나 이 현상 아래 있다면 내가 알기에는 송군만큼 신문사 사장에 적임인 이가 없다. 더구나 조선에서 신문사의 역할이란 하나의 도서관, 하나의 학교, 하나의 단체보다 어떻게나 중요하고 유용한지 모르겠다.

송군을 신문사의 주재자로 적임이라고 하는 데는 세 가지 이유가 있다.

첫째, 신문사 사장은 필정(筆政)의[37] 사람이 되어야 한다. 그가 전일 사설의 붓을 잡고 있을 때 〈평등권과 자유권〉 같은 연 3일에 이른 대논문이라든지, 그뒤 총독이 갈리어서 사이토(齋藤) 씨가 부임하여 왔을 때, 〈제등(齋藤) 군에게 여(與)함〉이란 3, 4일을 연재한 긴 사설 같은 것은 나는 그 전에 그런 글을 못 보았고, 그뒤로 오늘까지 또한 그런 글을 못 보았다. 그렇게 이 일문(一文)은 논지정연하고, 힘과 열이 있고, 일세의 정론가(政論家)[38]로서 추앙하기에 족한 대경륜, 대논책이 있었다.

그 다음 자격은 신문사 사장은 재정, 다시 말하면 재리(財理)[39]에 밝아야 한다. 송군은 지금부터 10여 년 전, 동아일보 재정이 서지 못하여 겨우 6,000원밖에 운용자금이 남지 않았던 시절이 있었다. 그때 신문사의 회계는 매월 2,000원씩 순결손을 보고 있었다. 그러니까 결국 3개월 후면 재정상으로 명맥이 진할 위기에 닥쳐왔다. 그런데 그때 하와이에서 세계신문기자대회가 열리었다. 이 대회에는 북미의 이승만·서재필 등 여러 선배가 많이 활동하고 있었다. 그때 조선의 민간신문으로서 대표를 를 파견할까말까 하고 의논이 많을 때, 송군은 사내 간부들의 반대도 불구하고 겨우 6,000원 남은 회사의 전 재정 중 반액인 3,000원을 뚝 떼내 놓아 김동성 군을 주어 대회로 특파하였다.

얼마 오래지 않아서 해외 전보는 김동성 군의 부회장 당선을 알려왔다. 사내에서는 만세 소리 들렸고, 사회에서는 이 보도에 환희하였다. 우

리도 나중에야 각 민족에 1인씩 민족별 대표가 있는 줄 알았지만, 그 당시는 전 대회에 회장·부회장 두 분이 있는 중에 그 부회장이 된 줄 알았다. 이리하여 사회 인사의 열렬한 지지를 다시 얻게 되어, 13도로부터 축하 광고를 얻어 그것으로 신문사는 재정적으로도 소생의 기회를 얻었다. 대세에 대한 견식이 있고, 그것을 요리할 수완이 없으면, 이렇게 장열 대담한 일을 단행도 못하고 또한 그러한 결과를 얻지 못하고 마는 것이다.

이밖에 민중정치가로 가장 큰 무기인 혀의 힘 말하자면 웅변, 그것은 반드시 송군을 가르쳐 당대 제일의 웅변가라고 말할 수는 없지만, 그의 말에는 진정함이 떠돌아서 만인을 추복(推服)하게[40] 한다.

사설을 뛰어나게 쓰고, 신문사의 재정을 잘 요리하고, 일세의 존경을 받을 인격을 가졌으매 송군은 오늘날의 신문사장으로 가장 적임이다. 앞으로 언론계를 위하여 그 몸을 맡겨 주기를 바람이 어찌 나 한 사람뿐이겠는가.

서로 사귀고 왕래한 지가 20년에 미친 송군의 인격의 장점은 이밖에 그는 또 금전에 담박(淡泊)[41]하다. 돈이 없으매, 또 돈을 모아 큰부자 될 생각을 아니하는 까닭이매, 그는 금전을 위하여 처신하는 일이 없다. 그의 손에 공금 수십만 원이 들어오고 나가고 하였을 것이로되, 이제까지 한푼을 개인적으로 사용하였다는 말을 못 들었다. 또한 그가 몸을 굽

---

40) 충심으로 존경하여 복종함.
41) 욕심(欲心·慾心)이 없고 마음이 깨끗함.

했다면 돈이 생겼을 기회도 많았을 것이로되, 이제까지 한번도 그런 기억이 없다. 그는 돈에는 청렴하다. 공인(公人) 되는 제일 요점은 금전을 탐하지 않음에 있다. 돈에 이리저리 휩쓸린다면 그의 생명은 끊어지고 만다.

그 다음 그의 장점은 이성(異性)에 또한 결백한 것이다. 그가 최근에 와서는 배우자를 얻어서 가정을 꾸미고 있다. 하지만 그의 전반 생(生)은 여색에 실로 고담(枯淡)⁴²⁾한 기록뿐이다. 장부(丈夫)가 천하에 뜻을 두매, 그에게 여색과 금전에 혹하지 않는 굳은 강철 같은 성격을 가지고 있다 함에 무엇이 두려운 것이 있으며 못할 바 있으리오.

민중지도자로서 송군의 생명이 오래 길이 갈 줄을 나는 이상의 여러 관점에서 보는 바노라.

---

42) 청렴(淸廉) 결백(潔白)하여 욕심(慾心)이 없음.

관홍대도의 송진우 선생

홍효민(洪曉民)

홍효민(1904-1976)은 《동아일보》 기자 출신으로 《문학과 자유》 《순수문학의 비판》 등을 저술한 평론가이자 소설가이다. 해방 직후에는 조선프롤레타리아 문학동맹에 참여하였으나 실망하여 떠났으며, 이후 좌우익의 중간파적 입장을 지키면서 현실의 모든 부정적인 면을 가차없이 폭로해야 한다는 '조선적 리얼리즘'을 제창했다. 6·25전쟁 후에는 〈애국사상과 애국문학〉 〈문학과 윤리 문제〉 등에서 애국주의 문학론을 내세웠으며, 홍익대에서 후진을 양성하는 데 주력하였다. 이 글은 고려문화사에서 간행한 《民聲》 제5권 10호(통권39호, 1949년 10월)의 62-75쪽에 수록되어 있다.

일찍이 독일의 시성 괴테는 "태양은 숨어서 가더라도 위대하다!" 한 말이 있거니와 지금 고하 송진우 선생의 풍모를 생각할 때 문득 떠오르는 생각이 이것이다. 이 생각은 내가 20년대의 약관 청년으로 고하 선생을 그 당시에 원동(苑洞) 자택에서 배알할 때 생각이다. 이때의 고하 선생은 생기발랄한 40년대의 장년으로서 일제의 그 잔혹한 폭압하에

도 끄떡없으시었다. 그 의기헌앙(意氣軒昻)한[43] 강개(慷慨)의[44] 기풍은 참
으로 그때 청년의 사표이시었다.

그때 나는 약간 붉은 사조에 감염이 되어 무슨 일로 고하 선생에게
당돌하게 질문하러 갔을 때다. 나는 고하 선생을 일견(一見)하고 그의
의기헌앙하시고 관홍대도(寬弘大度)[45]하신 풍모에 위축되어 그다지 질
문도 시원히 못하고 이내 가진 생각이 먼저 내걸은 독일 시성 괴테의
말이다. 그리고 "이런 분이 어찌 민족을 등지고, 사회를 무시할 수 있으
라"고 하여 이때부터 존경하고 숭배하였다.

또한 역시 나는 이때부터 사회사상을 포지(抱持)한[46] 한 구덩이에서
민족사상이 싹트기 시작하였고, 나는 고하 선생 문하에 들어가 동아일
보의 말석을 더럽히는 것을 자랑으로 알았다. 또한 내 아내가 수를 놓
은 정포은(鄭圃隱)[47] 선생의 사당 그림도 이때 바치었다. 그러나 나는 이
제나 예나 역시 생활에 쪼들리어 좀처럼 일관(一貫)한 생활이 여의치 못
하였다.

동아가 폐간될 무렵, 나는 단연 이 은사(恩師) 고하 선생에게 반감을
가졌었다. 지금 생각하면 물론 철없는 생각이었으나 그것은 역시 내 생

---

43) 의기(意氣)가 높은 모양.
44) 의롭지 못한 것을 보고 의기(義氣)가 북받쳐 원통하고 슬픔.
45) 마음이 너그럽고 도량이 큼.
46) 안아 일으킴.
47) 고려의 충신 정몽주(鄭夢周)를 그의 호로 이르는 말.

활의 집념은 고하 선생은 수많은 동아 사원을 무시하는 듯 생각되어 선생도 재물에 들어서는 각박하다는 생각 또는 부르주아지의 대변자라는 생각이 들어 다시 내 갈 길을 갔었다. 지금 생각하면 모두가 죄송스럽고, 망은자(忘恩者)의 행동이라고 하기에 족하다.

나를 수무(受撫)[48]하고 지도하시던 분을 그 하찮은 퇴직금 문제로 내가 사원회 석상에서 대언장어(大言壯語)[49]하던 그 꼴이 참으로 아연 은연(銀然)하다. 내가 사원회 석상에서 대언장어를 하던 전후사가 고하 선생의 귀에 아니 들어갈 수가 없었을 것이요, 또한 고얀 놈이라고 생각하였으리라고 지금에 생각하면 얼마든지 참회되고 추급(追及)[50]할 수 없는 회한의 그것이다. 또한 고인신정(古人新情)[51]의 이 글을 쓰는 동기도 그 태반은 이곳에 있다.

나의 이 유치한 생각은 우리나라의 태양과 같은 존재의 고하 선생을 얼마 동안 나의 궁리에서 전연 망각되었다. 그것은 먹고살기의 저몰무가(沮沒無暇)[52]한 것도 한 원인이지마는 동아가 폐간되던 당시 이 유쾌치 못한 논쟁이 인상 깊어 곡자전지(曲者全之)[53]라는 말과 같이 나는 늘 고하 선생을 불만히 여기었다.

---

48) 어루만져 주시고.
49) 제 분수에 맞지 않는 말을 희떱게 지껄임. 또는 그 말.
50) 뒤쫓아서 따라감.
51) 옛사람을 새로 사귀는 정.
52) 어떤 일에 몰두하여 다른 여가가 없음.
53) 겸손히 굽히는 자는 자신을 보전하고도 펼칠 수 있다는 뜻이나 여기서는 살고자 굽힌다는 비난조의 뜻 정도로 표현한 문구.

더욱이 해방 직후에는 몽양 여운형 선생과 악수치 않은 것이 이 위에 한 가지 더 불만을 가해 왔었고, 한때는 고하 선생이 조선을 망친다고도 생각하였다. 고하 선생은 완고하고 고집투성이고, 전통 묵수자(墨守者)[54]라고 생각하였다. 이렇게 생각이 드니 고하 선생뿐 아니라, 고하 선생을 싸고도는 일련의 고하 선생의 주변 인사들은 오늘 나의 불만의 대상이요, 보수주의자라고 생각되었다.

그러나 어느 날 광화문통 지금의 세종로의 노상에서 위당 정인보 선생과 나란히 걸으시면서 나와 마주치게 되었다. 이 고얀 놈의 나는 저분을 피하려 하였다. 그러나 고하 선생은 "홍군 아닌가!" 하시고 먼저 말씀을 거시는데 내 아무리 고하 선생에게 불만이 있고, 반감이 있어도 피할 도리가 없었다. 또한 악수까지 해주시었다. 고하 선생은 언제나 이렇게 의기헌앙하시고 관홍대도하시다. 그러나 이때의 나는 그다지 고마움을 몰랐다. 역시 정치가의 남다른 크다는 풍도를 보이기 위하여 이런 사람까지도 포용한다는 너그러움을 보이려 함이라 생각하였다.

아아, 그러나 이것이 고하 선생을 영결하는 악수가 될 줄은 꿈에도 몰랐다. 어느 날 아침이 치솟던 날 나는 동두천에서 올라오니 고하 선생이 흉한의 손에 피습을 당하여 별세하였다는 신문기사를 청량리역 앞에서 보고 얼마 동안 망연자실하였다. 마치 나의 희망의 일부분이 넘어진 듯한 감이 있었다. 이 야릇한 감정은 이때까지 고하 선생에게 가졌던 불만과 반감이 봄눈 슬든 스러졌다. 나는 이날은 맥없이 그때 다니던 조선

---

54) 자신의 의견을 굽히지 않고 지키는 사람.

일보사에서 고하 선생을 마음속으로 죄송함을 빌었다. 이때 만약 조선일보가 속간이 되었다면 내가 추도문 하나쯤은 집필하였을 것이다.

나는 그날 동두천으로 내려와서 〈고하 선생을 생각하면서〉라는 제목으로 그때 주간지 모(某) 보(報)에 추도문을 써가지고 갔다. 그러나 모 보의 책임자는 그것을 게재할 듯이 생각하고 좋다고 하더니, 그후 꿩 구워먹은 모양으로 아무 소식이 없었다. 어느 날 나는 그를 찾아가 그 원고를 도로 찾으려 하니 분실되었다고 말하면서 나를 반동이라고 몰아댄다. 이 친구는 나를 공산주의자인 줄 알았던 모양인데, 고하 선생을 추었다고 몰아댄다. 역시 나는 정치적인 놀음에는 그다지 흥미가 없어 그와 언쟁도 하지 않고 슬며시 물러났다. 또한 그 사람은 나를 명예주의자로 모는 데 아연하여 그만 물러나오고 말았고, 기어코 고하 선생의 장례에도 또는 조문도 한번 못하고 말았다. 이제 생각하면 역시 좌익의 위세에 눌렸고, 내가 타고난 듯한 성격, 어딘지 모르는 활발치 못한 성격이 고하 선생에게 죄를 많이 짓고 말았다.

이 글을 씀에 있어 또한 나를 명예주의자 혹은 기회주의자라고 지탄하는 사람이 있을까 염려하여서 이런 집필을 아니할까도 생각하였다. 그러나 나는 대담해졌다. 역시 고하 선생의 길이 옳고, 내 길이 너무나 미약하고 좌충우돌하면서 냉정하게만 지내려는 생각이 그릇된 것을 깨달았다. 고하 선생이 하세(下世)하였을 때 생각이 다시금 나게 되었다. 그것은 역사와 전통과 조국이 없이는 우리 민족은 멸망한다는 생각이 뿌리 깊게 배여 가고 있다.

고하 선생은 일제시대에도 늘 말씀하시기를 역사와 전통과 조국을 말씀하시었다. 그와 동시에 이제는 고하 선생 주변에 있는 인사에게도 다정한 마음이 가고 길에서 만나면 친근히 인사를 올린다. 그러나 자진해서 이들 인사를 찾기는 아직도 싫다. 그것은 내 성격이 그렇게 되었고, 첫째로 세력이나 권리에 쫓아다니는 내 딴은 아세(阿世)[55]하는 속한(俗漢)[56]은 되기 싫다.

또 한편 정조를 깨뜨린 여인의 심리 같은 야릇한 심경이 항상 내 마음을 지배하고 있다. 그러나 고하 선생이 종자씨를 뿌려 놓은 민족운동과 대한민국의 융성은 항상 심축(心祝)하고 있다. 그것은 한편 고하 선생의 유지가 이루어지는 것이요, 또한 이 대한민국은 유일의 합법기관이요, 자유국인 까닭이다. 이것은 또한 진정한 민주국가가 될 수 있고, 완전한 자주독립을 얻을 수 있는 까닭이다.

고하 선생에 대한 죄지은 듯한 심리로 쌓여 있었고, 망은(忘恩)하는 심경으로 있었던 것을 다소간 자백하고 났다는 데서 약간의 가벼운 곳으로 돌아온 듯함이라. 오늘에 있어 다시금 드리고자 하는 말은 그저 사후의 명복이 길이길이 고하 선생에게 계시옵기를 합장 묵념할 뿐이다. (가을 달 밝은 밤에)

---

55) 세상 사람들이 하는 대로 따름.
56) 성품이 저속한 사람.

고하 송진우 선생: 잊혀지지 않는 사람들

이상우(李常雨)

이상우의 본명은 이태로(李泰魯, 1898~?)이다. 전북 순창 출신으로 1923년 동아일보에 입사하였다. 1928년부터 도쿄지국장을 역임하면서, 1929년 3월 캐나다 방문을 위해 일본에 잠시 경유한 '인도의 시성'으로 동양인 최초의 노벨문학상 수상자 타고르(1861-1941)에게 조선을 방문해 줄 것을 요청한 것이, 현장에서 타고르로부터 〈동방의 등불 코리아〉를 받는 계기가 되었다. 주요한이 번역하여 《동아일보》 1929년 4월 1일자에 소개하였다. 이 글을 쓸 때는 대한인쇄사 상무로 근무하고 있었으며, 서울신문사가 간행한 《신천지》 제9권 9호(1954년 9월) 147-151쪽에 수록되었다.

3·1운동은 우리 민족의 자결하던 큰 역사이며, 33인이라면 그때 지도하던 선구자라는 것은 누구나 다 아는 바이요. 또 그분들 중에도 왜놈의 시달림을 못 견디어 할 수 없이 마음 아닌 변절한 분도 많고 패전 긍긍으로 은거 또는 매몰 생활로 겨우 생명만 부지한 분도 많지마는 전두에 나서서 정면으로 왜놈과 충돌하고 장래의 독립 공작을 꾸준히 한 사람

은 고하 송선생인 것은 세상이 다 인증할 것이다.

그의 부친 훈과 숙부 육은 문학자로 신문학에 유의한다고 구학자에게 배척을 받던 분들이다. 그 지도하에 17세까지 향토에서 공부하던 중 친우 김성수가 일본으로 유학 갔다는 말을 듣고 공부하던 책을 내던지고 맹목적으로 쫓아 섰다.

기차도 처음 탔으며, 기선도 처음 탔다. 촌뜨기가 화려한 동경 카라스모리역(烏森; 지금 新橋)에서 하차하니 두 눈이 황홀한 중에 처음 보는 인력거를 승물(乘物: 올라타는 기구)인 것은 짐작하나 어디에 앉는 것은 알 수가 없어서 아래층 편편한 데 쪼그리고 앉아서 하숙까지 갔다. 이것을 본 하숙에 있던 친구들이 "그래 인력거 하나를 탈 줄 모르고 하층을 탔나" 하고 조롱을 하니, "여비가 부족하여 3등을 탔더니 일등 값을 다 받아서 낭패여"라고 뱃심 좋게 말막음을 하였다.

그뒤 술자리에서 농담하는 친구가 "고하 요새도 인력거 3등을 타나?" 하고 조롱을 많이 하였으며, 동아일보 사장으로 있을 때에 무엇을 지불하라고 하여도 선선히 내지 아니하면 "고하 인력거 3등 또 타게 되었구려" 하는 돈 아낀다는 농담의 표현이 가끔 있었다.

선생이 공부를 마치고 고국에 온 때는 우리 산하는 왜정 일색이라. 민족을 위하는 사업에 발붙일 곳이 없었다. 민족을 지도하려면 교육이 최선이라고 생각하고 몇몇 동지와 의논하고 기호학교(지금 중앙학교)를 인수하여 전두에 나서서 인재를 육성하면서 뒤로는 은근히 해외 동지와 연락하며 틈을 엿보다가 기미운동을 양성(釀成)하였으며, 그 운동이 여의치 못하게 되고, 질곡의 욕을 참혹히 당하면서도 소지(素志)는 꿋꿋이 가지고 왔다.

적치(敵治) 대정 8(1919)년에 소위 언론 자유를 준다는 구실하에 우리들은 신문을 간행하게 되니, 이것도 민족을 각성시키는 한 도움이라 생각하고 《동아일보》를 창간하였다. 당시 동아일보사는 인민을 각성시키는 신문만 발행하는 것뿐이 아니라 은연히 왜정을 반항하는 동지의 보금자리가 되었다. 그러므로 악랄하고 압박하던 왜놈들도 동아일보는 만만히 보지 못하고, 선생은 '요보'[57]의 대표로 지목하였다.

그의 성격은 솔직한 중에도 특히 자존심·우김성·억압성이 대단하나 포용력 하나로 다 싸갖고 일자리의 의난(疑難)을 당하면 탁월한 식견이 사람을 경복(驚服)한 일이 한두 가지가 아니다. 이상을 분과적으로 말하면 누구 앞에서도 허리를 굽힌 일이 없었고, 술잔이나 마시면 두꺼비눈을 끔벅끔벅하고 콧숨을 휘 내뽑으며 지금 사람은 물론이요, 예전 사람에게까지도 "그놈이 이런 일은 잘한 것이요. 저런 일은 잘못한 것이야" 하고 그 사람이라고도 아니하는 말버릇이다. 이것은 자존심이라기보다 거방심(倨傲心)인 것이다.

또 우김성으로 말하면 고한문(古漢文)의 시문이라든지 한의학·점·지리 등에도 전문가 앞에서도 그 사람을 제쳐놓고 자기가 잘한다고 말하고, 혼인 등사(等事) 가운데도 그 사람이야 마음에 들던 아니 들던 자기의 마음에 합당하면 우겨대다가 그 사람이 순종을 아니하면 화증을 낸다.

한의약으로 우기다가 실패한 유모어가 있다. 필자가 원서동에서 선

---

57) 예방의 옛말로서, 요시찰 인물이란 뜻.

생과 동거하던 중에 집사람이 대단치 아니한 병이 있었는데, 선생이 늘 주장하는 사상의학으로 집사람은 소음(少陰)에 속한 상이라고 소음 경약(經藥)으로 무지무지하게 방문을 내었다. 필자는 늘 존경하는 선생의 방문이라 턱 믿고 지어다 먹었더니 한 첩을 먹은 뒤에 금방 부징이 나서 생명이 위험할 지경이라. 곧 의사를 청하여 해독약으로 구출하였다. 그뒤 필자가 감기가 있기로 "선생님 감기에 처방 하나 해주세요" 하니 선생이 대답하기를 "나는 다시 약방문 아니 내기로 맹세하였네" 하여 왔던 손님까지 박장대소를 하며 "고하도 웃기는 일이 있다"고 하였다.

또 혼인 중매의 유모어는 모 명사의 매씨(妹氏)를 우겨서 중매하였더니, 그뒤 두 사람 사이가 좋지 못한 것을 보고 나에게 "다시는 혼인 중매는 아니한다"고 맹서하였다. 그뒤 선생의 고향 친구들이 방문을 왔다가 누구의 자녀 혼설이 나왔다. 선생이 본격적인 우김성으로 한참 말하는 중에 필자가 마침 그 방에 들어갔다가 선생을 쳐다보고 빙그레 웃었더니, 나의 웃는 모양을 건너다 본 선생은 금방 말하고 우기다가 백절(白晳)한 손을 내저으며 "나는 몰라 나는 몰라 혼인 등사에는 말을 아니할 터야" 하나 말하던 분들이 "금방 우기던 사람이 별안간 몰라몰라는 무엇이냐" 반문하나 선생은 또 손을 내저으며 "그런 일이 있어"라고 대답한다. 그 손님들은 무슨 까닭인지 몰라 어리둥절하고 필자는 마루로 나와서 포복절도를 하였다.

또 지금까지 누구에게도 말을 아니하던 숨은 사실을 말하려 한다. 1931년 만보산사건 때 필자가 경성방직 회사에 재직하고, 서울 상공협회 상무이사 중 한 사람이었다. 전국 각지에서 중국인을 학살하고 상점을 습격하는 폭동이 벌떼같이 일어나는 중 평양·인천은 더욱 심하였다. 서울 시내 화교들은 남녀노소가 전부 중국 총영사관으로 집합하여 벌벌 떨고 있었고, 화상들은 전부 폐쇄하였는데 오늘 밤쯤에는 중국 상점을 습격 약탈하려는 정보를 듣고 필자인 나도 매우 우려하였다.

이것은 중국 각지에 산재한 백수십만의 우리 동포의 처지를 곤란케 하려는 왜제(倭帝)의 음흉한 정치적 모략임을 직각하고 경성상공협회 이사장 박승직 씨를 만나보려 하였으나 만나볼 수가 없어서 선생을 동아일보 사장실로 찾아갔더니 선생이 나를 보고 "마침 잘 왔소. 그러지 않아도 군을 만나려고 하였소. 만보산사건으로 서울 폭동은 절대 방지하오. 이군이 책임지시오"라고 한다. 나의 대답이 "그렇지 않아도 서울 시내에 오늘 밤에나 내일쯤은 폭동이 일어나리라는 정보가 있음을 염려가 되어서 선생을 뵈려고 왔습니다" 하였더니, 선생이 콧숨을 휘 내시며 "어서 빨리 나가서 무슨 방법으로든지 서울 폭동만 방지하오, 왜 주춤주춤하오. 시간 가오" 하는데, 그 둥그런 얼굴과 다른 때보다 광채가 더욱 번쩍번쩍한 안광과 추상 같은 언성이 지금까지 연상과 인상에 남아 있다.

동아일보 사장 송진우 씨가 만보산사건에 서울 폭동은 절대 방지하라고 하였다는 말을 누구에게도 발설할 수는 없으나, 나는 이 말 진행에 용기가 생기어 자신만만하였다. 그때 경성상공협회 이사 진용은, 회장 박승직을 필두로 노포(老舖)의 포목상 점주들이 대부분이요. 백홍균·진학문·손홍원 등 삼씨와 필자는 시야와 사고에 서로 공명 동감하는 빛깔이 다른 존재이었다. 나와 손씨는 긴급 이사회를 소집하려고 각 이사에게 호별 방문하였으나, 회장을 위시하여 중요한 분들은 우리를 경원하여 모여 주지 않았고, 이번 기회에 중국 상인들을 몰아내는 결의를 한다면 이사회에 참가하겠다는 이사까지 있었다.

이 구석, 저 구석에서 수군거리는 이야기는 폭동이 곧 터질 것으로만 보인다. 우리는 비상조치로 백·진·손 삼씨와 상의하고 정원 미달의 이사회 결의를 단행하고, 손씨와 나는 상공협회 대표로 화상 총회와 중국 영사와 중국영사관 안에 집결한 화교들을 위문하고 위문금(그때 돈 2백 원)을 증여하였다. 위구(危懼)[58] 불안하던 영사관원과 화상들이 감격에 넘치는 의사가 낯빛에 표현된다. 일변으로는 《동아일보》 석간에 3단 제목으로 경성상공협회에서 화상 총회에 위문한 사실을 보도하고, 각지에서 봉기하는 폭동은 우거(愚擧)라고 사설로 경고하였다.

그 다음날 박승직 씨가 와서 말하되 "경성상공협회가 중국인 위문한 것은 중국인의 상권을 노획하는 것이라고 야단들이고, 중국인의 뇌물을 먹은 회장인 나의 집과 상점에 불을 지른다고 하니 송구하여 못 견디겠소" 하며 노발대발한 어조로 "지금부터는 당신과 절연하고 경방 광목 판매에도 협조 아니한다"고까지 하는 것을 필자가 좋은 말로 석명하되, 그의 흥분은 풀리지 않고 가더니 5, 6일 뒤에 박씨가 좋은 낯으로 나를 찾아와서 말하되, "이선생 오늘은 사과하러 왔소이다. 지난번에 중국 상인을 포획하였다고 비난과 위협만 당하였더니 요사이는 반대로 칭찬만 받게 되었소. 몇만 명밖에 아니되는 중국인을 박해하였으면 중국 본토와 남북 만주에 있는 우리 동포가 어찌되겠소. 중국에서 귀환한 친구

---

58) 염려하고 두려워함.

가 평양·인천의 일은 큰 유감이었으나, 서울을 안정시키어 중국에 있는 우리 동포에게 큰 도움이 된 것은 찬양을 받았소. 포목장사나 하는 사람이 무엇을 압니까" 하며 웃고 돌아갔다.

그때 지방의 중국인을 학살 약탈하던 폭동은 유감이었으나 서울의 부동한 영향으로 왜놈들에게 저희 음모에 움직이지 않는 지각성(知覺性)을 발휘하였고, 재 중국 백여만 동포와 애국지사들도 안전하였고, 한·중 민족의 친선도 여전하였다. 필자는 지금까지 선생의 열정 판단의 현명함과 압력 있는 지도로 폭동 방지의 주역 되었던 것이 잊혀지지 않는다.

왜제의 소위 대동아전쟁이 났을 때에 우리의 청장년과 학도들을 죽음의 제물로 끌어갈 뿐 아니라, 국내에 있는 지도층 인사들로 협력의 진두로 세우고 그 중에도 적성(赤誠)[59]을 보이려는 자들도 많았다. 당시의 실정이 소위 '학병 권유'이니 '임전 태세'이니 하여 선생도 선전 강연의 진두로 내세우려고 반위협적 권유가 한두 번이 아니었다. 선생은 이 핑계 저 핑계로 교묘하게 여러 번 면하였다.

어느 때는 부일(附日)하던 모모 명사가 짓궂게도 선생을 끌고 나가려고 친일론과 함께 반(半)위협적 공갈을 하면서 명일(明日)의 지방 순회강연에는 꼭 같이 가자 하니, 선생은 명일에는 동행하겠다고 쾌락하고 왜정 관리는 명일에 모시러 오기로 하였다. 선생은 그날 밤에 다량의 '쏠스'를 마시고 밤이 새도록 설사를 하였다. 그 이튿날 아침에 왜 경부 제하(齊賀)가 선생을 모시려고 와서 보니 눈이 휑하여 떠보지도 못하고 반

---

59) 마음에서 우러나오는 참된 정성.

송장이 되어서 인사불성이었다.

선생은 도산 안창호 선생과 계분(契分)이 대단하였다. 안창호 선생의 임종 전전일(前前日)에 선생이 문병을 갔더니, 도산이 말하기를 "30분의 조용한 시간이 있으면 고하와 말할 것이 있는데" 하였다. 선생이 전에 이 말을 하면서 "내가 그 말을 못 듣게 된 것이 평생의 유감이라"고 하였다. 선생의 일생 사위(事爲)[60]와 8·15 전후의 일은 사가(史家)에 일임하고 다만 내가 평생을 두고 존경과 지기의 감만 표시하면서 끝으로 전일에 김병로·백관수·정인보 제 선생과 시회(詩會)할 때에 '情' 자 운(韻)에 김병로 선생이 "일세경윤여유의(一世經綸如有意) 종생포난불관정(終生飽煖不關情)"이라 하고 자기가 제일이라고 하니, 선생이 방그레 웃으며 아마 내 시가 나을 것이며 "시욕경인항고벽(詩欲驚人恒苦癖) 주수병아항다정(酒雖病我恒多情)"이라 하여 일좌(一座)가 탄복하였던 한시 하나를 쓰고 연필(擱筆)한다.

---

60) 인간의 활동을 말함.

고하 송진우:
'일제 필망론'과 동아일보 때의 이야기

김준연

김준연(1895-1971)은 전남 영암 출신으로 일제강점기의 언론인이자 독립운동
가다. 일찍이 독일 유학을 다녀온 뒤《동아일보》편집국장을 역임하였다. 이
글은《新太陽》제6권 제12호(1957년 12월)에 수록되었다. 내용 중에서 동아일
보 사장으로서의 활약상과 태평양전쟁 시기 고하가 저항하는 모습을 상세히
묘사한 것 등은 사료로서 가치가 매우 높다고 할 수 있다.

대책무책(大策無策)의 고하

고하 송진우 씨는 전남 담양 출신 경인생(庚寅生)으로 인촌 김성수 씨
보다 한 살 위이다. 인촌과 함께 동경 유학을 하여 명치대학 법학과를
졸업하고, 병구(病軀)로 귀국하여 오랫동안 와병(臥病)타가 완치된 후에
중앙중학의 교장으로 청년의 훈육에 종사하였고, 제1차 대전의 말단에
이르러 미국 대통령 윌슨 씨가 제창한 민족자결주의가 세계 약소민족
을 진흥케 되자, 선생은 동지들과 상모하여 3·1운동을 획책·준비하였

고, 그 관계로 입옥(入獄)하였다가 1921년에 출옥하여 동아일보사에 입사한 후 문화 향상, 민족 계발에 헌신적 노력을 하시고, 해방 후에는 국민대회준비회를 조직하고 이어 한국민주당에 가입하여 수석총무로 활약하다가, 1945년 12월 30일 오전 6시 15분 서울 원동(苑洞) 자택에서 흉한(兇漢)들에게 피습, 서거하셨다.

내가 고하 씨로부터 들은 말 중에 가장 인상 깊게 남아 있는 말은 '대책무책(大策無策)'이란 말이다. 8·15해방 후인지 전인지 분명히 기억되지는 않으나 어느 때 타처(他處)에서 만찬을 같이하고 원동 댁으로 가는 도중에 창덕궁경찰서를 조금 지나 궁장(宮墻)을 지나갈 때에 고하는 나를 부르면서 "낭산, 대책은 무책이요. 아시지요?" 하였다. 나는 그 의미를 즉시 파악하였다. 그래서 나는 대답하기를 "네, 알았습니다"고 하였다. 큰 방침을 정하면 부동(不動)하여야 한다고 한 것으로서, 그리 쉽게 변경되어서는 안 된다는 것을 의미하는 것으로 해석되었다.

대책무책이란 말은 그 의미를 음미하면 참으로 맛이 있는 말이라고 생각되었다. 그래서 전번에 어떤 친구가 국무총리가 된다기에 나는 이말을 적어보낸 일이 있었다. 고하는 항일운동에 있어서나 반공투쟁에 있어서도 대책무책의 구호를 실천궁행(實踐躬行)하였던 것이다. 그러면 고하의 입장과 태도를 이 한 말로 표현할 수 있을까? 나는 '대책무책'은 그 전략이고, 그것을 실행하는 전술에 있어서는 임기응변의 책략을 구비하였다고 본다. 그래서 그 전술적 입장은 "臨事而懼 好謨而成(임사이구 호모이성)"[61] 이 여덟 자로 표시할 수 있으리라고 생각된다.

혹은 고하의 성질이 호방함을 보고 모사(謀事)에 소루(疎漏)한 점이 있는 줄로 생각할는지 알 수 없지만, 씨는 퍽 치밀하고 물샐틈없는 계획을 세우고 소관 매사에 부지런하기 짝이 없다. 씨가 필생의 힘을 경주한 것은 동아일보 경영인데 3·1운동 후에 일어났던 수많은 주식회사가 거의 다 쇠퇴하였지만, 그 어려운 압박하에서도 동아일보사는 사업적으로 성공하였던 것이다. 물론 김성수 씨의 절대적인 후원이 중대한 요소가 되었던 것이지만, 고하의 탁월한 식견과 경영 능력이 신문의 발전에 중대한 공헌을 하였던 것도 부인 못할 사실이다.

나는 1925년에 독일 유학으로부터 고국에 돌아와서 처음에는 조선일보사에 들어갔다가, 그 다음해인가 동아일보사로 옮겨 갔었다. 여기서 고하의 신문사 경영에 관한 활동 태도를 보고 놀랐다. 편집국으로 영업국으로 아래층으로 위층으로 왔다갔다하면서 빈틈없이 활동한다. 《동아일보》는 광고 한 자 빼지 않고 정독한다. 또 박람강기(博覽强記)에는 누구든지 놀라지 아니할 수 없게 하고, 세계 정세에 통달하며 인정의 기미를 잘 살펴 편집이나 영업에 관하여 항상 적절한 지시를 내려준다.

1926년 3월 1일의 3·1운동 기념일을 당하여 모스크바 국제농민조합에서는 조선 내의 각 신문사에 축사를 보내왔는데, 다른 신문에서는 조선총독부의 검열관계를 고려하여 어떤 부분은 삭제하고 발표하였는데 《동아일보》만 그대로 게재하게 되었다. 이 관계로 동아일보 관계자들이 체형(體刑)을 받게 되어 고하는 영어의 몸이 되게 되었다. 총독부에서는 직접 책임자에게 책임을 전가할 계획을 가지고 있었지마는 선생은 기어

---

61) 일에는 두려워하는 마음으로 조심조심하며, 잘 도모하여 결국 이루어내는 것.

이 명의상의 책임을 자진 부담하여 체형을 받았던 것이다.

수난의 2대 사건

1936년 8월에 백림(伯林)올림픽대회에서의 손기정 선수의 마라톤 우승에 관련하여 일장기 말살사건이 《동아일보》에 발생되어 신문은 11개월간의 발행정지 처분을 당하게 되었지만, 고하는 총독부의 요구에 굴복하지 아니하고 동지 백관수 씨를 사장으로 하는 조건으로 신문의 발행을 다시 계속하게 되었던 것이다. 그후 소위 일지(日支) 사건이[62] 일어나서 일본 제국주의의 최후 발악은 동아일보의 존립을 불가능하게 함으로 발행금지를 승인하지 아니 못하게 되었던 것이다.

고하는 20여 년 동안 동아일보사를 육성하여 왔다. 파란곡절은 말할 수 없다. 그러나 양보할 것은 양보하고, 지킬 것은 지켜서 민족의 체면을 유지하면서 민족의 표현기관으로 시종하여 온 공적은 고하의 불면불휴(不眠不休)의 노력이 많이 관여한 바라고 하지 않을 수 없는 것이다. 나는 1928년의 동아일보 편집국장 시대에 조선 3차 공산당 사건, 즉 세칭 'ML 당 사건'에 관련되어 7년간 서대문형무소에 있다가 1934년 7월에 나와서 다시 동아일보에 관계하게 되어, 그 2년 후의 손기정 선수 일장기 말살사건 때에 이르렀다.

그런데 내가 재옥(在獄)중의 동아일보 사건으로 두 가지 사건을 들 수 있다. 하나는 이충무공유적보존회사건이다. 또 하나는 만보산(萬寶山)

---

62) 1937년 7월 7일 발생한 중일전쟁을 가리킴.

사건이다. 이충무공유적보존회 사건은 1932년 5월 29일부 《동아일보》 지상에 상세히 보도되었다. 임진왜란에 상실할 뻔한 삼천리 강토를 건져낸 충무공 이순신의 업적을 찬양하자는 것으로서 민족의 '얼'을 찾아내자는 것이었다. 이 사업의 추진에는 동아일보가 특별히 기여한 바 크거니와 고하의 노력이 막대하였던 것이다.

만보산사건은 만주 만보산에서 우리 한국인 농부와 중국 사람 사이에 분쟁이 일어나서 우리 동포가 박해를 당한 까닭에 조선 내에서 군중운동이 일어나서 다수의 중국 사람을 살해함으로부터 야기된 사건이다. 그 당시 《조선일보》에서는 이 사건을 호외로 보도하고, 대대적으로 선전선동하였다. 그리하여 전북 삼례에서 호떡장수 중국인 1명을 살해함으로부터 점차 조선 각지에 파급하게 되었다. 그때 평양에서만 중국인 2백여 명이 살해되는 대불상사가 야기되었던 것이다.

이때 고하는 동아일보에 침묵을 지키도록 명령하였다. 흥분된 군중은 동아일보가 중국인에게 매수되었다고 비난하고 투석까지 하여 동아일보사의 유리창을 깨뜨리기까지도 하였다. 당시 부산 동아일보지국장 강씨는 서울로 장거리 전화를 걸어서 고하에게 힐문하고 침묵을 지키는 데 엄중히 항변하였다. 그랬더니 그저 덮어 놓고 서울로 올라오라고 하였다. 그래서 강씨는 서울로 가서 고하를 만났더니 사리를 순순히 설명하여 줌으로 납득하고 돌아왔다고 한다.

고하는 이 만보산사건에 관하여 며칠 동안 침묵을 지키다가 중국인을 박해하는 군중을 폭도난민이라 지칭하여 양 민족간의 고유의 친선관계를 지적하고, 무도한 만행을 즉시 정지할 것을 요청하고, 일면으로는 중국영사관을 방문하여 박해당한 중국인들을 위문하고 구호기관을 조직하여 이재민의 구호에 착수하게 되었다. 그리고 재등(齋藤) 총독이 다시 조선에 내도함에 고하는 그에게 엄중 담판하여 중국인 박해운동을 즉각 정지케 하였다.

내가 감방에서 나온 후에 고하는 당시의 일을 회고하면서 내게 말씀하기를 "그때에 조선 사람들이 일본 사람 상점 유리창 하나를 부수지 못하는 때가 아니겠소. 그런데 조선 사람들이 다수의 중국 사람을 살해하여도 간섭하지 않고 수수방관하고 있다는 것은 무엇을 의미하는 것이겠소? 이런 사리를 판단하지 못하고 움직인다는 것은 참 딱한 일이 아니겠소. 뒤에 들은 바이지만 일본 군부에서는 이 운동을 일으켜서 한중 양 민족간의 충돌을 조장하여 한인을 보호한다는 명목 아래 만주에 출병하려고 한 것이었다고 하오!"라고 하였다.

나는 얼마 전에도 현 평안북도 지사 백영엽 씨에게서 이런 말을 들었다. "만보산사건 때에 내가 산동성에 있었는데, 그때에 중국인들이 퍽 흥분하여 우리 한인들에게 보복적 조치를 취하려고 하는 기색도 보였다. 그러나 동아일보사 사설을 번역하여 그들에게 가져다가 주고 중국 사람들을 진정시킨 일이 있었다고 하였다"고 하였다. 그래서 중국 장개석 총통도 고하에 대하여 퍽 고맙게 생각하였다고 한다.

민족적 과오가 무한히 확대될 것을 고하 송진우 씨가 방지하였다고 대서특필할 만하다고 나는 생각한다. 이것은 춘추필법(春秋筆法)으로 보아서도 타당한 일이라고 생각하는 바이다. 나는 전술한 바와 같이 1936년 8월 손기정 선수 일장기 말살사건에 관련하여 동아일보사를 그만두고 경원선(京元線) 전곡역에 가서 해동흥업농장을 관리하게 되었다.

일본필망론(日本必亡論)

1937년부터 1945년 해방되던 해까지 나는 그곳에 머물러 있었다. 9년 간의 긴 세월이었던 것이다. 그때에 한 정거장을 철원 쪽으로 가면 연천에 어떤 동무가 있고, 서울에서 떠나서 경원선 쪽으로 한 정류장을 오면 창동에는 고하의 양사자(養嗣子) 송영수(宋英洙) 군이 있고, 또 가인(街人) 김병로(金炳魯) 씨가 계셨다. 나는 9년간 전곡에서 연천으로 서울로 창동으로 개미 쳇바퀴 돌 듯이 내왕하고 있었다. 고하와 내왕의 범위가 대개 그와 같이 한정되어 있었던 것이다.

전곡은 참으로 산명수려(山明水麗)한 곳이다. 내가 관리하던 농장은 약 60만 평이 되는데, 양수기를 놓아서 금강산 전기를 끌어다가 임진강의 지류인 한탄강의 지류 장진천에서 양수하여 관개하는 논밭이다. 보성전문학교에 귀속되게 되어 있던 것인고로 학교 관계자들이 관리하는 것이고, 나는 지배인 격으로 농장에 주재하였던 것이다. 내가 전곡에 있던 9년 동안에 가장 많이 만난 분은 고하와 인촌 두 분이었다.

고하는 전곡에 오시기를 좋아하시고, 나도 서울 가면 고하 댁에서 유숙하는 것이 통례이었다. 그동안에 소위 일지사변을 거쳐 대동아전쟁이 벌어져서 미·일 간의 충돌이 일어나고 전국(戰局)은 결말을 지었던 것이다. 남양초당(南陽草堂)에 누워서 제갈공명은 "草堂春睡足, 窓外日遲遲, 大夢誰先覺, 平生我自知"[63]라고 읊었다.

내가 보성고등보통학교를 졸업하던 20세 되던 해라고 생각되는데, 그때 내 평생 일을 점쳐 본 일이 있다. 거기서 "大鵬時斂翮 山谷養眞性 一日因風起 飛搏九萬程"[64]이란 시귀(詩句)를 얻었다. 그래서 전곡에 와 있을 때는 그것이 그리될 운명이라고 생각하였고, 서대문 감옥에 7년 동안 있을 때에는 거기가 역시 산곡인고로 그리될 운명이었다고 생각하였던 것이다. 나는 여기 이 전곡에 와 있는 것을 만족히 생각하고 여기선 진성(眞性)을 길러서 후일의 대비약을 준비한다고 자부하였던 것이다.

고하는 나와 세사(世事)를 논의할 때마다 입버릇처럼 "일본은 꼭 망한다!"라고 말씀하셨다. 일본필망신자(日本必亡信者)로서 고하처럼 철저한 분은 없었을 것이다. 고하의 일본필망론은 감정에서만 유래된 것은 아니었다. 민족적인 큰 감정이 발동되는 때에 모든 것은 그에 호응하려고 할 것은 이해할 수는 있는 일이지만, 고하의 논리는 그 투철한 세계정세관에서 유래한 것이고, 또 심원한 역사철학적 배경을 가졌던 것이었다.

고하는 말씀하시기를 "한일합병 당시에 어느 일본 명사가 영국 런던에 있었는데, 런던대학 정치학 교수 헝가리인을 만났다. 그랬더니 교수가 말하기를 한국 민족이 너희 일본 민족보다도 더 문화적으로 진보된 민족이라는데 그를 일본이 합병한 것은 큰 과오를 범한 것이다. 문화 민족인 한국 민족은 전력을 다하여 국권회복운동을 전개할 것이니 백방으로 일본에 반항하게 될 것이다. 그러므로 일본은 조선을 확보하기

---

63) 초당에 봄날 실컷 낮잠을 자는데, 창 밖에 해는 더디게도 가는구나. 큰 꿈은 누가 먼저 깨어날까? 평생을 내 스스로 알도다.

64) 대붕은 평시 두 날개를 거두고 산곡에서 진성을 기르다가 어느 한 날 바람을 맞아 일어나면 구만 리 여정 먼길을 날아간다.

위하여 만주에 손을 대야 할 것이니, 그러자면 노서아와 충돌해야 할 것이고, 만주를 확보하려고 하면 북지(華北)와 중지(華中)에 손을 대야 할 것이니 그러자면 미국과 충돌하게 될 것이다. 일본이 한국을 합병한 그 보복을 30년 후에 받게 될 것이라고 하였다"고 한다.

이와 같이 생각하여 고하는 진주만이 습격당하고 영국 동양함대가 전멸당할 때도 조금도 일본의 패망을 의심하지 아니하고, 그럴수록 일본 필망의 이유를 발견하기에 조금도 주저하지 아니하였다. 그 신념이 이러한고로 동포들이 혹 만주에서, 혹은 중국에 가서 무슨 사업이나 경영하려 하면 어디까지든지 반대하는 것이었고, 일본 사람과의 타협은 용허하지 아니하였다.

동아일보를 경영하는 동안에는 일본 사람과의 상종도 없지 않았지만 정세가 발전되어 갈수록 일본인과의 관계를 기피했던 것이다. 이런 면에서 고하는 한국의 소위 다른 명사들과 판이한 사람이라고 말할 수 있다. 때문에 조선총독부에서 백방으로 고하를 끌어내려고 하였어도 일체 불응하였던 것이다. 내가 기억하는 바로는 고하는 단 한번 방송국에 가서 방송을 행한 일이 있었는데, "부지런히 일하여 저축을 하라"는 말뿐이었던 것이다.

나는 전곡에서 각색 화초를 심기에 노력하였다. 더군다나 제2양수장에 심은 코스모스는 참으로 훌륭한 것이었다. 우리 집에 심은 수세미는 천하일품이라고 할 수 있었던 것이다. 다알리아며 백일홍·장미화 등은 참 화려한 것이었다. 가을의 홍엽(紅葉)은 금수강산의 이름에 부끄럽지 아니하였다. 물은 맑고, 달은 밝고, 대기는 청신하였다. 이런 중에 고하는 전곡에 와서 세상사를 의논하기를 좋아하였다.

전국(戰局)이 가열하여짐에 일본 사람들은 한국 사람의 물력(物力) 외에 인력을 적극적으로 동원하기로 하여 징용·징병에 별별 수단을 다 강구하게 되었다. 한편으로는 조선 사람은 달래는 체도 하였다. 그리하여 경성일보 등 총독부 기관지에서는 학병 권유 강연을 시키기 위하여 명사를 시골에서 동원시켜 마치 남양초당(南陽草堂)에서 제갈공명이나 모셔 오는 듯이 대서특서하고 사진을 게재하여 숭앙하는 태도를 보이기도 하였다. 그러면 그에 끌려가는 사람들이 있었다.

이것은 해방 1년 전의 일이었다. 어떤 친구가 고하를 그 원동 댁으로 방문하고 악수하며 활동하기를 권하는 말끝에 "우리 청년들이 학병으로 나가서 죽은 그 핏값을 받자!"고 하였다. 그러나 고하는 그에 응치 아니하고, 그 친구도 나서지 말라고 만류하였던 것이다. 그랬더니 그는 말하기를 "고하는 참으로 로맨틱(虛浪)하오. 이박사가 미국 군함이나 타고 인천항에나 들어올 줄 아오?" 하였다. 그랬더니 고하는 변색하며 대답하여 말하기를 "피는 다른 사람이 흘리고, 값은 네가 받는단 말이야?" 하였다. 그날부터 선생은 이불을 펴고 드러누워서 문밖에 나오지 않고 해방되기까지 1년 동안이나 계속하였다.

고하의 신념

1945년 8월 9일 소련군의 참전으로 고전을 거듭해 오던 일본의 침략전은 결정적인 단계에 이르렀다. 이 기미를 짐작한 나는 사변의 위험을 염려한 끝에 시골보다 서울에서 피신함이 상책이리라는 생각에서 이틀

날 아침 서울로 올라왔다. 그리하여 며칠 동안 이곳저곳으로 은신하였다. 13일에야 고하 댁을 찾았다. 선생은 그동안 4차례나 총독부측에서 자기에게 뒷일을 담당하라는 교섭이 있었으나 불응하였다고 말하면서 경기도 오카(岡) 경찰부장이 나를 만나자고 한다는 얘기를 해주었다. 고하는 일본 사람의 손에서 정권을 받을 수는 없다는 것이었다. 그래서 끝까지 거절하고 말았던 것이다. 그 이튿날 나도 이쿠다(生田) 경기도지사를 만나서 장시간 담화하였지만 나 역시 송씨와 동일한 의견이라고 대답하였다.

바로 그때였다. 정백(鄭栢) 군은 나에게 여운형·송진우 양씨의 합작을 알선해 달라는 것이었다. 고하는 그것을 거절하였다. 나는 14일 밤에 내일 정오에 일본 천황의 중대 방송이 있다는 말을 듣고, 또 다음날 아침 7시 반에 여씨가 엔도(遠藤) 정무총감을 면회하러 갔다는 말을 들었다. 나는 그것이 정권 이양에 관한 교섭인 줄 알았다. 나는 고하 댁에서 조반을 먹고 아침 10시경에 계동 장백환(張白煥) 군 댁에 있는 정백 군에게 고하의 여·송 합작에 관한 거절 회답을 전하러 가는 길에 창덕궁경찰서 앞에서 남쪽으로부터 혼자 달래달래 올라오는 여운형 씨를 만났다.

나는 대번에 엔도 정무총감을 만나고 오는 길인 것을 알아차렸다. 여씨는 평소의 활발한 태도로 내게 악수하고 나서 "고하는 나오오?" 하기에 나는 "안 나옵니다" 하고 대답하였다. 그는 또 내게 묻기를 "그럼 동무는 어떻겠소?" 하고 말하였다. 그랬더니 그는 흥분한 어조로 말하기를 "그럼 나 혼자 나서겠소. 공산혁명으로 일로매진하겠소!"라고 하였다. 나는 그뒤에 다시 여씨를 보지 못하였다.

그리하여 여씨는 결국 모스크바로 가는 길을 걸어갔고, 고하 송진우 씨는 한양으로 오는 길을 걸어서 민주주의의 민족독립 국가를 건설하기에 일로매진하였던 것이다. 나는 그 길로 정백 군에게 가서 고하 선생의 거절의 회답을 하였다. 정군은 재고를 요구하면서, 적어도 나만이라도 그들과 행동을 같이하여 주기를 요망하였다. 오후 2시경에 정군은 고하 댁에 있는 나에게 전화를 걸어왔다. 그리하여 말하기를 "아까 여씨를 만나서 확실히 얘기했다니 다시 송씨의 의향은 물어볼 필요도 없소. 다만 동무의 태도를 묻겠소. 소련군이 곧 경성으로 들어오고, 우리가 곧 내각을 조직하겠소. 동무가 후회하지 않겠소?" 한다. 그래서 나는 "후회하지 않겠소!" 하고 대답을 하였다.

고하는 미군이 9월 7일에 도착한다는 소식을 듣고 동지를 규합하여 국민대회준비를 결성하였다. 재(在) 중경(重慶) 대한민국 임시정부를 절대지지할 것과 미군정에 협조할 것의 두 슬로건을 내걸었다. 9월 16일에는 한국민주당이 결성되었는데, 고하는 그 당시 수석총무로 취임해서서 민주 건국으로 일로매진하다가 12월 30일에 흉한의 탄환에 쓰러지고 만 것이다.

해방 후의 일에 관하여는 수차 발표한 바 있는고로 생략하려고 한다. 원한경(元漢慶, Horace Horton Underwood, 1890–1951) 박사는 고하의 영결식장에 와서 추도사를 하였는데, 미국 사람들이 링컨 대통령을 사모하듯이 한국 사람들이 송진우 선생을 "날이 갈수록 더욱 생각할 것이다!"라고 하였다. 나도 그와 같이 생각하고, 또 그와 같이 하고 있다. (民議員)

흙탄에 쓰러진 반탁의지: 고하 송진우론

강영수(姜永壽)

강영수(1912-1997)는 연희전문학교를 졸업하고, 1938년부터 《경성일보》 기자로 일하다가 1945년 복간된 《동아일보》에 입사했다. 이후 《한성일보》와 《대동신문》 편집국장을 지냈으며, 1964년 《대한일보》 주필로 일하면서 이 글을 집필했다. 이 글은 《世代》 제2권 통권 16호(1964년 9월) 118-123쪽에 수록되었다. 이 글의 내용 가운데 일제가 패망을 목전에 두고 총독부에서 송진우에게 치안권 이양을 맡기려고 노력한 구체적인 행태와 이를 거절하기 위해 벌인 기행에 관한 증언은 그동안 학계에서 이 문제를 두고 벌이는 논쟁에 중요한 시사점을 제공해 준다.

고하 송진우가 주재하고 있던 《동아일보》에 〈5천년의 얼〉이 연재되었다. 위당 정인보가 집필하는 것이었다. 워낙 한문 탈(奪)의 꼬장꼬장한 난문장이어서 당시 그 정독자(精讀者)라고는 단 세 사람뿐이라는 극단의 평까지 있던 터였다. 어차피 집필자는 읽게 되고, 문선공이 역시 읽게 되며, 교정기자가 읽지 않을 수 없어서 읽게 된다는 것이었다. 그래도 애당초에 발의했던 송진우는 종시 연재를 계속케 했다. 이것이 필시 민족주의에 투철했던 그 면모를 엿보이는 것이었다. 〈5천년의 얼〉은 개국 이후의 연면한 민족정신의 전통을 엮은 것이었다. 원래가 《동아일보》는 ① 조선민족의 표현기관으로 자임하노라, ② 민족주의를 지지하노라, ③ 문화주의를 제창하노라는 것을 표방하고 나서서 민족 진영의 대변지로 자처하였다. 〈5천년의 얼〉이 그 격에 어울린다고 한다면 물론 그러했다. 그렇지만 당시의 이방 집권자는 말할 것도 없이 이것이 못마땅하였다. 눈총이 던져졌을 것은 뻔한 일이다. 또 독자들이 기를 써서 읽으려고 하는 것도 아니었다. 그래도 송진우는 누가 읽어 주든말든 민족정신을 선양하기 위한 〈5천년의 얼〉을 기어코 끊지 않고 실어 나갔다. 이것이 우선 송진우가 철저한 '민족주의의 신봉자' 였다는 증좌라 볼 수 있음직하다.

이충무공유적보존회의 사업 추진에 《동아일보》가 앞장을 서게 한 것도 역시 송진우가 〈민족의 얼〉을 전시하려는 것이었음은 조연(照然)하다. 또 손기정이 백림올림픽에서 일장기를 말소한 사진을 게재한 것도 송진우의 민족혼이 노출된 것이었다. 이 일장기 말소사건으로 말미암아서 《동아일보》가 11개월 동안이나 장기 정간되고, 송진우는 동아일보 사장의 자리에서 강제로 물러나게 되었지만 조금도 아쉬워하는 기색이 없었다. 그렇다고 해서 송진우는 옹졸한 민족주의자는 아니었다.

그러한 참다운 면모가 만보산사건에 대한 《동아일보》의 편집 태도에서 표시되고 있다. 사실은 만보산사건이란 아무것도 아니었다. 장춘도 전공사(長春稻田公司)의 경리 학영득이 만보산 삼성보의 저습지 3천 에이커를 조차한 것을 다시 한국인 농민 이승훈 등 8명이 10년 기한으로 조차 계약해 가지고 논을 만들려고 수로를 대다가 중국인 농민들과 단순히 충돌한 것이었다.

수로 때문에 중국인 농민들의 밭에 물이 배어서 못쓰게 된다고 해서 중국인 농민들이 수로 공사를 방해하려고 집단 습격했다. 그래서 흙투성이가 되고 피가 흐르는 난투가 벌어졌다. 그러나 쌍방에 사망자는 나지 않았다. 이만한 정도의 충돌 사건은 그것이 끝났으면 그만일 것이었다. 그런데 국내에 과대 전달되어져서 여파가 문제를 일으키었다. 중국인 농민이 한국인 농민을 집단 습격했다는 것에 대한 보복으로 이리에서 시작해서 서울·개성·진남포·공주·사리원·평양·원산 등지에서 화교들에 대한 집단 습격이 벌어졌다.

그래서 왜 총독부 경무국 발표로서는 "중국인 피살자 백, 부상자 수백, 조선인 사망자 일, 부상자 약간, 경관 부상자 칠십여 명"이라는 불상사에 이르게 했다. 이 연쇄 작용이 즉각 만주에서 나타났다. 중국인들의 한교(韓僑)[65] 박해가 격화됐다. 그 당시 이 사태를 신문들이 대서특서(大書特書)해서 연일 지면을 메웠다. 그러나 《동아일보》만은 처음부터 무거운 침묵을 지키었다. 송진우의 지시에 의한 것이었다. 흥분된 민중들에게는 《동아일보》의 고의적인 침묵이 마땅치 않았다. 중국인들에게 매수되었다는 유언(流言)까지 돌아서 동아일보 사옥에 투석해서 유리창을 부수었다. 그래도 송진우의 신념에는 미동도 없었다. 애당초부터 이 사태를 야기케 한 일본의 간계를 간파하고 있었기 때문이다.

---

65) 해외에 거주하는 한국인 교포.

바로 3년에 동삼성의 왕자(王者)인 장작림(張作霖)을 열차에서 폭살하고 나서 만주 강점의 구실을 찾기에 혈안이 되어 있던 일본이 만보산사건에 편승하려 들었다. 재만 한교와 중국 토착민과의 충돌로 중국인의 배일운동을 유발시켜 가지고 무력을 행사할 구실로 삼으려는 것이었다. 그래서 사태를 사실 이상으로 확대해서 모략 선전했다. 송진우는 이 모략 선전에 걸려들지 않았다. 그것은 그의 민족정신이 확고했기 때문이었다. 근시안적으로 당장의 감정 폭발에 맹종하는 민족애가 얼마나 위험하다는 것을 내어다보던 거시적 관점에서 자제한 것이다.

송진우는 우선 《동아일보》 안동현 특파원 서범석을 급히 귀사시켜 만보산사건의 현지답사를 하게 지시했다. 아니나 다른가. 송진우가 예측했던 그대로였다. 다시 송진우는 만보산사건 진상의 현지조사하는 주일 중국대사 왕영보(汪榮寶)를 수행하면서 무슨 방법을 쓰든지 한국 내에서의 중국인 박해가 한국인 전체 의사가 아니라는 것과 그것이 일본의 음모 조종에 의한 것이었다는 것을 전하라고 서범석 특파원에게 비밀 지시했다. 그래서 서범석은 기회를 노리다가 신의주·선천 사이의 열차 안에서 호위경찰의 눈을 피해서 간신히 왕 대사에게 접근해 가지고 송진우의 지시 요지를 대충은 담뱃갑 속의 얇은 종이쪽지를 몰래 손에 주었다고 한다.

송진우 자신도 중국 영사관을 찾아가서 박해당한 중국인에 대한 위문의 뜻을 표시하였다. 또 《동아일보》가 며칠 침묵을 지키고 나서 중국인을 박해하는 군중을 폭도난민이라고 가차없이 지칭하면서 한중 양 민족의 친선의 전통을 고조하여 부화뇌동을 즉시 정지하도록 유도하게 했다. 그래서 한국인들이 중국인들과의 충돌로써 입게 될 피해를 저지하려는 데 마음을 썼다.

이 만보산사건에 대해서 송진우는 이렇게 말했다.

조선 사람이 감히 일본 사람 점포의 유리 하나를 부수지 못하는 때가 아니오. 그런데 조선 사람들이 다수의 중국 사람을 살해해도 일본 경찰이 간섭하지 않고 바라다만 보고 섰다는 것은 무얼 뜻하는 거겠소. 이런 사리를 판단하지 못하고 움직인다는 것은 참 딱한 일이 아니겠소. 뒤에 들은 일이지만 일본 군부에서는 이 운동을 일으켜서 한중 양 민족간에 충돌을 조장해서 한국인을 보호한다는 명목 아래 만주에 출병하려고 한 것이었다 하오.

삼일운동에서도 송진우는 발단자의 하나로서 중요한 역할을 했다. 당시 중앙학교장이던 송진우는 보성고등학교 교장 최린, 중앙학교 교사 현상윤·최남선 등과 비밀 회합을 거듭하면서 삼일운동을 처음 계획했다. 독립운동을 대중화해야 된다는 원칙에서 무엇보다도 먼저 민중의 신망을 가진 인물들을 포섭해서 간판으로 내세우지 않아 가지고는 대중적 동원이 어렵다는 관점에서 우선 윤용구·한규설·박영효·윤치호 등에게 교섭해 보기로 결정했다.

윤용구는 구한국 대신으로 한일합병 뒤에 일본의 작위는 받았지만 그 품성이 고결하였고, 한규설은 을사조약 당시 참정대신으로서 소위 '조약'을 한사코 반대했다. 박영효는 개화당 영수였고, 일의 침략에 항거도 했으며, 다만 한일합병 뒤에 일본 작위를 받은 것이 흠이라면 흠이었다.

윤치호는 독립협회 회장이었으며, 특히 미국 사람들에게 신망이 있었다. 이 가운데서 박영효에 대한 교섭을 송진우가 맡기로 해서 유성준을 통해서 박영효에게 교섭을 해보았지만 결국은 회피하고 말았다. 나머지 세 사람도 역시 하나같이 발을 뺐었다.

그래서 종교 세력을 동원하기로 하고, 송진우는 김도태를 평북 정주로 보내서 기독교계의 지도자 이승훈을 서울로 오게 했다. 이승훈은 신민회에 관련해서 제주도에 유배도 되었고, 사내총독암살사건에 연좌돼서 십 년 동안 투옥되었던 독립투사이었다. 송진우는 기독교계의 동지를 결합해서 독립운동에 합류하도록 요청해서 즉석에서 이승훈의 허락을 얻었다. 송진우는 삼일운동에서 이렇게 중요한 중추적 역할을 하면서도 33인의 하나로서 독립선언서에는 서명하지 않았고, 47인의 하나로 되었다.

태평양전쟁의 모험을 하면서 발악 상태의 일본이 조선일보와 더불어 동아일보의 자진 발간을 강요했다. 동아일보의 실력자이던 송진우에 대해서 우선 집중적으로 강박이 가해졌지만 종시 수락하지 않아서 권력 만능의 광신자들도 굴할 줄 모르는 송진우 앞에서는 만책(萬策)이 궁해져서 방향을 바꾸는 수밖에는 없었다. 그렇게 만든 것 역시 민족 대변지로 자처하는 동아일보를 차마 자기의 손으로 죽여 버릴 수는 없다는 송진우의 강렬한 민족정신이었다.

태평양전쟁에서 일본 천황이 소위 왕음(王音)으로 무조건 항복하기 바로 며칠 전이었다. 사실은 8월 6일 히로시마(廣島)가 원자탄 세례를 받고, 9일 미명에는 소련이 참전해 가지고 관동군 주력이 빠져나가고 거의 무방비 상태로 되어 있는 만주로 진격해 오자 일본은 속수무책이었다. 그러지 않아도 이미 세궁역진(勢窮力盡)해서 연합국에 대한 항복 조건의 조정을 소련에 요청하고 있던 일본으로서는 이 배신이 헤어날 길 없는 치명상이었다. 그래서 연합국측에서 요구하는 무조건 항복이 기정사실로 이미 되고 있었다. 정작 일본이 무조건 항복을 수락 선언했을 때의 사태를 두려워한 조선총독부 당국에서는 송진우에게 시국 담당을 돌연 요청했다. 박모가 중간에 서서 총독부 보안과장 이소자키(磯崎), 동사무관 하라다(原田), 조선군 참모 칸자키(神崎) 등과 박모 배석 아래 송진우가 혼마치(本町) 모처에서 회합했다. 그 자리에서 일본이 무조건 항복한다는 말까지는 하지 않고, 사태가 급박하니까 행정위원회 같은 것을 만들어 가지고 시국을 담당하라고 송진우에게 권했다. 독립 준비까지를 해도 좋다는 것이었다.

그래도 송진우는 일부러 취한 체하고 횡설수설하면서 자리를 피하고 말았다. 다음날 아침 총독부 보안과 사무관 하라다(原田)가 찾아오고, 이어서 경기도 보안과장 모(某)가 찾아와서 번갈아 가며 송진우에게 시국을 담당하라고 권했다. 다시 경기도지사 이쿠다(生田)가 경찰부장 오카(岡)와 함께 찾아와서 끈덕지게 권유했다. 총독부가 가지고 있는 권한의 4분의 3을 이양해 주겠다고 했다. 신문·라디오·교통기관·헌병·경찰·검찰 등을 모두 맡길 터이니까, 일본인의 거류를 인정하고 그 사유재산만 보호해 달라는 것이었다. 그러나 송진우는 종시 일관해서 수락을 거부했다.

송진우는 민주주의의 투철한 신봉자였다. 이미 오래전부터 "군국주의 일본이 꼭 망한다"고 가까운 친구들에게 입버릇처럼 말하면서 굳은 신념을 갖고 있었다. 그것이 단지 감정에서 나오는 것만은 아니었다. 언제나 다음의 이야기를 인용해서 자기의 신념을 뒷받침했다.

한일합병 당시 이야기다. 어떤 일본의 유명인이 영국에 갔다. 런던대학 정치학 교수 모와 만나서 극동 정국을 이야기할 기회가 있었다. 그때 대학교수는 일본이 한국을 합병한 것은 큰 과오라고 지적했다. 그 논거로서는 한국 민족이 일본 민족보다도 문화적으로 우수한 것이 문제라는 것이었다. 문화적으로 상위의 한국 민족이 하위의 일본 민족의 속박에 체념할 리만은 없고, 일본에 항거하면서 독립운동을 계속하기에 여념이 없을 것이 틀림없을 사실이란 것이었다. 그렇게 되면 한국에 대한 기반을 부지하기 위해서는 일본은 어차피 만주에 손을 뻗쳐야 되겠고, 그리하자면 인접한 노서아와 충돌하지 않을 수 없다는 것이었다. 다시 만주를 확보하자고 하면 화북에까지 손을 대야만 되겠고, 그리하자면 미국과의 충돌을 피할 길이 없게 된다는 것이었다. 그렇게 되면 일본은 한국을 합병한 화(禍)를 30년 뒤에 받게 될 것이라는 것이었다.

어떻든 이 예견이나 송진우의 신념이 대체로 그대로 들어맞았다. 더욱이 카이로나 포츠담선언에서 한국의 자주독립이 벌써 오래전부터 확고하게 공약되고 있는 만치 다만 시간 문제이지 으레 그것이 연합국에 의해서 한국인에 주어질 것이었다. 구태여 서둘러서 침략자로부터 구차스럽게 부분적 환원을 받아들일 필요가 없다고 송진우는 판정했던 것이었다. 그러나 송진우가 거부한 것을 여운형이 받아 가지고 다시 송진우에게 합작을 제의해 왔지만 이 역시 일축해 버렸다. 여운형은 안재홍과 제휴해서 건국준비위원회를 만들고 좌경 일변도에 대하여 반발해서 안재홍이 이탈된 뒤에야 부랴부랴 서둘러서 9월 6일 소위 인민공화국을 만들어 놓고 연합군의 진주에 그것을 기정 사실화시켜 보려고 했다.

송진우는 관망해 오다가 8월말이 되어서야 활동을 시작해 가지고 9월 7일 여운형의 소위 인민공화국이 만들어진 지 바로 몇 시간 뒤에 국민대회준비위원회를 결성하고 위원장으로 선출됐다. 다시 16일 한국민주당이 창당되고, 그 수석총무로 선정되었다. 송진우는 국민대회준비위원회와 한국민주당에 민족적 세력을 결집해서 여운형의 건국준비위원회와 인민공화국에 대항체제를 갖추었던 것이다. 그뒤 국민당과 여자국민당이 결성되어서 엄호 세력이 강화되어졌다.

10월 16일 이승만이 미국으로부터 환국하고, 11월 23일 상해 임시정부가 역시 환국하였다. 송진우는 이승만·김구·김규식을 국민대회준비위원회와 한국민주당의 세 영수로 추대했다.

또 김성수를 위원장으로 하는 11명의 고문관을 미군정청에 들여보내기도 했다.

좌우 합작 협상이 엎치락뒤치락하고 있던 판에 12월 25일 모스크바 3상회의에서 한국에 대한 5개년 탁치안(託治案)이 결정된 것이 전해졌다. 26일 우선 이승만이 '탁치 반대'를 표명하고, 28일에는 민족 진영이 경교장에 회집하여 '탁치 반대'를 결의했다. 나중에는 좌익은 번복(하고) 찬탁하게 되었지만, 이 무렵에는 좌익도 역시 '탁치 반대'를 들고 나오고 있었다. 국론이 완전히 '반탁 일변도'로 되고 있었다. 반탁 일색의 도 가니 속에서 29일 국민총동원위원회가 조직되고 전국 일제히 반탁국민 운동을 전개하기로 결정되었다.

송진우는 이 회합에 참석하고 돌아가서 바로 그날 밤 새벽 원서동 74 번지 자택에서 흉탄에 쓰러지고 말았다. 처음에는 그것이 좌익에 의한 테러의 희생이 아닌가 하는 의심도 샀다. 그러나 암살범들을 100일 만 에 잡고 보니 의외에도 극우 계열에 속하는 한현우 일당이었다. 일본 수 상 도조히데키(東條英機, 1884~1948)를 암살하려다가 미수로 그치고 10 개월의 형을 치른 일이 있는 한현우(1912~2007)는 귀국해서 좌우 합작 에 의한 조국 통일을 염원했다가 그것이 좌절되자 정계의 완고한 지도 자들을 자기의 손으로 숙청하기로 마음먹고, 그 제1착으로 송진우를 살 해했다는 것이다. 그러나 우연의 일치라고 할까, 국민총동원위원회 회의 에 참석하였던 바로 그날 참변을 당한 것은 수상스러운 일이었다. 그 회 의에서 "국민 총동원을 해서 연합국을 모두 적으로 만드는 것은 어리석 은 일"이라고 발언한 것이 혹은 찬탁으로 부질없는 오해를 받아서 억 울한 희생을 당하기에 이른 것이 아닌가 하는 의혹도 역시 없지는 않다.

송진우는 위대한 민족주의자였으며, 민주주의의 신봉자였다. 그러면 서도 현실적이었고 한번 다르다고 판정한 일은 누가 무어라고 하더라 도 결코 바꿀 줄 모르는 완강성이 있었다. 그러나 배타적은 아니었다. 이러한 송진우의 사상이 이승만과 함께 김구·김규식을 떠받들고, 또 미 군정에도 접근하려고 하다가 불의한 흉탄에 쓰러지는 비극적인 결말을 가져오고야 말았다.

FRUS 자료 (1)

FRUS 1945. The British Commonwealth, the Far East Volume VI

제목: 베닝호프, 한국의 정치상황 보고

    – 주한 정치고문 베닝호프가 국무부 장관에게

문서번호: 895.00/9-2945

발신자: 베닝호프(H. Merrell Benninghoff)

수신자: 국무부 장관(the Secreatary of State)

발신일: 1945. 9. 25. (1945년 09월 29일)

895.00/9-2945

미군정청의 베닝호프 정치고문이 1945년 9월 25일자로 본국의 국무장관에게 보낸 보고서이다. 해방 직후 국내 정치 동향을 정리한 것으로, 송진우와 여운형을 중심으로 한 보수파(민족 진영)와 급진파(공산 진영)의 갈등 상황을 자세하게 파악하고 있다. 특히 해방 직후 조선총독부가 송진우에게 행정권 이양의 뜻을 밝혔다가 거절당하자, 다시 여운형에게 부탁하여 성사된 내막을 정확하게 기술한 내용이 주목된다.

주한 정치고문 베닝호프가 국무부 장관에게

(The Political Adviser in Korea (Benninghoff) to the Secretary of State)

[서울] 1945. 9. 25.

No.6. 장관님: 현재 한국 정세와 관련된 몇 가지 관찰 사항과 논평을 제출합니다.

비록 아직도 다대(多大)한 혼란이 있고 정당의 노선이나 개인적 신념을 어느 정도 정확하게 가려내는 것이 불가능하다고 할지라도, 특기할 만한 몇몇 분명한 경향들이 나타나게 되었습니다. 이 보고서에 등장하는 대부분의 사실 정보는 주한미군 정보참모부(G-2)에 빚진 것입니다. G-2는 상당한 규모의 인력을 보유하고 있어서, 이들의 협력이 없으면 현재 상황에 관한 어떠한 세부적인 지식도 얻지 못할 것입니다.

총괄(General)

서울, 그리고 아마도 남한 전체는 현재 정치적으로 두 개의 그룹으로 뚜렷하게 나뉘어져 있습니다. 각 그룹은 여러 개의 군소 분파들로 이루어져 있으면서도 각각 자기 나름의 고유한 정치적 철학을 따르고 있습니다.

그 하나는 이른바 민주파(democratic) 또는 보수파(conservative) 세력으로서, 그 구성원의 상당수는 미국 또는 한국 내의 미국 선교사 기관에서 교육받은 전문적인 교육지도자들입니다. 이들의 목표와 정책에는 서구식 민주주의를 따르고자 하는 소망이 담겨 있습니다. 그리고 이들은 거의 만장일치로 이승만과 중경(Chungking) '임시정부'의 조기 귀국을 희망하고 있습니다.

다른 한편에는 급진파(radical) 또는 공산주의(communist) 세력이 있습니다. 이 세력은 중도좌파로부터 급진파에 이르는 다양한 사상적 경향을 갖고 있는 몇 개의 소규모 분파들로 구성되어 있습니다. 이 중 공산주의자를 자인하는 세력이 가장 목소리가 크고 지도력을 발휘하고 있는 듯합니다.

이전의 조선 왕조로의 복귀를 선동하는 움직임은 없습니다. 조선 왕조는 일반적으로 일본에게 팔렸다고 인식되고 있습니다.

보수파(Conservative)

보수파 중 최대 세력은 한국민주당(Democratic Party, Ta Han Min Chu Dang)으로서, 이들은 기독교우회(Christian Fellowship Association), 여자국민당(Women's National Party), 한국애국부인회(Korean Patriotic Women's Association) 등과 제휴했습니다.

한민당에서 공표한 정강은 다음과 같습니다.

1. 조선민족의 자주독립국가 완성을 기(期)함.
2. 민주주의의 정체(政體) 수립을 기함.
3. 근로대중의 복리증진을 기함.
4. 민족문화를 앙양하여 세계문화에 공헌함.
5. 국제헌장을 준수하여 세계평화의 확립을 기함.

이러한 목표를 성취하기 위해 한민당은 아래의 정책들을 채택했습니다.

1. 국민 기본 생활의 확보.
2. 호혜평등의 외교정책 수립.
3. 언론, 출판, 집회, 결사, 급(及) 신앙의 자유.
4. 교육 급 보건의 기회 균등.
5. 중공주의(重工主義)의 경제정책 수립.
6. 주요 산업의 국영화 우(又)는 통제관리.
7. 토지제도의 합리적 재편성.
8. 국방군의 창설.

미군이 남한에 진주한 직후 한민당은 아래의 사항들을 요구했습니다.

1. 어떤 조직을 막론하고 모든 일본인과 한국인의 무장 해제.
2. 한민당이 중경(Chungking) 대한민국 임시정부의 귀국을 주선하도록 허락하고, 점령군 당국이 이를 승인하고 도와줄 것.
3. 미점령군 당국이 임정을 신임하고 그들의 협력을 최대한 활용할 것.

한민당은 이 나라 각 지방의 지도자들뿐만 아니라, 잘 교육받은 사업가와 전문가들로 구성되어 있습니다. 전쟁 기간중에는 전국에 걸쳐 1천 명의 지도자를 포괄하는 비밀조직을 갖고 있었음에 틀림없습니다. 중앙조직을 갖고 있기는 했으나 어떤 집회도 금지당했으므로 대규모의 대중적 지지는 얻지 못한 듯 보입니다.

8·15 직후 한민당은 보다 공격적인 급진 세력의 힘을 깨닫고 보다 보수적·민주적 세력을 결집시켜 9월 13일에는 조선국민대회(National Congress of Korea)를 결성했습니다. 이 조직의 지도자들은 오랜 시간 동안 망명 대한민국 임시정부의 성공을 지지·희망했다고 말하는 사람들의 대다수를 자신들이 대표하는 것으로 인식합니다. 최근에 조선국민대회는 조직의 지도자 명단 및 조직의 성격을 공식적으로 발표했습니다. 이에 대한 분석은 여러 인물들에 대한 충분한 자료가 준비되는 대로 곧 제출하겠습니다.

급진파

한민당과 조선국민대회에 반대하는 급진파의 주요 세력은 조선건국준비위원회(Korean Provisional Commission)라는 조직으로서, 이 조직은 조선인민공화국(Korean Peoples Republic)이라는 정부조직을 구성하자고 제의했습니다.

이 조직의 정강은 다음과 같습니다.

1. 조선의 완전 독립.

2. 진정한 민주주의 정부의 수립.

3. 대중 생활 수준의 급진적 향상.

4. 과도기에 있어서의 치안 유지.

조선인민공화국의 이러한 목표들이 한민당의 그것만큼 정확하거나 정밀하지는 않다는 사실에 주의해야 할 것입니다. 그럼에도 불구하고 급진 세력이 한민당측보다는 좀더 잘 조직되어 있는 것으로 보입니다.

그들은 미군의 진주 직후 벌어진 수차례의 가두행진 및 시위에 책임이 있고, 그들이 언론에 공개적으로 내놓는 자료를 보면 그 배후에 일정한 프로그램과 아마도 훈련을 받은 듯한 목표가 감추어져 있습니다. 이 세력의 지도자는 여운형으로서, 그는 서울에서 선교사 계열 학교를 졸업한 후 남경(Nanking)과 상해(Shanghai)로 가서 지도자로 대우받았으나 망명 임시정부와는 관계치 않았습니다. 1926년에는 모스크바 제3인터내셔널(Third International)에도 참가하였으며, 상당 기간을 일본의 감옥에서 보냈습니다. 사람들은 현재로서는 그를 어떻게 평가해야 될지 모르고 있는데, 그의 정치적 신념이 기독교로부터 공산주의로 분명하게 바뀌었기 때문입니다.

일본 항복 후의 정치적 변화

항복 이후의 치안 유지 문제는 일본인들을 겁먹게 했던 것 같습니다. 그들은 특히 처음에는 소련군이 전국을 점령할 것이라고 생각했었기 때문입니다. 그들은 소련측이 받아들일 만한 정부를 세우려고 했었는데, 이 임시정부의 지도자 역할을 송진우에게 부탁했었습니다. 그런데 그가 일본과의 접촉을 거부하자(그는 현재 한민당을 이끌고 있음) 일본측은 공산주의자인 여운형에게로 돌아섰습니다.

여운형은 일본 입장에서는 어쩔 수 없이 받아들일 수밖에 없는 몇 개의 불리한 조건을 내건 채 이를 수락하였으며, 이어서 '조선건국준비위원회'를 결성했습니다. 송진우와 같은 그의 예전의 항일 동료들은 여운형과 일본과의 관계를 의심한 나머지 협조를 거절했고, 반면에 권력 획득을 열망하는 공산당은 이에 참가했습니다. 여운형과 그 지지자들은 스스로를 정부로 자처했습니다. 그들은 정치범들을 석방했고, 치안 책임을 장악했으며, 식량 분배 및 기타 정부 기능을 장악했습니다. 이것이 건국준비위원회가 누렸던 권력의 절정인 셈으로, 건준은 공산주의자에 대한 우위를 추구하는 보수 성향의 인사들의 불만을 삼으로써 급격히 영향력을 상실하게 되었습니다.

그러는 사이에 일본측은 미국이 남한을 점령한다는 사실을 알게 되었고, 또 여운형이 그들의 지시를 따르려 하지 않는다는 것도 알게 되었습니다. 그들은 건준의 힘을 감소시키기 위해 건준을 치안대로 전환시키고 하룻밤 사이에 3천 명의 일본 군인들에게 민간인 신분을 부여하여 서울 경비대를 증강시켰습니다. (이것이 나중에 미군 점령 후 경찰과 상당수의 충돌 사건을 야기했습니다.) 그러나 여운형은 구금되지 않았습니다. 그는 미국식의 정치 행동의 자유라는 특권을 이용해서 9월 6일 자신의 세력을 정당으로 재조직하여 조선인민공화국을 수립하였던 것입니다.

현재의 상황

따라서 남한에는 강하게 대립하는 두 개의 정치 세력이 존재하는 셈입니다. 국민 대다수의 지지를 표방하고 있는, 보다 덜 공격적인 보수 세력은 스스로를 보호하기 위해 반공·친민주주의적 신념을 내걸고 조직화하지 않을 수 없게 되었습니다. 급진 세력은 용공적이며 정치적 기회주의자라고 할 수 있는 여운형이 지도하고 있는데, 보다 잘 조직되었을 뿐 아니라 목소리가 크며, 그리고 실질적인 공산주의의(소련의) 침투의 성격 및 그 정도는 정확히 알 수는 없으나 상당한 정도에 이르는 것 같습니다. 양 세력이 공표한 정강을 연구해 보면 한국에 대해 그들이 가진 포부에 어떤 첨예한 차이는 나타나지 않습니다. 그러나 보수 세력은 그들의 프로그램을 중경(Chungking)의 대한민국 임시정부 지도하에 실현시키길 바라고 있습니다. 그들 중 일부는 이승만 박사를 '조선의 쑨원(Sun Yat-sen)'이라고 불러왔습니다.

한편 급진 세력은 임정에 대해서는 일체 언급하지 않으며, 그들의 목표도 불분명하게 제시하고 있고 국가 재건 과정에서 원조 및 지원을 받게 될 방식에 대해서는 애매한 태도를 취하고 있습니다. 그러나 임정에 관해 언급하지 않고도 이승만의 권위가 이 나라에서는 매우 커서, 그의 이름이 독자적으로 김구·김규식(Kim Kiu Sic)과 함께 소위 조선인민공화국의 내각 명단에 포함되고 있다는 사실은 주목할 만합니다. 그들에게 마련된 직책들은 내각 내의 다른 인사 및 공산주의 위원들이 겸임하고 있습니다. 바꿔 말하면, 그들은 현재 서울에 있는 자들이 이용하는 간판에 불과했습니다.

현 정치와 미국 점령군

미군 당국의 태도는 이러한 정치적 변화에 대하여, 평화와 질서가 유지되는 한에서는 무관심한 태도를 보이고 있습니다. 주한미군은 어떤 특정한 집단을 지지할 수 없게 되어 있으므로 채택할 만한 다른 정책은 전혀 없는 셈입니다. 만일 이박사와 임정의 다른 인사들이 귀국하면,

비록 모든 해외의 한국인들이 정치적 입장에 관계없이 교통편이 허락되는 대로 자유롭게 귀국할 수 있을 것이라고 공식 발표함으로써 선수를 칠 수는 있겠으나, 미국이 급진 세력을 반대하여 보수 세력을 지지하고 있다는 비난을 면하기는 어려울 것입니다.

한편 북한의 소련 점령군의 정치적 행동이나 정책들에 대해서는 거의 알려진 것이 없습니다. 그들은 일본인들을 축출하고 엄격한 일당제에 기초한 지방정부를 구성했습니다. 동구를 소비에트화한 것과 마찬가지로 그들이 북한을 소비에트화하리라는 것은 단순한 가능성 이상의 것입니다. 미국은 조만간 루마니아(Rumania)·헝가리(Hungary) 및 불가리아(Bulgaria)에서 부딪쳤던 문제들과 유사한 문제들을 만나게 될 것입니다. 상황이 정리되고 나면, 남한이 미국 점령하에서 이미 실질적으로 공산주의를 지지하는 상태가 되어 버리는 동시에 북한은 이미 공산 치하에 들어가 있는 사태가 발생할지도 모릅니다.

경의를 표하며,

베닝호프(H. Merrell Benninghoff)

FRUS 자료 (2)

FRUS 1945. The British Commonwealth, the Far East Volume VI

제목: 러시아 공사관 직원과 송진우 등 한민당 대표들간의 회담 내용 보고

　　－ 주한 정치고문 대리(랭던)가 주일 정치고문 대리(애치슨)에게

문서번호: Records of the Office of the Political Adviser in Japan Lot 57-

　　F103, 800 Korea: Telegram

발신자: 랭던(Langdon)

수신자: 애치슨(Acheson)

발신일: 1945.12.17. (1945년 12월 17일)

1945년 12월 17일 주한 미군정청의 정치고문 대리 랭던이 주일 극동군의 애치슨 정치고문 대리에게 보낸 보고서이다. 내용 가운데 송진우가 이끄는 한국민주당 대표단이 주한 러시아 영사 폴리얀스키를 방문하여, 북한 지역에 주둔한 소련군의 만행을 규탄하고 북한 주민의 인권 보호를 주장하면서 소련 군대의 철수를 요청했다는 내용이 주목을 끈다.

Tfgbi 63.

송진우(Song Chin Woo)가 이끄는 한국민주당(Democratic Party) 인사 3명과 서울 주재 러시아 영사 폴리얀스키(Polianski) 간에 최근 이루어진 회담이 흥미롭습니다.

송진우가 주도한 위원회는 영사를 방문하여 러시아 군대 및 북한 공산주의자들의 행동과 그곳에서의 한국인 탄압에 대해 항의하였습니다.

폴리얀스키는 매우 정중했으며, 이 문제를 본국 정부와 상의할 것을 약속했습니다.

대담중에 폴리얀스키는 미국의 남한 점령 수행에 만족한다고 밝혔으며, 미국이 민주주의적 형태의 정부를 보장할 것이라는 믿음을 표명하였습니다.

또한 러시아측은 남한 내정에 개입하지 않을 것이며, 실제로 남한의 공산당(Communist Party)과 아무런 연락관계도 유지하지 않고 있다고 말했습니다.

송진우는 미군이 남한을 요새화할 가능성에 관해 물었습니다.

폴리얀스키는 러시아를 향한 한국인들의 신뢰를 회복시킬 수 있는 조치에 대해 위원회의 의견을 물었습니다.

송진우는 "북한으로부터 군대를 철수하시오"라고 대답했습니다.

랭던(Langdon)

3. 현대사 증언

송상현[66] 서울대 명예교수가 말하는
조부 송진우의 일생

대담: 김형석(역사학자)

정리: 김태완(월간조선 기자)

윤석열 대통령은 "자유와 민주의 가치를 토대로 대한민국의 새로운 내일을 열어가야 한다"고 집권 초부터 목소리를 높여 왔다. 작년 5월 10일 대통령 취임사에서 "지나친 양극화와 사회 갈등이 자유와 민주주의를 위협하고 있다"고 우려하기도 했다. 해방 공간, 좌우 이념의 갈등이 극심할 때 자유민주주의의 가치를 지키려 했던 지도자가 있다. 고하(古

---

66) 1941년생. 서울대 법대, 미국 튤레인대 법학석사, 영국 케임브리지대 대학원 상법 Diploma, 미국 코넬대 대학원 법학박사 / 제14회 고등고시 행정과 합격(1962), 제16회 고등고시 사법과 합격(1963), 서울대 법대 교수·학장, 미국 뉴욕대 법대 석좌교수, 하버드대 법대 방문교수 역임. 국제형사재판소 초대 재판관·소장(연임), 유니세프한국위원회 회장 역임. 現 서울대 명예교수.

古下는 해방 후 혼란 속에
자유민주주의 기초 닦은 巨人

(사진 조준우)

下) 송진우(宋鎭禹, 1890-1945) 선생이다. 혹자는 이 시대의 좌우 갈등을 해방 공간에 빗대기도 한다.

고하는 당시 들불처럼 번지던 사회주의 세력에 맞서 자유민주주의 건설의 구심점 역할을 한 애국지사이자 정치사상가였다. 그러나 무뢰한의 흉탄으로 1945년 12월 30일 세상을 떠나고 말았다. 이후 장덕수(雪山 張德秀, 1895-1947)·여운형(夢陽 呂運亨, 1886-1947)·김구(白凡 金九, 1876-1949) 등의 암살이 이어졌다. 어쩌면 고하가 생존했던 '해방 공간 127일'은 자유민주주의를 씨 뿌리려던 몸부림의 시간이었다.

지난 10월 31일 서울 마포구 유니세프한국위원회 사무실에서 송상현(宋相現) 서울대 명예교수를 만났다. 고하의 친손자가 바로 송교수다. 그는 지난 8월 고하가 남긴 글과 관계 자료집을 집대성한《거인의 숨결》(1128쪽)을 펴냈다. 작년에는 고하의 일대기를 담은《독립을 향한 집념》(758쪽)을 출간했다.

古下의 손자

윤대통령의 스승인 송교수는 한국인을 빛낸 세계적인 법학자다. 네덜란드 헤이그 소재 국제형사재판소(International Criminal Court) 재판관 및 소장(연임)을 역임했다.

윤대통령의 신념인 자유와 민주주의는 스승인 송교수의 가르침에서, 그리고 더 거슬러 가면, 단언컨대 고하의 강철 같은 자유민주주의 열망이 손자인 송교수에게 영향을 미치지 않았을까. 게다가 유년 시절, 송교수는 조부의 비극을 가까이서 지켜보았고, 지금도 트라우마로 괴로워하고 있다.

기자는 고신대 석좌교수이자 (재)대한민국역사와미래 김형석(金亨錫) 이사장의 도움을 받아 고하의 사상을 좀더 들여다보았다. 김이사장은 《끝나야 할 역사전쟁》《안익태의 극일 스토리》《광주, 그날의 진실》《한국교회여 다시 일어나라》《남강 이승훈과 민족운동》 등을 펴낸 역사학자다. 기자는 김이사장과 송교수의 대담을 지켜보며 몇 가지 보충 질문을 던졌다.

김형석 "12월 30일은 송진우 선생의 기일(忌日)입니다. 고하는 해방 직후 우파, 즉 자유민주주의 세력의 구심점 역할을 하던 분입니다. 교수님은 비극의 현장에 같이 계셨던 것으로 알고 있습니다. 당시 상황을

고하 송진우 선생의 업적과 일생에 대해 대담중인
(재)대한민국역사와미래 김형석 이사장과 송상현 교수. (사진 조준우)

기억나시는 대로 들려주십시오."

송상현 "집안 얘기를 꺼내기 면구스러워 잘 얘기하지 않았죠. 충격적인 장면이기에 지금 이 나이가 되어도 견디기 어려운 때가 더러 있어요.

할아버지는 제가 어릴 때 천자문이나 사서삼경 등을 굉장히 엄하게 가르치셨는데, 그때마다 단군·을지문덕·강감찬·이순신 등의 얘기를 열성적으로 들려주셨죠. '서울 원서동 74번지' 할아버지 사랑채에서 같이 자고 겸상을 하는 게 손자의 큰 특권이었어요.

이분은 꼭 저를 데리고 같이 주무셨는데, 어린아이를 다룰 줄 잘 모르셔서 가령 손자가 떼를 쓰면 굉장히 당황해하시던 기억이 있어요."

— 또래처럼 떼도 부렸습니까?

송상현 "그럼요. 보리서리, 참외서리하던 기억도 납니다. 동네 친구들이 다 나이가 나보다 많았지요. 서리할 때 꼬마인 나를 '새니(상현이)'라고 부르며 잘 거두어 주었어요. 서리한 보리는 불에 그슬려 먹었는데 먹다 보면 입 주위가 새카매지거든. 내 입을 씻겨 주며 형제자매가 없는 나를 다정하게 대해 주었어요."

'원서동 74번지' 고하 할아버지댁에서 미아리고개를 넘어 무네미, 말미, 쌍감리(쌍문동), 벌리(번동)를 지나 창동까지 수없이 뛰어다녔다고 했다.

"무네미는 '물 넘어'라는 뜻입니다. 현재 수유동의 가운데 글자가 '뛰어넘을' 유(踰)자거든. '물을 뛰어넘는다.' 왜놈들이 동네 이름을 한자로 바꾸면서 그렇게 된 거지."

신탁통치 결정과 경교장 회의

송교수는 곧 1945년 12월 30일 그날의 비극에 대해 털어났다.

그해 12월 27일 모스크바에서 열린 3상회의의 결정이 전해지면서 온 나라가 들끓었다. 미국·영국·소련의 외무장관들이 조선의 독립을 5년 간 유예하고 신탁통치(信託統治)하기로 결정했다고 하니 흥분할 수밖에 없었다.

송상현 "보통은 할아버지랑 같이 자는데 그날은 그러지 못했어요. 돌아가시기 하루 전날 경교장(서울 종로구 새문안로 29)에서 모든 정파(政派)가 다 모여 신탁통치 반대를 위한 회의가 늦게까지 열렸거든요.

할아버지도 장택상(滄浪 張澤相, 1893-1969)·김준연(朗山 金俊淵, 1895-1971) 같은 분들과 함께 가셨는데, 당시 고도의 감정적인 분위기가 형성되었다고 합니다. '애타게 기다리던 독립이 겨우 왔는데, 나라를 세우기도 바쁜데, 그걸 막고 신탁통치를 한다'고 하니 도저히 받아들일 수 없다는 드센 분위기였다고 합니다.

모든 정치지도자들이 흥분해 있을 때, 할아버지가 나서서 이렇게 말했답니다.

'좀 흥분을 가라앉혀라. 여기 모스크바 3상회의 결의문을 내가 가지고 있다. 여기 만당(滿堂)하신 정치지도자 중 이 결의문을 읽어본 분도 있겠지만 보지 않았다면 나와서 한 번 읽어봐라. 보지 않고 흥분해서 목소리를 높이는데, 진정들 좀 해라. 감정을 가라앉히고 지도자답게 차분하게 대책을 세우자.'

이렇게 말씀하셨지만 일부 흥분한 정치인이 '그럼 고하 당신은 찬탁 (贊託)하자는 말이오? 당신 미쳤소?' 그러자 할아버지가 한말씀 더하셨 지요.

'짚신감발을 하고 죽창 들고 미군정청을 축출해서라도 독립해야 한 다고 많은 분이 감정적으로 얘기하시는데, 지금 한반도 정세를 보면 박 헌영(朴憲永, 1900-1955)을 중심으로 조선공산당이 일사불란하게 움직 이고 있다. 죽창으로 미군정을 쫓아내면 그 즉시 한반도가 공산화된다 는 뜻이 된다.'

그러나 그 사실을 깨닫는 정치인은 없더랍니다."

강원용의 목격담

고하는 결코 신탁통치에 찬성한 일도 없고, 지지하지도 않았다고 한 다. 다만 미군정하에서 미국과 정면으로 맞서서 정권을 내놓으라고 강 요하는 것보다는 적법한 절차를 거쳐 독립정부를 세우고 정권을 인수해 야 된다는 게 고하의 지론이었다. 이것을 찬탁으로 몰아붙인 것이다.

송교수는 역사적인 자료, 집안에서 전해 내려오는 이야기, 선친인 송영 수(宋英洙)의 회고 등을 종합해 이렇게 말했다.

"할아버지는 더는 얘기가 안 통한다 생각하시고 가만히 앉아 계셨는 데, 사람들이 우르르 몰려와 '고하 당신은 찬탁을 하자는 얘기구만. 우리 하고는 얘기가 안 되겠네' 하더랍니다.

당시 경동교회 강원용(姜元龍, 1917-2006) 목사님이 직접 이 광경을 목

1945년 12월 어느 날.
피습 수일 전 동아일보 정문을 나서는 고하.

격하셨는데, 그분 회고록을 보면 '수백 명의 정치지도자 중에서 참 특이한 한 분'이라는 대목이 나옵니다. 특이한 분…. 강목사님은 그때 서른 살이 채 안 되었고 고하가 누군지 관심이 없었지만, 첫인상이 강렬했다고 해요."

강원용의 회고록에 이런 문장이 나온다.

고하는 '여러분들이 격한 것을 이해하지만, 3상회의 결정문을 읽어본 사람이 누가 있느냐, 나도 라디오로 들었는데, 민족의 지도자들이 방송에서 나은(나온) 것만 듣고 이렇게 막 들고 일어나는 것은 신중치 못하다'고 말했지요. 그는 또 '미소공동위원회를 만들어 한국의 정당·사회단체들과 의논해 5년 이내에 통일정부를 세운다는 내용이 진짜라면 반대할 이유가 없다고 생각한다'고 말했습니다. 그랬더니 좌익 사람들이 '역적이다. 너희가 미국과 짜고 하는 게 아니냐'며 욕설을 퍼부어댔습니다.

고하는 이후 아무 말도 하지 않았는데, 이튿날 새벽 암살당했습니다. 나도 당시엔 고하를 오해했는데, 세월이 지나서 보니까 그분이 정세 판단을 가장 정확하게 한 것임을 깨닫게 됐어요. 사실 정확한 내용도 모른 채 방송만 듣고 전 민족의 지도자들이 나선 것은 경박한 일이었습니다.

그날 1945년 12월 30일 오전 6시 15분

미국 펜실베이니아대 이정식 명예교수가 쓴 〈고하의 혜안〉(2003)이란 논문에도 강목사의 증언이 나온다. 논문에 인용된 강목사의 육성은 이렇다.

"내게 지금 세월이 흘러갈수록 가장 강한 인상을 남겨 준 사람은 그 사람(송진우—편집자)이고…, 모두들 소리소리 지르고 난장판이 벌어지는데, 모두 그저 흥분해 가지고 서로 욕설을 하고 이렇게 야단치는데 이 양반이 가만히 앉았다가 일어서서, 이제 정중하게 그 얘기를 하는데 그 얘기가 지금도 나는 머리에서 떠나지 않아요."

송교수의 말이다.

"강목사님 주장은 이정식 교수 등의 연구에서도 확인되고 일치하는 증언입니다. 당시 현장에 있던 사람들이 할아버지를 몰아세워서 갑자기 찬탁분자가 되셨고, 그 다음날 아침에 암살을 당하셨거든요. 손쓸 여지가 없이 이루어진 거죠."

— 좀더 구체적으로 설명해 주십시오.

"그날 오전 6시 15분인데, 그 6명의 무뢰한이 담을 넘어 원서동 집에 들어와 가지고 사랑채…. 사랑채라는 게 크지도 않고 방 한 칸인데, 보통의 경우라면 저랑 같이 자는데 그날따라 아래층에서 미리 잠들어 버렸어요. 경교장 회의가 끝나고 할아버지가 같이 주무실 손님이랑 같이 오셨는데, 이제 6시 15분쯤 되어 총성이 나서…. 그때 정종근(鄭鍾根)이라고 당시 나이로 26세 먹은 호위경관이 있었습니다. 그가 뜰아래채 모퉁이 방에서 잤는데, 총성이 울리자 총을 빼들고 뛰어 올라갔어요.

사실 아버지가 12월 초순부터 시내에 이상한 소문이 파다해 할아버지한테 '방문을 안으로 걸어잠글까요?'라고 말씀을 드렸어요. 할아버지는 '조선 천지에 나 죽일 놈은 없다. 걱정하지 말아라'고 하셨거든요.

미군정청 하지 사령관도 암살 정보를 미리 입수해 걱정스러워서 '경호원을 댁에 파견해 드리겠다'고 몇 번을 얘기했는데 끝끝내 사양하면서 '조선 천지에 나 죽일 사람은 없다'고 하셨지요. 그런 조짐을 가족들이 이미 알고 있었어요."

"다 봤는데 참혹하고…"

이 대목에서 송교수의 떨리는 목소리가 느껴졌다.

"막상 그런 일이 터지니까…, 아버지도 자다가 (사랑채로) 뛰어 올라가 셨는데 이미 늦었죠. 선혈이 낭자하고 우리 어머니가…, 어머니가 그때 20대지. 스무 살 남짓 새댁인데 홑이불 빨랫감을 잔뜩 들고 가서 피를 전부 다 닦아내고…. '애들은 보면 안 된다'고 엄명을 내려 사랑채 출입 을 막았지만, 사태 수습에 정신이 없으니까 내가 쫓아가 보는 것까지 막 을 수 없으셨거든요. 다 봤는데 참혹하고…, 병풍에도 피가 많이 튀었 고, 처음부터 끝까지 다 봤어요. 세월이 많이 흐른 지금도 어쩌다가 그 장면이 좀 떠오릅니다."

1945년 12월 30일, 서울 원서동 74번지 고하의 사랑채 모습이다.
병풍에 핏자국이 보인다.

김형석 이사장은 송상현 교수의 이야기를 들은 뒤 이렇게 다시 질문했다.

"고하의 죽음이 사실은 거기에 장덕수·여운형·김구로 이어지는 일련의 암살사건의 시작이었기에 당시 암살범 한현우의 배후가 누구냐를 두고 의심하는 시선이 많았습니다.

주변인의 증언과 미군정 자료를 근거로 김구가 배후라는 설, '임정봉대론(臨政奉戴論)'을 펴며 임정에 정치자금까지 지원해 준 고하를 김구가 왜 살해했겠느냐는 설이 맞부딪치고 있습니다. 혹시 송교수께서 들으셨거나 또 판단하시는 고하의 암살 배후를 설명해 주실 수 있다면…, 이 부분이 예민한 부분이어서…."

여기서 임정봉대론은 대한민국 임시정부를 떠받들어 임정 요인들을 하루빨리 환국하도록 돕고, 임정이 유일한 정권 수임기관이 되어야 한다는 논리를 말한다. 몽양의 건준(建準)이 임정의 환국을 기다리지 않고 독주할 때도 고하는 꿋꿋이 임정봉대론을 지켰었다. 송교수는 이렇게 말했다.

백범 배후설

"박상호란 자가 1957년 《새벽》(3월호)이란 잡지에다가 자기 나름대로 〈고하 송진우 선생 피화실기(被禍實記)〉 같은 글을 쓰고 그랬지만, 그건 자기들 입장을 변명하거나 정당화하기 위해서 쓴 글이기 때문에 어디까지 믿어야 할진 모르겠고….

백범 선생이 암살의 배후다. 뭐다 이런 얘기는 아마 당시 수도청장이 장택상이고 경무부장이 조병옥(趙炳玉, 1894-1960) 박사였는데 수사 책임자로서 주변 정황이 드러났기 때문에 그런 식으로 몰고 간 게 아닌가 생각이 됩니다. 그러나 당시 재판 판결문을 보면 그 부분이 명확하게 나와 있지 않습니다."

— 김구 배후설이 명확하지 않다는 건가요?

"네, 다 우물우물하고 넘어갔습니다. 할아버지 암살 때도 김구 배후설이 있었고, 장덕수 선생이 암살돼 재판할 때는 김구가 직접 증인으로 불려나가 재판정에 섰을 정도입니다. 그 일련의 사정이 사람들이 '아, 백범이 배후에 있었구나' 하는 인상을 확고하게 갖게 하는 계기가 됐을 거예요.

심지어 백범을 암살한 안두희가 최근에 출간한 책 있죠? 그 책을 보면 안두희가 백범한테 단도직입적으로 '고하는 왜 죽였소?' 이렇게 물어보는 대목이 있습니다."

안두희의 고백

송교수가 언급한 안두희의 책은 2020년에 나온 《나는 왜 김구 선생을 사살했나–안두희의 시역(弑逆)의 고민》(타임라인)을 말한다. 안두희가 백범을 저격 사살한 다음날인 1949년 6월 27일부터 첫 공판일인 8월 4일을 사흘 앞둔 2일까지 쓴 것으로, 6·25전쟁이 끝나고 소령 예편 후인 1954년부터 1년 6개월여 편집 등의 준비를 거쳐 1955년 10월 단행

본으로 발행됐다. 2020년에 나온 책은 개정증보판이다. 책에 이런 대목
이 실려 있다.

"선생님(백범-편집자)! 제게 8·15 기념일을 전후하여 중대한 지령이 있을
지 모른다는 예비 명령은 무엇에 대한 준비입니까?"

나(안두희-편집자)의 음성은 높을 대로 높았다. 선생님도 노기등등한 안색
으로 안절부절하시면서 고함을 지르신다.

"무어야? 이놈 죽일 놈! 입이 달렸다고 함부로 지껄이는 거야?"

이제는 피차가 사리를 가릴 이지(理知)의 여유를 잃었다.

"여순 반란은 누가 사주한 것입니까?"

"뭐야? 이놈!"

주먹으로 서안을 치신다.

"표소령, 강소령과 기거를 같이한 놈은 어떤 놈입니까?"

"저런!"

책 뭉치가 날아온다. 얼굴에 맞았다. 나도 주먹을 부르쥐고 고함을 질렀다.

"송진우 씨는 누가 죽였습니까?"

벼루가 날아와서 머리를 스치고 뒷벽에 부딪친다.

"장덕수 씨는 누가 죽였습니까?"

"이놈! 너 이놈!" (하략) (60-61쪽)

"1945년 8월 당시 최고의 실권자는 고하"

1945년 12월 30일, 고하 암살 현장 원서동 자택 사랑채

송교수는 당시 상황을 이렇게 평가했다.

"안두희가 당대 컨트로버셜(controversial; 논란이 많은)한 질문을 단도직입적으로 한 부분이 있어요. 한마디로 '내가 죽일 만한 값어치가 있나.' 그런 걸 이제 물어보러 간 것 같아."

— 해방 공간 당시 고하의 위상은 어느 정도였나요?

송교수는 "할아버지가 사시던 원서동의 좁고 긴 골목(현 창덕궁길)은 늘 이분을 만나려는 남녀노소로 꽉 메워져 있었다"고 회고하며, 이렇게 말했다.

"1945년 8월로 시계를 돌려 놓고 보면 대한민국의 최대 실권자는 고하예요. 왜 그러냐? 정부도 없던 시절에 《동아일보》라는 신문을 홀로 짊어지고 국민한테 소식을 전하고 민족의식을 높이려고 했던 분입니다. 전국에, 그러니까 함경도에서 제주까지 신문 지국이 다 있어 가지고 국내 정보와 돈과 인간관계… 이런 걸 다 쥐고 있었죠.

우남 이승만(雩南 李承晩, 1875-1965) 박사나 임정 요인들이 귀국하셨을 그 순간에 돈도 한 닢 없고 너무 궁(窮)하고 국내 정보도 없었을 겁니다. 물론 김구 선생이나 이승만 박사를 따르는 분들도 있었겠으나, 이분들한테 미묘한 정보를 전달해 드리고 돈을 드릴 사람은 아무도 없었거든요. 말하자면 할아버지의 신세를 안 질 수가 없는 건데….”

임정 요인들과의 친일 논쟁

송교수는 고하가 귀국한 이승만 박사와 임정 요인들을 물심양면 후원했다고 했다.

“이승만 박사가 귀국해 돈암장을 마련해서 거처하셨잖아요. 부인이 서양분이니까 (고하가) 임영신(任永信, 1899-1977) 선생을 보내어 음식이나 옷 부분을 전부 책임지게 하고, 또 윤치영(尹致暎, 1898-1996) 선생을 보내어 대외적으로 대변인 역할을 맡기셨죠. 여기다 이박사한테도 매달 한 5만-15만 원 사이의 생활비 내지는 정치자금을 보내 드렸던 게 할아버지입니다.

또 임정(요인들)에도 다 보내 드렸는데, 임정은 수월하게 받지를 않았죠.

임정에 환국지사후원회(還國志士後援會) 기금 9백만 원인가를 만들어

딱 드리니까, 임시정부 재정부장 조완구(趙琬九, 1880-?)가 더러운 돈이라고 하여 돌려보냈을 때 할아버지가 흥분한 어조로 '정부가 받은 세금 속에 양민의 돈도 들어 있고 죄인의 돈도 들어 있는 것이오. 앞으로 정부 수립 등 이런 큰일을 앞두고 그것을 가지고 왈가왈부할 필요가 없을 줄 아시오'라고 말씀해 해결하신 일이 있었어요."

또 1945년 12월 12일 고하가 수석총무이던 한민당측에서 임정 요인들에게 "오랫동안 풍찬노숙(風餐露宿)하셨는데 위로연을 해 드린다"며 국일관에서 베푼 귀국환영연에서 지청천(池靑天, 1888-1957)·조소앙(趙素昻, 1887-1958) 등의 임정 요인들이 "친일을 하지 않고 국내에서 어떻게 생명 부지해 왔겠느냐"면서 친일 인사 숙청론을 편 일이 있었다고 한다. 송교수의 계속된 얘기다.

"당시 술상 모퉁이에 앉아 있던 신익희(海公 申翼熙, 1894-1956)가 맞장구를 쳐가지고 '국내에서 살면서 친일 안한 사람이 있었겠나? 그거 다 친일파는 이제 나라가 세워지고 그러면 숙청을 해야지'라고 했다고 합니다.

그러니까 와세다대 동창인 장덕수가 옆에 있다가 '해공, 그러면 나도 숙청 대상이겠네'라고 하니, 신익희는 '어디 설산 자네뿐인가?'라는 식으로 말해 언쟁이 벌어졌다더군요."

"일절 구원(舊怨)이 전혀 없다"

당시 기록에 따르면 고하가 이렇게 나무랐다고 송교수는 전했다.

"우리가 일반 국민에게 임정을 모두 떠받들도록 하는 것이 3·1운동 이후 임정의 법통 때문이지 노형들을 위해서인 줄 알고 있나. 이봐요! 중국에서 궁할 때 뭣들 해먹고서 살았는지 여기서는 모르고 있는 줄 알아. 국외에서 배는 고팠을 테지만 마음의 고통은 적었을 것 아니야. 가만히 있기나 해.

하여간 환국했으면 모두 힘을 합쳐서 건국에 힘쓸 생각들이나 먼저 하도록 해요. 국내 숙청 문제 같은 것은 급할 것 없으니, 임정 내부에서도 이러한 말들을 삼가도록 하는 것이 현명할 거요."

다음은 계속된 송교수와 김이사장의 대화다.

김형석 "송교수의 말씀은 귀중한 역사의 증언인데 고하의 서거 문제가 한국 현대사의 아주 중요한 사건이고, 또 이런 기회가 앞으로 있을 것 같지가 않아서 한 가지만 더 여쭤 보겠습니다.

암살범 한현우가 최종 선고공판에서 징역 15년을 선고받고 마포형무소에서 복역하던 중 6·25전쟁이 일어나 북한 인민군에 의해 석방이 되었어요. 그 이후 일본으로 건너가서 살다가 5·16이 일어나자 지지하는 책을 출간했는데, 이런 인연으로 국내에 들어와 활동하면서 고하를 살해한 전과 기록도 말소하고 외교부 장관 표창을 받기도 했어요…."

송상현 "그 중간에 최서면(崔書勉) 씨가 있었어요."

김형석 "나중에 한현우의 사위 전병민이 김영삼(金泳三·YS) 정부의 정책기획수석으로 발탁되었다가 장인이 고하 암살범이라는 사실이 밝혀져서 사퇴한 일이 있지 않습니까? 혹여 어떤 구원(舊怨)이나 암살범에 대한 소회가 있으면 한말씀 해주십시오."

1995년 고하 선생의 장손인 송상현 교수가 미국 필라델피아 서재필기념관을 방문해 송진우 선생(앞줄 오른쪽 첫번째)이 함께한 '1925년 하와이에서 개최된 범태평양민족회의에 참석한 한국대표단'의 사진을 옆에 두고 기념촬영을 하고 있다.

송상현 "한현우는 기록상으로만 아는 이름일 뿐인데, 남겨 놓은 기록에 '한현우가 결혼을 해서 포천에 가서 뭘 했고, 강원도에 가서 뭘 하다가 실패하고, 또 서울 와서 이리저리하다가 정치 깡패들하고 같이 어울리고….' 하여튼 이런 얘기는 그 기록을 봐서 아는 거고요, 언젠가 해방 전후사를 연구하시는 정치학자 몇 분이 두 번이나 '한현우를 만나 보겠냐'고 내 의사를 물어온 적이 있었습니다. 가만히 생각하다가 막 가슴이 떨려서 만날 수 없었어요. 만난들 무슨 얘기를 할지…. 그래서 거절한 일이 있습니다.

또 YS가 집권하면서 청와대 정책기획수석의 장인이 고하 암살범이란 사실이 알려져서 물러나고 이화여대 연구원이던 한현우의 딸도 결국 직장을 잃고…, 뭐 그렇게 됐던 것 같아요. 그런데 연좌제(緣坐制)도 아니고

괜히 미안한 생각이 들어요. 어떤 사람들인지는 모르지만 저는 일절 구원이나 그런 것(감정)은 전혀 없습니다."

3·1운동과 고하

김형석 "독립운동가로서 고하의 가장 큰 공적은 3·1운동입니다. 고하는 민족대표 33인에 포함되지 않고 '민족대표 48인'으로 지칭되지만, 그 내막을 살펴보면 3·1운동을 처음 계획하고 전국적인 운동으로 확산시키는 데 결정적 역할을 담당했습니다.

이로 인해 고하는 1년 7개월간 미결수로서 서대문형무소에서 복역했습니다. 저는 3·1운동에서 가장 중요한 역할을 담당한 인물이 고하 송진우와 남강 이승훈(南岡 李昇薰, 1864-1930)이라고 생각합니다만, 3·1운동 당시 고하의 역할에 대하여 설명해 주시기 바랍니다."

송상현 "주권을 빼앗긴 시절 가장 선진적인 지식인이셨어요. 할아버지는 와세다대를 다녔는데, 경술국치(庚戌國恥)를 당하자 죽어도 더러운 적군(敵軍)의 땅에 안 묻히려고 귀국해 자결할 장소를 찾다가 한때 스승이던 기삼연(奇參衍, 1851-1908) 선생을 찾아갑니다. 성리학자로 유명한 선비로서 의병대장까지 하신 분이시죠. 그러나 찾아갔을 때는 이미 돌아가신 후였어요. 부모의 다독임도 있어 마음을 고쳐먹고 다시 일본으로 돌아갔는데, 이런 생각이 들었다고 합니다.

'왜놈한테 나라가 병탄(倂呑)이 된 지 근 10년이 가도 조용하다? 세상 사람들이 조선민족을 뭐라고 그러겠나? 양같이 순하다 할까, 간이고 쓸

개고 없는 사람들이라 하지 않을까….'

중앙학교에서 선생을 하면서 항상 학생들에게 애국적인 역사를 가르치고, 학생조직을 만드셨어요. 늘 조직을 점검하고, 밤에 찾아가거나 비상 소집도 해보면서 민족의식을 심으셨어요. 그때 윌슨의 민족자결주의가 나오고 도쿄에서 2·8독립선언이 터지면서 이걸 이용해 어떻게든 (독립운동을) 해야 되겠다고 결심하신 겁니다."

'3·1운동 당시 고하의 역할은…'

고하가 목이 타게 기다리던 기회가 드디어 온 것이었다. 중앙학교 숙직실에서 현상윤(幾堂 玄相允, 1893-?)과 함께 고민하다가 천도교를 움직여야 한다고 생각했다. "만약에 천도교가 움직여 준다면 기독교도 움직일 거야. 그리고 학생 동원은 내가 맡겠어"라고 여러 차례 말했다고 한다. 그래서 현상윤을 최린(古友 崔麟, 1878-1958)에게 보낸다. 송교수의 말이다.

"할아버지는 천도교를 동원하자면 먼저 천도교의 교주인 손병희(義菴 孫秉熙, 1861-1922) 선생을 포섭해야 하는데, 그러려면 먼저 교주의 세 눈동자라고 하는 권동진(權東鎮, 1861-1947)·오세창(吳世昌, 1864-1953)·최린, 이 세 사람을 만나야 한다고 생각하셨죠.

이런 상황에 기당(현상윤)이 고우(최린)를 만나는 것이 첩경일 거라 판단하셨어요. 기당은 평북 정주(定州) 출신으로 평양 대성학교에 다니다가 백오인사건(百五人事件)으로 학교가 문을 닫게 되자 서울로 올라와 최린이 교장으로 있던 보성학교를 다녔습니다. 기당과 고우는 사제지간이었던 겁니다. 기당은 고우를 찾아가 거사에 가담해 줄 것을 종용했으나 처음 고우는 회의적 태도로 말끝을 흐렸다고 해요. 할아버지가 기당을 앞세워 일주일에 평균 두 번꼴로 찾아다니며 권유했고, 마침내 움직였다고 합니다.

그리고 기독교를 접촉해야 운동의 범위가 커진다는 것도 할아버지의 생각입니다. 일각에 최남선(六堂 崔南善, 1890-1957)의 생각이라고 하는 사람도 있지만, 할아버지의 생각인 게 맞을 거예요. 왜 그러냐면 할아버지는 밥을 먹으나 잠을 자나 하여간 3·1운동의 성공만을 생각한 사람이니까요."

"여보, 우리가 한 번 죽지 두 번 죽어?"

기독교의 합류에는 남강의 노력이 컸다. 남강은 인촌(仁村 金性洙, 1891-1955)의 별채이던 계동 김사용의 집에서 고하와 인촌·기당의 거사 계획을 다 듣고 일말의 망설임 없이 바로 승낙을 했다. 이때 인촌으로부터 노잣돈 1천 원을 받은 남강은 질풍노도처럼 관서 지방을 두루 순방하며 기독교의 협력을 이끌어냈다. 송교수의 말이다.

"남강 선생이 예수교를 포섭하고, 최린 선생이 천도교를 설득했는데, 이게 두 종교가 연결이 잘 안 돼. 감리교·장로교 자기네들끼리도 의견 조율을 해야 하고, 기독교 전체로 보면 천도교와 접점이 안 이루어지고… 그래서 삐걱삐걱했어요. 게다가 구한말 원로와 명사들을 모두 접

서울 종로구 원서동 송진우 선생 집터 앞의 이정표

촉했지만 다 거절하니까 기운이 팍 가라앉은 거예요.

육당·고우가 진이 빠져 뒤로 나자빠졌는데, 할아버지가 중앙학교 숙직실에서 자다가 기당을 깨우며 이렇게 말씀하셨다고 해요.

'여보, 우리가 죽으면 한 번 죽지 두 번 죽어? 모가지 댕강 잘려 죽거나 끙끙 앓다가 죽거나 한 번 죽지 두 번 죽어? 여기까지 됐으니까 나는 하겠어! 나 혼자라도 하겠어!'

그러니까 기당 선생이 '그럼 합시다' 해서 다시 복기(復棋)해 다 살려 가지고 3·1운동이 이뤄진 겁니다."

"이 양반이 그때 생식기관을 다쳐서…"

송교수는 잠시 숨을 돌린 후 계속 말을 이어나갔다.

"그런데 민족대표 33인 독립선언문에는 정작 선언문을 작성한 육당 이름이 안 들어갔고, 고하도 물론 안 들어가고, 함태영(咸台永, 1873-1964) 선생도 안 들어가고, 많은 분이 안 들어갔어요.

그 이유가 뭐냐? '만세 한번 불러서 독립이 되겠냐?'며, 그러니까 2차, 3차, 4차 3·1운동 배후에 앉아서 학생이나 시민·상인들을 다 조직을 해가지고 계속 일본인과의 물품 매매를 거절하는 철시(撤市)운동, 납세 거부운동, 무슨 노조파업운동, 온갖 있을 수 있는 모든 운동을 다 하기로 짜놓았는데, 그 총지휘자가 고하죠. 33인이 절대로 배후를 안 불기로 했는데, 최린이 불었어.

할아버지는 종로경찰서로 끌려갔는데 당시 3월이면요, 많이 추웠습니다. 지하실에다 잡아다 놓고 물고문하고 때리고, 그래도 안 되니까 옷을 홀딱 벗긴 다음에 전신주 같은 기둥에다가 꽁꽁 묶어 놓고는 컴컴한 밤에 훈련된 경찰견으로 하여금 무차별로 물게도 했어요.

우리 집안에서 내려오는 얘기 중 하나가 할아버지가 그때 생식기관을 다쳐서 생식능력이 없다는 얘기입니다. 우리는 그렇게 알고 있어. 근데 광경을 누가 본 사람 있어? 알 수가 없는 얘기인데, 집안에서는 그렇게 내려와요.

그래도 불지 않으니까 물에다 흠뻑 불린 가죽조끼를 입혀요. 그러고 열이 이글이글 타는 석탄 난로 옆에다 앉혀 놓거든. 그러면 조끼가 마르면서 몸을 조이기 시작해 두 눈이 튀어나올 것 같은 고통이 온대요. 그런 고문을 가해도 이 양반이 불지를 않으니까 대질심문(對質審問)을 한 거예요.

'다 불었는데 너 혼자 아무 소리도 안하고 부인해 봐야 소용없다.'

'그 양반들이 분 대로 알아서 하시오.'

그러니까 지금 3·1운동 공판기록을 보면 거꾸로 됐어요. 손병희나 이런 천도교, 또 기독교 몇 사람이 주동한 걸로 돼 있고, 할아버지는 기껏해야 최남선 불러오고, 최린하고 만나고, 남강 선생하고 왔다갔다한 것밖에 없는 걸로 돼 있으니까 완전히 주와 종이 바뀐 것이지요. 훗날 정인보(鄭寅普, 1892-?)와 문일평(文一平, 1888-1936) 선생이 할아버지에게 서너 번 찾아와 3·1운동 전말을 우리한테 구술해 주면 바로잡겠다고 제안했다고 합니다.

1926년 9월 8일, 경성복심법원에서 보안법 위반죄로 징역 6월의 선고를 받았다.
이때 신분은 상민, 직업은 신문기자로 기록되어 있다.

그러니까 할아버지는 '지금 내가 사실을 얘기하면 우리나라가 홀라당 뒤집어진다. 은퇴한 후에 천천히 얘기할 기회가 있겠지'라고 하셨는데, 56세에 암살당하시니 바로잡을 기회가 없으셨죠."

고하, 아들을 상업학교로 진학시켜

후사가 없던 고하는 송교수의 아버지 송영수를 내심 양자로 점찍어 놓고 혹독한 일제강점기에 온갖 비밀스러운 임무를 다 시켰다고 한다. 고하의 4남4녀 형제 중 손위 큰형님의 3남이 송영수다. 고하의 급서 후 김병로(街人 金炳魯, 1887-1964)의 법률자문대로 민법에 규정된 사후 입양 조치로 호적상 정식 입양된 후계자가 되었다고 한다.

"당신이 언제 투옥되거나 무자비한 고문을 당할지 모르는 불안한 상황에서 사실상 아버지를 우리 가족의 유일한 생활책임자로 만들고 싶어 하셨어요.

실은 아버지가 경기중학교에 입학을 했어. 그런데 할아버지 동지들과 주위 부하들이 전부 벌떼같이 일어나 가지고 '아니, 독립운동가의 아들을 왜놈들이 세운 관립학교에 보내는 게 말이 되냐'고 소리소리지르는 바람에 못 다녔어요.

그럼 중앙학교에 갔느냐? 중앙학교에 가려고 했더니 할아버지가 반대하셨어. '너는 온 집안의 생활 책임을 져야 하니까 한가하게 인문학교 가서는 안 되고, 상업학교 가서 주판을 배우고 손님한테 인사 잘하는 거나 배우면 된다'고 하는 바람에 남대문상업학교에 갔어요. 그게 지금의 동성고등학교야.

남대문상업학교 담임이 장면(張勉, 1899~1966) 총리입니다. 훗날 장면이 제2공화국 총리가 되니까, 우리 아버지에게 장관 자리를 제시했는데 완강하게 사양하셨대요.

부자간 맹세를 했기에 그 양반도 정계 진출을 안했고, 나도 총리를 두 번이나 제의받았지만 거절했고… 장관, 대법관, 청와대 수석…. 내가 10번은 더 받았어요. 일절 안 갔어요."

"보수 정부, 진보 정부에서의 총리 제의 다 거절해"

송교수는 보수 정권, 진보 장권 가리지 않고 총리 제의를 받았다고 털어났다.

─그 자리에 왜 안 가셨습니까?

"우리는 정치 근처에도 안 가기로 아버지하고 아주 금석맹약(金石盟約)을 했거든. 할아버지의 비극적인 최후를 보고 '우리가 살아가는 방법은 할아버지가 걸으신 방법 외에 다른 방법도 많이 있을 거다'고 생각한 거지요."

─고하의 비극이 지금까지 이어지는 거네요.

"아버지가 살아 계실 때 약주를 좋아하셨거든. 억병이 되도록 술을 마시곤 통행금지가 지난 시간에도 온 집안을 다 돌아다니면서 문을 잠그는 거야. 할아버지가 돌아가시기 전 아버지가 '문을 안으로 걸까요?'라고 여쭸는데, 결국 암살당하셨거든. 그게 천추(千秋)의 한(恨)이 돼가지고….

나는 별로 그런 게 없었는데, 이제 나이가 먹어서 그런지 가끔 자다가 당시 꿈을 꿔요."

— 고하의 피습 이후 어머니도 굉장히 고통스러우셨을 것 같아요.

"어머니는 요새 같으면 스무 살 남짓의 새댁인데, 나를 낳고 나서 산후조리를 제대로 못하셨어요. 당시 먹을 게 있나요? 무슨 의사가 있었어요? 복막염으로 항상 고름과 피를 짜내고 복대를 두른 채."

젊은 며느리로서 13발 중 6발의 총탄을 맞으신 시아버지의 낭자한 피를 말끔히 닦아내고 현장을 정리한 일, 강추위 속에서 진행된 그 큰 초상을 포함하여 전통적 제례의식의 3년상까지 치러낸 어머니의 초인적 상황 관리는 송교수에게 한없는 외경의 마음을 갖게 한다고 했다. 어머니 김현수(金賢洙) 여사는 아흔을 맞이한 지난 2009년 여름 세상을 떠났다.

"친일 관련 흠결 전혀 없다"

계속된 김이사장과 송교수의 대화다.

김형석 "1937년 중일전쟁에 이어 1941년 태평양전쟁을 일으킨 일제의 황국신민화 정책으로 인해 대다수의 지도층 인사들이 친일반민족행위자로 전락했지만, 누구보다도 자기 관리가 철저했던 고하는 총독부의 강압과 회유에도 불구하고 친일 논설이나 친일단체 가입은 물론 많은 사람이 참여했던 친일 강연과 인터뷰조차 지금까지 알려진 바가 없습니다.

이처럼 고하는 자기 주관과 소신이 확고한 태도를 보여주었기에 해방이 되자 자유민주주의를 표방하는 민족주의 세력을 이끄는 지도자로 부각될 수 있었습니다."

송상현 "(친일과 관련한 흠결이) 전혀 없었습니다."

김형석 "학계에서 관심거리가 되는 게 조선총독부가 1945년 8월 15일, 여운형과 접촉하기 전인 8월 11일에 경기도지사이던 이쿠다(生田清三郎, 1884-1953)를 통해 고하를 접촉한 것으로 알려지고 있습니다. 이쿠다가 고하한테 치안 협조를 요청했으나 거절당했는데, 이후에도 경기도청으로 초청하거나 집으로 찾아가 여러 차례 부탁했으나 고하가 거절한 것으로 전해집니다. 결국 8월 15일 몽양에게 부탁하여 만들어진 것이 건국준비위원회라는 설이 있어요. 이에 반해 총독부 정무총감을 지낸 엔도(遠藤柳作, 1886-1963)가 1957년 《국제타임스》와 인터뷰에서 '사실무근'이라고 주장한 적도 있습니다. 이에 대한 송교수님의 생각이 궁금합니다."

송교수는 이 대목에서 목소리가 무척 격앙되었다.

송상현 "고 송건호 선배가 편집책임을 맡고 일부 대학교수들이 모여 《해방 전후사의 인식》을 여러 권 펴냈는데, 거기에 보면 '고하한테 일제가 접촉했다는 것은 완전히 우익의 조작이다. 그런 일이 없다'고 주장합니다. 또 조선총독부 조선인 고관을 지낸 이에게 일일이 인터뷰를 해 '그때 고하와의 접촉에 대해 소문이라도 들어 봤냐'고 물었더니, '들어 본 일도 없다고 했다'고 썼어요.

내가 하도 우스워서 참…. 반론을 하고 싶지만 합리적으로 반박을 해야지…. 만약 정권을 비밀리에 넘기려면 비밀리에 찾아가서 신속하게 넘기지, 조선인 총독부 고관이라는 게 일개 사무관 정도인데, 식민지 백성인 그런 자들에게 정권 인수 접촉이 알려지게 했겠어? 아니, 당시 우리나라 현실에 놓고 한 번 생각해 봐. 그 사람들이 못 들은 게 그게 당연하지."

"엉덩이 걷어차면서 '不逞鮮人 새끼' 운운하며…"

계속된 송교수의 말이다.

"그때가 1945년 8월 11일입니다. 경기도지사인 이쿠다가 집으로 찾아왔어요. 서울이 포함된 경기지사입니다. 일본 내각에서 대신을 2, 3차례 지낸 정치 원로를 보내는 자리입니다. 이쿠다가 조선인 경찰 중에서 제일 높은 자와 함께 찾아와 이렇게 말했다고 합니다.

'통치권의 4분의 3을 줄 테니까, 우리가 물러나서 80만 재조선 일본인이 떠날 때 그 생명과 재산을 좀 잘 보호해 주시오.'

우리 할아버지가 '아니, 대일본제국이 왜 패망을 해? 맨날 승승장구하는데 왜 지나? 그런 말씀 마시오'라고 엉뚱하게 얘기하신 거야. 패전 소식을 다 듣고 있으면서….

그 다음에 '우리 조선인들은 문화민족이어서 당신네들을 가만 내버려두지, 당신네 재산이고 생명을 빼앗는 그런 야만인들이 아닙니다. 그러니 조선 사람들을 믿고 알아서 가세요' 이러셨어. 그러니까 할 말이 없는 거예요. 그런데 다음에 또 왔어요. 근데 네번째도 할아버지가 거절을 하거든."

— 그때도 이쿠다가 왔습니까?

"왔었다고 해요. 근데 1945년 8월이니 굉장히 더울 때 아니에요? 제가 다섯 살인데 하도 더우니까 속옷만 입고 안채 마당에서 흙장난을 하고 있었어.

2017년 5월 12일, 서울 종로구청으로부터 명예도로명인 '고하길'을 부여받았다.
(사진은 계동 중앙고 앞)

그런데 따라온 정복 입은 경찰이 또 거절을 당해 화가 나니까 내 엉덩이를 걷어차면서 '불령선인(不逞鮮人) 새끼' 운운하며 큰소리로 욕을 했어요. 날씨가 더웠지만 가죽 장화에 긴 칼을 차고 있었어요.

어린 나는 무방비 상태로 걷어차여 앞으로 고꾸라져 가지고 토방 댓돌에 턱을 부딪치는 바람에 크게 다쳤습니다. 여기가(턱이) 다 없어졌어. 당시 약이 있어요? 굶어죽을 판인데. (종로구) 재동 부근 김웅규 외과에 가서 치료를 받는데 소위 빨간 소독약을 바르는 것밖에 없지. 여러 해 동안 치료를 받았거든요. 오래갔어요."

"총독부 고위인사들, 원서동 집 드나들어"

— 송교수께서 그렇게 턱을 다친 것도 굉장히 중요한 1차 사료거든요.

"강준식이라는 소설가가 있습니다. 해방 공간을 묘사하는 대하소설을 쓰기 위해 나를 찾아왔어. '바로 그 점이 어떻게 됐냐'고 물어서 지금 말씀드린 것처럼 이야기했거든. 열심히 얘기를 했는데, 이자가 소설을 쓰면서 그 부분을 우물우물 흐려 버렸어."

송교수는 "자신의 엉덩이를 걷어찬 이가 일제 총독부에서 관리(경기도 경찰부 수송보안과장–편집자)를 했던 전봉덕(田奉德, 1910–1998)"이라고 했다.

— 어린 나이였는데, 그 이름을 어떻게 안 겁니까?

"아버지가 나중에 얘기를 해줬지. 나이가 (아버지와) 아마 비슷할 거예요."

— 현장에서의 기억이 생생하신 거군요.

"경찰복 정장 차림에 칼도 차고⋯."

송교수는 "고하의 해방 전 일제에 의한 정권 인수 교섭은 사실이거나 사실에 가깝다"고 얘기했다. 하지만 일부 학자들은 그런 교섭 자체가 없었다고 주장하며 고하를 깎아내린다. 물론 이 교섭이 일제가 고하에게 '통째로 정권을 내줄 테니 어서 받아라'는 식의 교섭은 아니었을지 모르나 송교수는 몇 가지 정황을 들어 설명한다. 무엇보다 어린 시절 일제 헌병에게 엉덩이를 걷어차였던 것은 분명한 사실이다.

"해방되기 며칠 전부터 우리 집 주위의 감시망에 이상한 움직임이 보였다는 점은 분명한 사실입니다. 또 총독부 고위인사들이 할아버지와 면담하고자 자주 몰래 원서동 집에 드나든 것, 할아버지를 따르는 다른 분들, 예컨대 김준연(전 법무장관)·설의식(薛義植, 1900~1954) 등에게도 일본인들이 할아버지의 생각과 동향을 면밀하게 물어본 것 외에도 내가 직접 봉변을 당했으니까요."

'내가 결국 장물아비가 되고⋯'

해방 직전 일제가 조선의 지도자를 모두 죽이고 철수할 거라는 정보를 입수한 고하는 미리부터 병이 깊어 운신을 못하는 시늉을 했다고 한다. 송교수의 계속된 설명이다.

"할아버지는 삼복더위에도 사랑채에서 솜이불을 겹겹이 둘러싸매고서 아픈 게 아니라 아픈 척을 하신 거야. 그리고 한약을 달여. 근데 풍로에 부채질하는 사람이 우리 엄마야. 20대 여자가 말이야. 당시 집안에 찬모·청지기가 수두룩한데도 왜놈들한테 매수됐을지 몰라 못 맡겼던 거지.

한번은 아버지가 이런 말씀하셨어요. 이쿠다가 찾아오니까 할아버지가 딱 일어나서 이랬대요. '당신네가 우리한테서 주권을 빼앗아 간 강도인데 그 주권을 나한테 일부고, 전부고 간에 넘겨주면 내가 결국 장물아비가 되는 거고, 나중 우리 국민을 볼 면목이 사라진다. 해방이 되면 정부도 수립해야 하고, 한일 간에 국교도 터야 하는데, 나같이 일본을 잘 아는 지도자 하나쯤은 남겨두는 게 너희한테도 유리할 거다. 그리고 권력은, 통치권은 국민으로부터 위임받아서 행사하지 않으면 부적법하다. 너희가 무슨 권한이 있어 나한테 무슨 통치권을 주고 말고 하느냐.'

이쿠다가 듣고 보니 그 말이 옳거든. 그러니까 할 말이 없는 거야."

제헌의원 이상돈의 증언

제헌의원인 이상돈(李相敦, 1912-1997)이 1990년 4월 4일자 《조선일보》 10면에 기고한 〈내가 겪은 체험 내가 본 사건〉에 당시 상황이 자세히 기술돼 있다.

70 노령인 경기도지사 이쿠다로 하여금 고하를 초청, 지사실에서 고하와 김준연을 만나게 주선했다. 그들 역시 일본이 항복한 후에 조선의 치안과 통신·방송·신문 등을 맡아서 평화적으로 일본 거류민이 일

《조선일보》1990년 4월 4일자 10면에 실린 제헌의원 이상돈 선생의 회고록
〈고하, 일제 정권 인수 교섭 끝내 거절〉 기사다.

본으로 무사히 돌아가도록 도와 달라는 것이었다. 그러나 고하는 초지일관, 자기가 나설 때가 아니라고 거절했다.

이와 같은 뚜렷한 사실에 대해 8·15해방 전후사를 연구하는 일부 젊은 학자 중에는 반론을 제기하는 사람이 있다. 그들의 주장은 조선총독부에서 고하에게 정권 인수를 교섭한 사실이 없다는 것이다. 그 논거로 당시 총독부 사무관(과장)으로 있던 조선 사람 최모의 증언과 그때 정무총감 엔도의 증언을 들고 있다. 그런데 일개 총독부 사무관인 조선 사람 최하영(1908-1978)에게 치안권 인수 교섭을 추진하기에는 사안이 너무도 중요한 만큼 일인 수뇌부에서 은밀히 직접 교섭했었음은 상식에 속할 것이다.

이상돈 전 의원은 1949년 제헌의원이 된 후 5대·6대 국회의원을 거치면서 줄곧 야당의 길을 걸은 강골 정치인이었다. 그는 "고하·설산·몽양이 암살당하지 않았다면 이승만의 전횡이 있을 수 없었을 것이고, 독재도 못했을 것이며, 김구 선생 등 임정파와의 사이가 벌어지지도 않았을 것이다. 그것이 우리 정치의 비극의 시작"이라고 했다.

역사책에서 사라진 고하

송교수는 어린 시절 고하의 원서동 집에서 자신의 엉덩이를 찬 일제 헌병의 실체에 대해 고백했다.

"내 엉덩이를 찬 전봉덕, 이자가 1960년대 대한변협 회장도 하고, 딸이 시인 전혜린이야. 이후 미국으로 이민을 가서 LA에서 살다가 89세에 죽었어. 내 젊은 시절 육군본부 법무관할 때 국가 소송사건 기록 보따리를 짊어지고 서소문 법원에 갔는데 변호사 공실(控室)에 그가 있더군요. 그 사람은 내가 고하의 손자라는 사실을 몰랐고, 나 역시 그런 말을 안 했어요."

김형석 이사장의 말이다.

"지금 역사학계에서 나온 논문은 대부분 좌파적인 입장에서 쓴 논문이기 때문에 고하로부터 시작되는 자유민주주의 세력에 대해 굉장히 부정적인 평가를 하고 있습니다. 그런데 고하는 좌익까지 포함하는 포용적 인물이었고, 굉장히 진보적인 생각을 가지고 있었어요. 굳이 얘기하자면 중도우파 정도의 입장에서 좌파까지 다 포용하는 그래서 나는 윤석열 정부의 국민통합적 관점에서 역사를 정리해야 한다고 주장하는 사람이지만, 국민통합적 모델로 볼 수 있는 인물이 고하가 아닐까 생각합니다."

송교수의 답이다.

"어릴 때 할아버지 이름이 곧잘 역사책에 나왔고, 역사 시험에 출제되기도 했어요. 그러나 지금 역사책을 보면 할아버지 이름이 없어. 전혀 없어요."

'늙은 여자도 잘 들여다보면 예쁜 구석이 있어'

고하의 사상은 온건한 자유민주주의자였으나 이념에 갇혀 있지 않고 포용력이 넓었다. 테러의 흉탄에 맞아 숨지기까지 불과 127일간 그의 정치 행적은 왜정 인계 거부─중경 임정 추대─법통주의 건국─미군정과의 협조─이승만 초대 건국의 기초 구축 등으로 연결된다. 송교수의 말이다.

"박명림이라는 정치학자(연세대 교수)가 있는데, 할아버지를 '중용적 진보주의자'라고 평하더군요. 또 동북아역사재단 이사장을 지낸 김학준 전 의원은 '민족적 민주주의자'라고 평합니다.

정치인 중에 포용력이 그렇게 큰 사람은 없을걸요? 항상 하시는 말씀이 '야, 늙은 여자도 잘 들여다보면 예쁜 구석이 있어. 사람을 이렇게 차별하고 자꾸 배제하면 안 돼'였어요.

요새 식으로 하면 '덧셈 정치'를 하신 분이죠. 한국민주당을 만들 때 사회주의자들인 북풍회·화요회 계통의 인사들까지 다 들어왔어요. 뿐만 아니라 전진한(錢鎭漢, 1901-1972)이라는 이름을 들어 보셨을 거예요. 일생 노동운동만 하다가 돌아가신 분이 있는데, 정문헌 종로구청장의 외할아버지야. 그 노동운동가가 한민당 발기인이야. 그렇게 고하가 리더십을 발휘할 때는 박헌영이 만든 조선남로당의 당원만 아니면 다 한민당에 들어오다시피 했었어요. 고하의 생각이 몹시 선진적이기 때문이지요. 예컨대 기간산업의 국유화, 유상몰수 유상분배의 토지개혁, 사형제

1967년 10월 20일 망우리 공동묘지에서 양천구 신정동 지향산록으로 천묘하면서 위당 정인보 선생의 한문 비석을 이희승 선생의 감수하에 한글로 번역한 국문 비석을 추가 건립하며 제막식을 가졌다. (천장추진위원장 최두선)

폐지 등 요즘에는 상식화된 입장이지만 그때는 파격적 주장이었어요.

할아버지가 포용력이 있고, 프로미넌트(prominent, 유명)했거든요. 그러니까 다 할아버지한테 매달렸어요. 해방 이후 127일까지 완전히 고하의 정치판인데, 인촌은 거기에 없습니다. 일부 학자가 고하의 활동 기간과 돌아가신 후 인촌이 한민당 당수를 이어받아 쭉 활동한 것을 훗날 믹스를 해가지고….”

고하와 인촌

— 해방 공간 행적이 뚜렷하지 않다는 말씀이군요.

“해방이 될 그 무렵에 인촌과 고하 두 분이 만났을 때 고하가 이렇게 말했다고 합니다.

‘여보게, 인촌. 자네는 주렁주렁 사업이 많아. 괜히 여기 있다가 퇴각하는 일본 놈들이 우리(조선 지도자들)를 몰살시킬 때 죽거나 붙잡히면 안 돼. 그런 빌미를 주지 않기 위해서 피해 있어.’

인촌 선생이 ‘고하, 자네는 어떡하려고’ 하니까, 고하는 ‘난 원래 몸뚱이밖에 없고 몸뚱이 하나로 이렇게 해온 사람이니까 몸뚱이로 버티고 있으면서 조국이 해방되는 걸 봐야지. 나는 여기 있을 테니까, 자네는 낙향이라도 하게’ 라고 했다고 합니다.

그래서 인촌이 낙향하시고, 서울에 안 계셨어요. 그렇게 8·15날부터 12월 30일까지 ‘해방 공간 127일’은 완전히 고하의 정치판으로 이 기간 동안 인촌은 대부분 서울에 없어요.

인촌 기록이 나오는 게 그해 9월 4일, '임정 및 연합군 환영회'를 고하가 조직하며 위원장에 권동진 선생을, 부위원장에 인촌을 시키고, 그리고 또 부위원장 하나를 좌파를 시켜야 되니까 허헌(許憲, 1885-1951)을 시키고… 그때 한 번 인촌 이름이 나옵니다. 인촌은 서울에 많이 안 계셨어요. 고하는 당시만 해도 국회가 없으니 국민대회를 열어 국민이 위임을 해주면 적법하게 전권을 행사할 수 있다고 생각해서 9월 6일 국민대회준비회를 만들어요. 그때도 인촌의 이름이 없습니다."

"우남이 제일 먼저 만장(輓章) 써서 보내"

김형석 이사장이 고하와 이승만의 관계에 대해 물었다.

"고하는 1925년 하와이에서 열린 제1차 범태평양회의에 참석했다가 이승만과 인연을 맺습니다. 1945년 10월 20일 환국지사 환영위원회를 결성하고 이승만이 귀국하자 독지가들과 사재를 모아 돈암장에 거처를 마련해 줍니다. 두 분 관계를 어떻게 바라봅니까?"

송교수는 고하의 입장에서 이런 주장을 폈다.

"이박사가 귀국하신 후 돈암장을 마련해 드리고, 자기 사람들을 보내어 수발을 들고 대변인 역할을 맡겼으며 한 달에 한 5-15만 원씩을 보내 드렸다고 합니다. 또 '한국민주당의 당수로 취임을 좀 해주십시오'라고 했지만, '조선 천지에 존재하는 모든 정당을 합해서 대한독립촉성중앙협의회를 만들어라. 내가 의장이고 제 정당은 다 들어와라' 해서 한민당과 여운형·안재홍(安在鴻, 1891-1965)까지 다 들어갔는데 될 리가 있어요? 잡탕을 다 막 그렇게 모아 놓고 아무 원칙도 없이 그게 됩니까?
안 되지.

그러니까 이박사가 완전히 그냥 죽을 쑨 거야. '내가 나다' 하면 다 따
라올 줄 알았는데, 아니거든. 돈암동에 드나드는 개미 새끼 한 마리도 없
어. 한순간에! 그게 세상 인심이거든. 그러니까 우남이 고하를 찾아왔어.
그해 11월 하순, 낙담을 하며 그간 자신의 행태를 좀 반성하듯이 의외
의 말씀을 하시는 거예요.

'내가 너무 욕심을 많이 내는 것 같은데 가만히 생각해 보면 내 나이
가 70이 넘었고, 그러고 이게 눈이 파란 사람이 부인이니 국민들이 이
걸 제대로 수용하겠느냐. 그러니까 연부역강(年富力強)한 고하가 맡아서
하시면 내가 뒤에서 도와 드릴 테니 책임지고 하시오.'

그러니까 할아버지가 이렇게 말했어요.

'아이고, 선생님. 무슨 말씀이십니까? 그러실 필요 없습니다. 제가 그
전보다 더 잘 모시고 더 보살펴 드릴 테니 절대로 주눅 들지 말고 꿋꿋
이 나가십시오.'

할아버지는 나름 현재 시국을 감당할 수 있는 지도자로는 이승만이
최선이라고 평소에 믿어 왔어요. 그래서 할아버지가 돌아가실 때까지는
사이가 괜찮았어요.

이미 그때도 따르는 사람 중에 할아버지 듣기 좋으라고 '이승만이 호
랑이인 줄 알았더니 고양이만도 못하다'고 깎아대는 놈이 있을 것이고,
반대로 이승만한테 가서는 '고하가 저래도 자기 욕심이 꽉 찬 사람'이라
고 막 깎아내리는…. 그래도 두 분은 그런 말에 현혹되지는 않았던 것

1983년 9월 23일, 서울 광진구 능동 서울어린이대공원에 고하 선생 동상이 세워졌다.

같아요.

할아버지가 돌아가시니까 우남이 제일 먼저 한시 만장(輓章)을 써서 보내셨어요. 서울어린이대공원(서울 광진구 능동로 216)의 고하 동상 앞에 이 박사의 만장을 새겨 놨거든. 그게 1983년인데 한민당 할아버지 일부가 '이승만 독재자 것을 해놨다'고 욕하고… 참 민망하더라고."

"의인은 예부터 자기 명에 죽는 경우가 드물고…"

고하를 추모하며 쓴 우남의 만장은 이렇다.

義人自古席終稀　一死尋常視若歸　舉國悲傷妻子哭　臘天憂里雪罪罪

의인은 예부터 자기 명에 죽는 경우가 드물고

한번 죽는 것을 심상히 여겨 마치 제집으로 돌아가듯 한다.

나라 안이 모두 슬퍼하고 처자들도 우는데

섣달그믐 망우리에는 눈만 부슬부슬 뿌리는가.

고하는 망우리에 묻혔다가 훗날 동작동 국립묘지에 안장됐다.

김형석 "일제강점기 해외에서 독립운동한 분들을 더 우월적으로 평가하고 국내에서 탄압과 감시를 무릅쓰고 지조를 지키면서 2천만 조선 민중을 지키기 위해 애쓴 분들의 노력에 대해서는 정당한 평가가 없다는 지적도 있습니다."

송상현 "해외에서 독립운동하다가 귀국하신 분들은 '혹독한 일제 탄압을 받으며 조선 땅에 살면서 친일을 안하고 버텼겠어?'라고 치부하시는 태도를 보이는데 올바른 태도가 아니라 생각해요.

소위 좌파 쪽 사람들이 일부 좌파나 해외파 지도자들의 친일 기록을 감쪽같이 감춰서 아무도 몰라요. 이건 손바닥으로 하늘을 가리는 격이지. 언제고 뭐 다 기록 있으면 드러날 건데…. 할아버지의 자료집을 펴낸 것도 이런 이유입니다."

김형석 "《거인의 숨결》에 고하와 직접 관련이 없는 《조병옥 나의 회고록》에 나오는 김규식·여운형·안재홍 세 사람의 친일 행적에 관한 얘기를 실은 이유를 말씀하시는 건가요?"

송상현 "네, 그렇습니다."

김형석 "제가 대학에 다닐 때만 해도 국내 민족운동과 국외 무장운동이 5 대 5의 평가를 받았다면 요즘은 국내 민족운동가들은 전부 친일 또는 친일과 가까운 무리로 몽땅 넣어 버리고 국외의 무장독립운동만 인정합니다.

'100년 전쟁' 프레임을 만들어서 대한민국의 역사를 완전히 뒤바꿔 놓은 좌편향적인 사관에서 제자리로 돌려 놓아야 합니다. 또 우파 민족운동가들의 공적도 제대로 평가를 받아야 합니다."

독립운동단체에 비밀리에 송금

송상현 "상하이와 만주 벌판에서 풍찬노숙하며 활동하신 애국지사, 러시아 극동에서 독립 쟁취의 수단으로 공산주의자가 되긴 했으나 독립을 위해 진력한 분들이나, 미주나 하와이로 건너가 한반도 강점은 불법이라고 세계 만방에 알린 분들이나 모두 노력하며 업적을 많이 내셨어요.

제가 주장하고 싶은 건 이분들이 해외에서 어떤 독립운동을 하든지 국내 독립운동 그룹이나 사람들과 연결이 돼 있었어요. 국내에서 이분들을 돕지 않았다면 해외 독립운동의 효과는 반감되지 않았을까요?

혼자 해외에서 떠들어 봤자 국내에서 뒷받침을 안하면 가능하겠어요? 그 뒷받침한 국내 중심 세력의 으뜸이 고하거든요. 정부가 없던 시절에 중심을 잡아 줬기 때문입니다.

김좌진 장군 휘하에서 독립운동을 했고, 이후 독립운동사 편찬사업을 주도했던 이강훈(李康勳, 1903-2003) 전 광복회장은 분명히 고하로부터 거액의 독립자금을 네 차례나 송금받은 것을 똑똑히 기억한다고 증언한 일이 있습니다."

기자는 당시 기록을 찾아보았다. 이강훈 선생은 ▲1926년 5월 모란역에서 6천 원 ▲1928년 9월 돈화현(敦化縣) '얼토량쯔'에서 상당액수 ▲1929년 2월 만주의 산시(山市)에서 소만(蘇滿) 국경으로 본부를 이동하려 할 때 1만 원 ▲1930년 1월 27일 김장군이 돌아가자 만장과 함께 일화(日貨) 10원짜리로 1만 원 등 확실히 기억하는 것만도 네 차례였다고 밝혔다. 선생은 이밖에도 고하가 다른 독립운동단체에도 비밀리에 자금을 송금했을 가능성이 짙다고 증언한 일이 있다.

계속된 송교수의 말이다.

"당시 국내 세력들은 뭘 했냐? 독립자금을 마련해 해외로 보냈습니다. 해외 한인신문을 낼 때 한글로 읽을 수 있게 한글 금속활자를 보냈어요. 고하는 신문사 사장이어서 이것을 쉽게 구할 수 있었지요. 그리고 일본 순사의 뺨을 한 대 때려도 크게 독립운동을 한 것처럼 북 치고 장구 치고 대문짝만하게 신문에 내어주던 언론의 힘도 컸어요. 국내 독립운동 세력이 해외에서 풍찬노숙하고 참 애쓰신 분들을 뒷바라지해드린 것을 잊어선 안 됩니다."

[연보(年譜)]

고하 송진우의 발자취

1890년 6월 11일(음력 5월 8일) 전남 담양부 고지산면 손곡마을에서 부친 송훈(宋壎)과 모친 제주 양씨 사이의 4남4녀 중 넷째아들로 태어나다.

1897년(7세) 성리학자인 의병장 기삼연(奇參衍)을 만나 6년 동안 배우다.

1904년(14세) 고흥 유(柳)씨와 결혼하다.

성리학자인 김계중(金繼中, 號 直夫)의 문하에서 1년 반을 수학하다.

1906년(16세) 창평의 영학숙(英學塾)에 입학해 영어와 신학문을 배우다.

1908년(18세) 김성수와 함께 일본으로 건너가 도쿄의 세이소쿠(正則)영어학교와 킨죠우(錦城)중학교를 거쳐 와세다(早稻田)대학에 입학하다.

1910년(20세) 합일합방 소식을 듣고 충격을 받아 자살할 결심으로 귀국하다.

1911년(21세) 부친의 권유로 다시 일본으로 건너가서 메이지(明治)대학 법과로 전과하다.

1912년(22세) 재일본조선인유학생친목회(회장 조만식) 결성을 주도하여 총무와 《학지광》 편집인으로 활동하다. 이때 도쿄 조선기독청년회에 출석하다.

1916년(26세) 귀국 후 중앙학교 학감에 이어 제10대 교장으로 취임하다.

1917년(27세) 단군·세종대왕·이충무공을 받드는 삼성사(三聖祠)건립 기성회를 결성하고 남산에 건립을 추진하였으나 일제의 조선신궁 건립으로 좌절되다.

1918년(28세) 중앙학교 숙직실에서 현상윤·김성수·최남선·최린 등과 어울려 독립만세운동을 모의하다.

1919년(29세) 도쿄 유학생 송계백의 예방을 계기로 3·1운동 계획을 구체화하고, 전국적인 민족운동으로 성사시키는 데 주도적 역할을 감당하였으며, 거사 이후의 수습을 담당한 것으로 서대문형무소에서 20개월의 옥고를 치르다. 이로 인해 민족대표 48인으로 불린다.

1921년(31세) 동아일보의 주식회사 전환에 크게 기여하고, 주식회사 동아일보사 초대 사장(전체로는 제3대 사장)에 취임하다.

1922년(32세) 조선민립대학설립운동에 주도적으로 참여하다.

1923년(33세) 동아일보를 통해 물산장려운동을 추진하고, 재외동포위문회·시국강연회를 순회개최하다. 도쿄대지진을 당한 이재동포들을 위한 구호운동을 전개하다.

1924년(34세) 소위 식도원사건(일명, 박춘금 협박사건)으로 동아일보 사장직을 사퇴하다. 이후 동아일보 경영권을 둘러싸고 공산주의자들과 대결하다.

1925년(35세) 미국 하와이에서 열린 제1회 범태평양민족회의에 유억
　　겸·신흥우·김활란 등과 함께 참석하여, 이승만·서재필 등과 회동
　　하다. 귀국 후 곧장 《동아일보》에 〈세계 대세와 조선의 장래〉 논설을
　　12회에 걸쳐 연재하다.

1926년(36세) 모스크바 국제농민회 본부에서 조선 농민에게 보낸 3·1
　　운동 7주년 기념사인 〈국제농민본부로부터 조선 농민에게〉를 게재
　　한 혐의로 6개월 실형을 선고받고, 서대문형무소에 수감되어 옥고를
　　치르다.

　• 김좌진 장군의 독립군부대에 군자금 6천 원을 전달하다.(5월, 이강
　　훈 증언)

1927년(37세) 동아일보 제6대 사장에 다시 취임하다.

1928년(38세) 동아일보를 통해서 문맹퇴치운동을 주도하였으나 총독
　　부의 금지 조치로 중단되다.

1929년(39세) 일본 교토에서 열린 제3회 범태평양민족회의에 김양수·
　　김활란·백관수·유억겸·윤치호 등과 함께 참석하다.

　• 김좌진 장군의 독립군부대에 군자금 1만 원을 전달하다.(2월, 이강
　　훈 증언)

1931년(41세) 마라톤으로 민족혼을 일깨우고자 동아마라톤대회를 창설
　　하다.(3월 21일)

　• 이충무공유적보존회를 설립하여 이충무공유적보존운동을 일으키
　　다.(5월 23일)

　• 만보산사건이 발생하자 '일본의 한·중이간계'임을 직시하고, 사설

로 화교에 대한 보복 중지를 호소하는 한편, 화교구제회를 결성하여 피해를 당한 화교를 위문하다.(7월 5일) 국제연맹조사단(단장 리튼)에 사건의 진상을 전달하다.(1932년 4월) 후일 장제스(蔣介石)로부터 감사 서신과 은패를 받다.

- 문맹퇴치운동으로 브나로드운동을 시작하다.(7월 16일)
- 김좌진 장군의 독립군부대에 군자금 1만 원을 전달하다.(1월, 이강훈 증언)

1932년(42세) 평안남도 강동읍 대백산 아래 단군릉 수축운동을 전개하다.(4월 26일)

- 충청남도 아산군 현충사 낙성식과 이충무공 영정봉안식을 거행하다.(6월 5일)

1933년(43세) 6년간의 준비 후 조선어학회의 새 맞춤법을 채택하고 동아일보에 새 활자를 도입하다.(4월 1일) 조선 여성의 권익 신장을 도모하기 위해서 월간 《신가정》을 창간하다.(11월 1일)

1936년(46세) 평양 숭실전문학교 맥큔 교장의 신사참배 거부를 지지하다.(3월 18일)

- 제11회 베를린올림픽 마라톤 경기에서 우승한 손기정 선수의 가슴에서 일장기를 삭제한 사진을 게재하다.(8월 28일) 이 사건으로 인해 총독부의 퇴진 요구에 따라 동아일보 사장직에서 사퇴하다.(11월 11일)

1940년(50세) 《동아일보》 폐간 압력에 맞서 극비리에 도쿄를 방문하여 일본 정계지도자들에게 폐간의 부당성을 역설하였다가, 귀국길에 부산에서 일경에 피검되어 종로경찰서에 구금되다. 이어 《동아일보》가

지령 6819호를 끝으로 강제 폐간되다.(8월 11일) 주식회사 동아일보사 대표 청산위원에 선임되다.

- 총독부로부터 창씨개명을 강요당했으나 이를 거부하다.

1943년(53세) 주식회사 동본사(東本社) 사장에 취임하다.

1945년(55세) 총독부에서 네 차례 치안권 인수 요청을 받고 거절하다.
(8월 10-14일)

- 여운형으로부터 건국준비위원회 참여를 요청받았으나 거절하다.
(8월 17일)

- 조선인민공화국 선포(9월 6일)에 대항하여 국민대회준비회를 결성하다.(9월 7일)

- 미군정사령관 존 하지와 첫 회담을 가지다.(9월 9일)

- 한국민주당(한민당)이 창당되고, 수석총무에 추대되다.(9월 16일)

- 환국지사환영회 결성을 주도하다.(10월 20일)

- 미군정사령관 존 하지와의 면담에서 조병옥을 군정청의 경무부장으로 추천하다.(10월 31일)

- 중간(重刊)된 동아일보 제8대 사장에 취임하다.(12월 1일)

- 소련영사관을 찾아가서 북한 지역 주민에 대한 인권 개선과 소련 군대의 철수를 주장하다.(12월 23일)

- 아놀드 미군정장관을 면담하고 반탁 시위의 정당성을 주장하다.
(12월 28일)

- 경교장에서 임정 요인들과 반탁 문제에 대해 토의하다.(12월 29일)

- 새벽 6시 15분경 서울 종로구 원서동 자택에서 한현우 등 흉한 6

명에게 피격당하여 서거하다.(12월 30일)

1946년 1월 5일 서울 망우리 묘지에 안장하다.

1963년 3월 1일 건국훈장 독립장을 추서하다.

찾아보기

'대한민국역사와미래재단'

　새천년을 맞으며 희망에 부풀던 세계는 미국과 중국의 패권전쟁에 이은 러시아의 우크라이나 침공으로 국제정세는 극도로 불안정해지고, 4차 산업혁명과 코로나 팬데믹으로 경제환경이 급변해지면서 국가의 흥망성쇠를 놓고 치열한 경쟁을 벌이고 있다. 이에 대한민국은 한반도를 둘러싼 미·일·중·소 4강의 이해가 첨예하게 부딪치는 지정학적 요인과 수출 위주의 경제구조를 가진 탓으로 대외적으로는 새로운 국제질서에 부응하고, 대내적으로는 극단적인 국민 갈등을 치유하면서 심각한 사회문제들을 해결해야 할 과제를 안고 있다.

　18세기 후반 영국은 노예거래, 매춘, 알코올중독 등의 사회문제로 극심한 혼란을 겪었고, 칼 마르크스는 자본주의가 고도로 발달하면 패망할 첫번째 국가로 영국을 꼽을 정도였다. 이때 윌리엄 윌버포스(1759-1833)를 비롯한 정치인과 종교인들이 한자리에 모여 영국의 장래를 위해 고민하며 토론하던 '클래팜 공동체'는 19세기 영국을 세계를 선도하는 국가로 변화시키고, 세계 최초의 노예해방과 사회보장제도 시행 등 현대 사회의 틀을 닦는 반전을 일구었다.

　'대한민국역사와미래재단'은 사회 각계에서 활동하는 전문인들이 모여 대한민국의 역사적 정체성을 정립하고, 국가의 밝은 장래를 위해 수행해야 할 세 가지 과제를 설정하여 구체적인 노력을 경주하고 있다.

'지혜의 숲 100인 포럼'

사회 각 영역의 전문인들이 모여서 '지혜의 숲 100인 포럼'을 결성하고, 분야별 문제점을 분석, 대안을 찾는 세미나와 격월로 한국 프레스센터에서 열리는 공개 포럼을 개최하고 있다. 양대 정당의 정책연구소인 여의도연구원(국민의힘), 민주연구원(더불어민주당)과 MOU를 체결하고, 국가 현안에 대한 정책 대안을 토론하는 공개 심포지엄도 진행하고 있다. 앞으로 세계적으로 유명한 전문 연구기관들과의 협력도 계획중이다.

'대한민국 역사문화연구회'

지금 대한민국은 극단적인 진영 논리에 따른 갈등을 겪고 있다. 특히 건국과 친일청산을 둘러싼 논쟁은 국가 정체성의 심각한 혼란을 야기한다. 이에 한국 현대사에 대한 학문적 성찰을 통해 대한민국의 역사와 문화를 연구하는 모임이다. 도서출판 동문선에서 '역사미래 총서'를 펴내는 한편 무크지 〈역사와 미래〉의 발간을 준비하고 있다.

'정치 꿈 아카데미'

현대 사회가 요구하는 역량 있는 국가지도자를 양성하기 위해 미국 Deep Springs College, 일본 마쓰시다정경숙, 프랑스 ENA와 같은 고도의 전문성을 가진 '정치 꿈 아카데미'(가칭) 설립을 준비하고 있다.

재단법인 대한민국역사와미래 http://www.kohif.or.kr/
주소: 서울시 영등포구 국회대로 62길 5, 신태진빌딩 5층
Tel.02-785-3451 Fax.02-785-3452 E-mail: kohif@naver.com

【東文選 現代新書】

1	21세기를 위한 새로운 엘리트	FORESEEN연구소 / 김경현	7,000원
2	의지, 의무, 자유 — 주제별 논술	L. 밀러 / 이대희	6,000원
3	사유의 패배	A. 핑켈크로트 / 주태환	7,000원
4	문학이론	J. 컬러 / 이은경·임옥희	7,000원
5	불교란 무엇인가	D. 키언 / 고길환	6,000원
6	유대교란 무엇인가	N. 솔로몬 / 최창모	6,000원
7	20세기 프랑스철학	E. 매슈스 / 김종갑	8,000원
8	강의에 대한 강의	P. 부르디외 / 현택수	6,000원
9	텔레비전에 대하여	P. 부르디외 / 현택수	10,000원
10	고고학이란 무엇인가	P. 반 / 박범수	8,000원
11	우리는 무엇을 아는가	T. 나겔 / 오영미	절판
12	에쁘롱 — 니체의 문체들	J. 데리다 / 김다은	7,000원
13	히스테리 사례분석	S. 프로이트 / 태혜숙	7,000원
14	사랑의 지혜	A. 핑켈크로트 / 권유현	6,000원
15	일반미학	R. 카이유와 / 이경자	6,000원
16	본다는 것의 의미	J. 버거 / 박범수	10,000원
17	일본영화사	M. 테시에 / 최은미	7,000원
18	청소년을 위한 철학교실	A. 자카르 / 장혜영	7,000원
19	미술사학 입문	M. 포인턴 / 박범수	8,000원
20	클래식	M. 비어드·J. 헨더슨 / 박범수	6,000원
21	정치란 무엇인가	K. 미노그 / 이정철	6,000원
22	이미지의 폭력	O. 몽젱 / 이은민	8,000원
23	청소년을 위한 경제학교실	J. C. 드루엥 / 조은미	6,000원
24	순진함의 유혹 〔메디시스賞 수상작〕	P. 브뤼크네르 / 김웅권	9,000원
25	청소년을 위한 이야기 경제학	A. 푸르상 / 이은민	8,000원
26	부르디외 사회학 입문	P. 보네위츠 / 문경자	7,000원
27	돈은 하늘에서 떨어지지 않는다	K. 아른트 / 유영미	6,000원
28	상상력의 세계사	R. 보이아 / 김웅권	9,000원
29	지식을 교환하는 새로운 기술	A. 벵토릴라 外 / 김혜경	6,000원
30	니체 읽기	R. 비어즈워스 / 김웅권	6,000원
31	노동, 교환, 기술 — 주제별 논술	B. 데코사 / 신은영	6,000원
32	미국만들기	R. 로티 / 임옥희	10,000원
33	연극의 이해	A. 쿠프리 / 장혜영	8,000원
34	라틴문학의 이해	J. 가야르 / 김교신	8,000원
35	여성적 가치의 선택	FORESEEN연구소 / 문신원	7,000원
36	동양과 서양 사이	L. 이리가라이 / 이은민	7,000원
37	영화와 문학	R. 리처드슨 / 이형식	8,000원
38	분류하기의 유혹 — 생각하기와 조직하기	G. 비뇨 / 임기대	7,000원
39	사실주의 문학의 이해	G. 라루 / 조성애	8,000원
40	윤리학 — 악에 대한 의식에 관하여	A. 바디우 / 이종영	7,000원
41	흙과 재 〔소설〕	A. 라히미 / 김주경	6,000원
42	진보의 미래	D. 르쿠르 / 김영선	6,000원
43	중세에 살기	J. 르 고프 外 / 최애리	8,000원
44	쾌락의 횡포(상)	J. C. 기유보 / 김웅권	10,000원

【기 타】

- ▨ 모드의 체계　　　　　R. 바르트 / 이화여대기호학연구소　　18,000원
- ▨ 라신에 관하여　　：　R. 바르트 / 남수인　　　　　　　10,000원
- ▨ 說 苑 (上·下)　　　林東錫 譯註　　　　　　　　　・각권 30,000원
- ▨ 晏子春秋　　　　　林東錫 譯註　　　　　　　　　　30,000원
- ▨ 西京雜記　　　　　林東錫 譯註　　　　　　　　　　20,000원
- ▨ 搜神記 (上·下)　　林東錫 譯註　　　　　　　　　각권 30,000원
- ▨ 경제적 공포〔메디치賞 수상작〕 V. 포레스테 / 김주경　　7,000원
- ▨ 古陶文字徵　　　　高 明·葛英會　　　　　　　　　20,000원
- ▨ 그리하여 어느날 사랑이여　　이외수 편　　　　　　　4,000원
- ▨ 錦城世稿　　　　　丁範鎭 謹譯　　　　　　　　　　50,000원
- ▨ 너무한 당신, 노무현　　현택수 칼럼집　　　　　　　9,000원
- ▨ 노블레스 오블리주　　현택수 사회비평집　　　　　　7,500원
- ▨ 딸에게 들려 주는 작은 지혜　　N. 레흐레이트너 / 양영란　　절판
- ▨ 떠나고 싶은 나라 — 사회문화비평집　　　현택수　　　9,000원
- ▨ 무학 제1집　전통무예십팔기보존회 편　　　　　　　20,000원
- ▨ 뮤지엄을 만드는 사람들　　최병식　　　　　　　　　20,000원
- ▨ 미래를 원한다　　　J. D. 로스네 / 문 선·김덕희　　8,500원
- ▨ 바람의 자식들 — 정치시사칼럼집　　　현택수　　　　8,000원
- ▨ 사랑에 대한 개인적인 의견　　P. 쌍소 [외] / 한나 엮음　　13,000원
- ▨ 산이 높으면 마땅히 우러러볼 일이다　유 향 / 임동석　　5,000원
- ▨ 살아 있는 것이 행복이다　　J. 도르메송 / 김은경　　12,000원
- ▨ 서기 1000년과 서기 2000년 그 두려움의 흔적들
  　　　　　　　　　　　　　　J. 뒤비 / 양영란　　　8,000원
- ▨ 선종이야기　　　　홍 희 편저　　　　　　　　　　　8,000원
- ▨ 섬으로 흐르는 역사　　김영회　　　　　　　　　　　10,000원
- ▨ 세계사상　　　　　창간호~3호　　　　　　　　　각권 10,000원
- ▨ 나는 대한민국이 아프다　　신성대　　　　　　　　　18,000원
- ▨ 품격경영(상)　　　　신성대　　　　　　　　　　　　26,000원
- ▨ 품격경영(하)　　　　신성대　　　　　　　　　　　　26,000원

【대한민국역사와미래총서】

- 1 끝나야 할 역사전쟁　　　김형석　　　　　　　　　　19,000원
- 2 건국사 재인식　　　　　이영일　　　　　　　　　　20,000원
- 3 고하 송진우와 민족운동　김형석　　　　　　　　　　20,000원